Wolfgang Schivelbusch

Die andere Seite

Leben und Forschen
zwischen
New York und Berlin

Rowohlt

Originalausgabe
Veröffentlicht im Rowohlt Verlag, Hamburg,
November 2021

Satz aus der Minion Pro
bei hanseaten-satz, Bremen
Druck und Bindung CPI books GmbH, Leck, Germany
ISBN 978-3-498-09397-6

Die Rowohlt Verlage haben sich zu einer nachhaltigen Buchproduktion verpflichtet. Gemeinsam mit unseren Partnern und Lieferanten setzen wir uns für eine klimaneutrale Buchproduktion ein, die den Erwerb von Klimazertifikaten zur Kompensation des CO_2-Ausstoßes einschließt.
www.klimaneutralerverlag.de

FSC www.fsc.org MIX Papier aus verantwortungsvollen Quellen FSC® C083411

Für Helma von Kieseritzky

Inhalt

Vorwort

Anlass zu diesem Buch war der Vorschlag, den Alexander Fest mir nach der Wahl Donald Trumps zum amerikanischen Präsidenten im November 2016 machte: ein Buch über meine persönliche Wahrnehmung des Landes zu schreiben, von dem niemand eine derartige Überraschung erwartet hatte.

Der Titel zu diesem Buch stand, bevor es geschrieben war. Das ist außergewöhnlich. Normalerweise folgt die Taufe auf die Entbindung. Aus zwei Gründen hielt ich den Titel für geeignet. Erstens: Amerika, der eine Schauplatz, ist die Europa gegenüberliegende andere Seite des Atlantik. Historisch und kulturell ist Amerika eine Art Gegen- oder anderes Europa.

Zweitens: Mein Verhältnis zur akademischen Wissenschaft. Da ich nie eine Position im akademischen Bereich innehatte, musste ich mir meine eigene Seite schaffen. Die wurde naturgemäß eine andere als die reguläre. Wie meine Bücher entstanden und welche Rolle dabei der amerikanische Teil meiner Biographie spielte, davon handelt dieses Buch.

Eine Anspielung oder Bezugnahme auf den Roman «Die andere Seite» von Alfred Kubin (1908) liegt nicht vor.

Der Vorschlag Alexander Fests traf mich im Zustand einer bereits längere Zeit anhaltenden Schreibblockade. Um diesen Zustand zu überwinden, einigten wir uns auf das Format eines Gesprächsbuchs. Es wurde eine holprige Partie mit drei aufeinander folgenden Gesprächspartnern: Nika Wiedinger, Till Greite, Stephan Speicher. Der Letztgenannte redigierte zusätzlich mit liebenswürdiger Beharrlichkeit den gesamten Text. Schließlich danke ich Karl-Gert Kribben, dem spät wiederentdeckten Freund aus früher Sandkastenzeit, für seine treffsichere Hilfe bei der Herstellung des letzten Schliffs.

Mein letzter Dank gilt Sigrid Weigel und Eva Geulen, die mir nach der Rückkehr aus New York eine neue Heimstatt als Senior Fellow am Zentrum für Literatur- und Kulturforschung in Berlin boten, wo auch diese Gespräche geführt wurden.

Die hier gedruckten Texte sind kein wortgetreues Protokoll. Sie wurden von mir gründlich überarbeitet. Weshalb man sie auch als Selbstgespräch eines Schreibblockierten lesen kann.

Frankfurt 1948-1964

Beginnen wir mit Ihrer Jugend in Frankfurt am Main. Sie wurden 1941 in Berlin geboren. Am Ende des Krieges flüchtete die Familie vor den Russen nach Westen, zuerst aufs Land bei Bremen. Dann, im Jahre 1948, zogen Sie nach Frankfurt um. Frankfurt lag in der amerikanischen Besatzungszone. Wie erlebten Sie die Amerikaner?

In strikter Segregation. Die in den Kasernen untergebrachten Soldaten sah man überhaupt nicht, außer wenn sie im Stadtwald Übungen abhielten und man auf dem Weg ins Schwimmbad unversehens auf eine Stellung stieß. In der Stadt hatten sie sich die unzerstörten besseren Wohngegenden ausgesucht. Die bekam man aber nicht zu Gesicht, weil sie mit einem hohen Zaun abgegrenzt waren. Das waren Luxus-Gettos wie heute die Gated Communities. Ich stelle mir das Wohnen in den klassischen Kolonien ähnlich vor. Während des Vietnamkriegs muss es so ungefähr in Saigon gewesen sein. Nur stand dort alles im Zeichen des Endes. Eine Illusionsruhe und ein Illusionsgenuss, die die spätkoloniale Macht Amerika noch auskostete, während sich bereits aus dem Dschungel die nordvietnamesischen Truppen näherten. 1945 in den deutschen Städten war es andersherum. Ein ausgesprochen zukunftsträchtiger und von den

Eroberten herbeigesehnter Kolonialismus. Dieser Kontrast hat mich immer fasziniert. Und er tut es jetzt im Zeitalter der gegenwärtigen Völkerwanderung aufs Neue und in gesteigertem Maße.

Bei aller Segregation wird es aber doch zu Begegnungen gekommen sein. Erlebten Sie nicht, dass die GIs an die deutschen Kinder Kaugummi verteilten, wie es immer in den Erzählungen aus jener Zeit heißt? Oder dass die Kinder um Kaugummi und Süßigkeiten bettelten? Bettelten Sie um Kaugummi?

Bei den Soldaten im Stadtwald wird das vorgekommen sein. Wichtiger ist mir aber, was im Schwimmbad geschah. Die Schwimmbäder waren in den ersten Jahren ebenfalls voll segregiert. Dann wurden die Deutschen zugelassen. Da gab es genug Gelegenheit zur Beobachtung. Weniger Kontakt als Beobachtung. Die deutschen Jungen und die ein paar Jahre älteren GIs blieben in ihren Gruppen unter sich. Allerdings mit sehr verschiedener Aufmerksamkeit. Die GIs übten auf uns eine geradezu magnetische Anziehung aus. Die hatten eine Entspanntheit im Leibe, die uns anzog. Es war aber wohl eher die Aura der Macht der Sieger, die sie ausstrahlten, obwohl diese Begriffe für uns sicher nicht existierten. Eine Ausstrahlung wie von Reichtum, die ich deshalb später in meinem Privatvokabular als «finanzielle Schönheit» bezeichnete. Die GIs waren etwas ganz anderes als die deutschen Männer, die hier allerdings kaum in Erscheinung traten. Schon die Badehosen: Die deutschen Männer trugen diese schwerfälligen wollenen Dinger aus der Vorkriegszeit, die für mich damals schon das Inbild der Spießigkeit waren. Die GIs in ihren Boxershorts wirkten leicht und luftig. Und sie bewegten sich auch so. Sportlich. Entspannt. Spielerisch.

Die idealen älteren Brüder, an die man Anschluss suchte. Die Jüngeren unter uns machten das noch in aller Unschuld und Naivität als Schwarm, der sich an die Fersen eines GI heftete. Die etwas Älteren hielten sich zurück und beschränkten sich aufs Beobachten. Für mich war es die erste Begegnung mit einer Leichtigkeit des Lebens, wie ich sie bis dahin nicht erlebt hatte.

Aber noch mal zurück zu den Badehosen und dem Kontrast der schwerwollenen deutschen Hosen und der amerikanischen Schwimmshorts. Ich war in dieser Beziehung vorbelastet. Denn mein Vater hatte von einer Geschäftsreise nach Amerika selber solche Schwimmshorts mitgebracht. Wenn mein Vater in seinen Shorts ins Wasser ging, war er für mich ein Stück Amerika.

Ein weiteres Textil-Detail, das ich von ihm übernahm und mein Leben lang behielt, war das amerikanische Oberhemd. Es hatte auf der linken Brust eine aufgenähte Tasche. Die war äußerst praktisch, weil man Zettel und Geldscheine darin stets parat hatte. In einem deutschen Oberhemd ohne diese Tasche fühle ich mich nackt. Dass er diese amerikanischen Eigenheiten durch seine Biographie angenommen hatte, wurde mir erst später und sehr allmählich bewusst.

Nämlich?

Mit einem Freund fuhr er in den 20er Jahren los. Ob er auswandern oder nur ein paar Jahre aus Deutschland weg wollte, weiß ich nicht. Ich habe ihn merkwürdigerweise nie danach gefragt.

Jahrelang hing in seinem Büro in Frankfurt ein gerahmtes altes Foto. Es zeigte ihn und einen ebenfalls jungen Mann, offenbar sein Freund und Gefährte, auf dem Deck eines

Dampfers. Beide in der üblichen Weise posierend mit dem Arm auf den Schultern des anderen. Der Freund blieb dann in den USA und gründete dort eine Familie. Im Prinzip aber war mein Vater allein unterwegs, jedenfalls nicht in einer Gruppe und ohne ein Entrée in irgendeine Berufslaufbahn. Das kam später, nach seiner Rückkehr nach Deutschland, als man ihm eine gute berufliche Perspektive anbot. Also ein ganz eigener Weg. Tellerwäscher in Amerika, Karriere in Europa.

Eine Schlüsselsituation für mich war, dass mein Vater, nachdem er bereits Jahre in New York gelebt hatte, sich entschloss, nach Südamerika weiterzureisen. Also nicht einfach in die USA und wieder zurück nach Deutschland. Sondern die USA als Ausgangspunkt für die nächste Etappe.

Das machte ich als Jugendlicher nach, wenn ich im Rahmen meiner obligaten Städtereisen in Europa Extrareisen in die Provinz unternahm. Wenn ich in der Gare Montparnasse in Paris oder der Stazione Termini in Rom den Zug in die Bretagne oder nach Sizilien bestieg, kam ich mir wie ein in die Provinz reisender Pariser oder Römer vor. Das war etwas ganz anderes, als von Deutschland aus direkt dorthin zu fahren. Eine Art Selbst-Enttouristifizierung oder Going-Native, wie die Ethnologen sagen. Ich stellte mir dabei jedes Mal vor, wie mein Vater aus dem Hafen von New York mit dem Schiff in Richtung Süden aufbrach. Die amerikanische Ostküste runter, durch den Golf von Mexiko, den Panamakanal und auf der Pazifikseite weiter nach Chile. Das wurde sein Lieblingsland.

Sie haben diese Reise auch gemacht?

Nein. Das einzige Mal, dass ich in Amerika bewusst einen Ort aufsuchte, an dem mein Vater gewesen war, war das Hotel in Chicago, in dem er einmal gewohnt hatte. Das war aber nicht in der Zeit seines ersten Amerika-Aufenthalts in den 20er Jahren, sondern auf der schon erwähnten Geschäftsreise 1950. Also zu einer Zeit, die ich als Achtjähriger selber erlebte und klar in Erinnerung habe. Wenn der Vater eines deutschen Jungen im Jahre 1950 aus dem damaligen Ruinen-Deutschland nach Amerika flog – natürlich mit Zwischenstopp in Irland –, war das etwas Außergewöhnliches. Ich merkte mir damals und erinnere mich noch heute genau an den Namen des Hotels in Chicago, in dem er einige Tage oder Wochen lang wohnte: Hotel Bismarck. Es war ein gespenstisches Gefühl, sich durch dieses Hotel zu bewegen und dann auch noch in einem Zimmer zu übernachten, das möglicherweise vor 35 Jahren das Zimmer meines Vaters gewesen war.

Der Aufenthalt in Chile muss so etwas wie die schönste Zeit seines Lebens gewesen sein. Er erzählte mir von der Schiffsreise durch den Panamakanal, in der untersten Klasse, dem sogenannten Zwischendeck. Er warf sich dann manchmal abends in Schale und schaffte es irgendwie in den Salon der ersten Klasse. Dort kam er mit einem gebildeten Südamerikaner ins Gespräch. Wie das angesichts der Trennung der Klassen möglich war, habe ich nie gefragt. Als sein Gesprächspartner eines Tages in einem südamerikanischen Hafen das Schiff verließ, wurde er von einer Musikkapelle und einer Menschenmenge begrüßt wie ein von seiner Auslandsreise zurückkehrender Präsident. Ich habe den Verdacht, dass diese Episode Phantasie war. Aber ob die meines

Vaters oder meine eigene, kann ich nicht sagen. Jedenfalls aber fand ich diese Verbindung in die höheren Kreise respektabel, ja vorbildhaft.

Und deshalb gefällt mir von allen Thomas-Mann-Romanen wahrscheinlich auch «Felix Krull» am besten. Wenn ich meinen Vater literarisch beschreiben sollte, würde ich ihn zwischen Felix Krull und Brechts Herrn Keuner plazieren. Keine Heroik, aber auch kein autoritäres oder gar repressives Gehabe. Gelegentliche Ausbrüche von Jähzorn, aber prinzipiell tolerant und liberal wie in deutschen Familien der 50er Jahre nicht üblich. Das führte bei mir dazu, dass ich ihn, wenn ich ihn mit autoritären Vätern verglich, von denen die Schulkameraden erzählten, für eher schwach hielt. Ich brauchte ziemlich lange, bis ich mich von dieser jugendlichen Fehleinschätzung der Liberalität löste. Offenbar bedeutete Liberalität für mich damals das Fehlen von Widerstand. Widerstand aber ist etwas, an dem man sich abarbeitet. Ohne Widerstand keine Energie.

Neben Felix Krull also der Brecht'sche Herr Keuner als Charakterzug Ihres Vaters. Wie zeigte sich das?

Wenn ich Keuner sage, meine ich immer das Verhältnis zur Gewalt. Also die Geschichte, wie ein Agent der Gewalt in Herrn Keuners Haus kommt, ihn fragt: «Wirst du mir dienen?», dieser dem Agenten widerspruchslos bis zu seinem Tod dient, dann den Kadaver aus dem Haus schleift und antwortet: «Nein.»

Sie meinen, er hat sich nicht nach der Heldenrolle gedrängt, sondern sich lieber bedeckt gehalten?

Das war auch etwas, was er seinen beiden Söhnen immer gesagt hat. Sie sollten nicht versuchen, sich zu Helden zu machen, sondern so klug sein, sich im Hintergrund zu halten. Entsprechend habe ich zum Beispiel, als ich beim Fall der Berliner Mauer zur Bornholmer Straße fuhr und dort sah, wie die Menschen vom Westen nach Ost-Berlin strömten, mich bewusst zurückgehalten. Es hätte mich nicht gewundert, wenn die auf Nimmerwiedersehen im Osten verschwunden wären wie die Kinder in der Sage vom Rattenfänger von Hameln. So weit mein Unbewusstes am 9. November 1989. Zurückhaltung und Vorsicht, diese Grundregeln habe ich von meinem Vater. Inbegriffen die Abneigung, sich Vereinen und Organisationen anzuschließen. Die allerdings hat nichts mit der Vorsicht im Sinn der Gefahrenvermeidung zu tun. Eher mit der Sorge, die persönliche Unabhängigkeit aufzugeben. Mitglied einer politischen Partei zu werden war undenkbar. Aus diesem Grund trat ich Ende der 60er Jahre auch nicht in den SDS ein, obwohl die meisten meiner Freunde eben das taten und meine politischen Sympathien ganz auf dieser Linie lagen. Bei den vom SDS organisierten Sit-Ins, Teach-Ins und Demonstrationen mitzumachen, war dagegen selbstverständlich: teilnehmende Beobachtung.

Wann und warum kehrte Ihr Vater wieder zurück nach Deutschland?

Er kam zurück, weil ihm – das muss um 1930 gewesen sein – eine vielversprechende Stellung in einer Bremer Übersee-Spedition angeboten wurde. Zu deren Chef hatte er ein sehr gutes, fast freundschaftliches Verhältnis. Das war ein Job, der ihm erlaubte, bei fester Bezahlung völlig unabhängig zu sein. Zuerst in Berlin und nach dem Krieg in Frankfurt. Von da aus hat er dann Süddeutschland bereist, um Kundenkontakte zu pflegen und Aufträge zu akquirieren. Auch da gab es übrigens wieder etwas, was mich irritiert hat. In der Hierarchie der Firma nahm er als Außenvertreter nicht die Stellung ein, die er als Prokurist in der Zentrale gehabt hätte. Ich verstand nicht, dass die persönliche Unabhängigkeit ihm wichtiger war als die Höhe des Gehalts und die Position in der Firmenhierarchie. Ihm aber war wichtig, sein eigener Herr zu sein und im Sommer mitten in der Bürozeit ins Auto steigen und zum Schwimmen fahren zu können. Aber der persönliche Kontakt zum Chef hat mir dann doch Eindruck gemacht. Später erkannte ich etwas davon wieder in der Formel Carl Schmitts vom «Vertrauten des Machthabers». Der Chef kam ein- oder zweimal im Jahr im Mercedes mit Chauffeur nach Frankfurt, und dann machten die beiden ihre Geschäftsreise. Ich hatte mitbekommen, dass die beiden am Telefon sich sehr informell unterhielten. Mein Vater benutzte für den etwas umständlichen Namen des Generalkonsuls, eines königlich dänischen Generalkonsuls, ein einsilbiges Kürzel (Herr 'tau, für Nebelthau), wie umgekehrt auch der Chef ihn als Herr 'busch ansprach. Eines Tages, als ich das Telefon abnahm und der Chef am Apparat war, sprach ich ihn mit diesem Kürzel an. Eisiges Schweigen. Er bat dann meinen Vater, mir zu sagen, dass er diese Vertraulichkeit von einem Zehnjährigen nicht wünsche.

Dieses Modell also, um alle hierarchischen Ordnungen herum den direkten Draht zum Chef zu haben, hat mich geprägt. Wobei «Chef» für mich der Machthaber im Schmitt'schen Sinne ist. Von daher kommt das völlige Desinteresse, meinerseits Teil einer Hierarchie zu werden, stattdessen der Wunsch, von außen zu beobachten. Ich würde das als machtlose Souveränität bezeichnen.

Welche Eigenschaften haben Sie von Ihrer Mutter geerbt?

Den Blick für die von anderen übersehenen Kleinigkeiten. Zum Beispiel die Kleinigkeit, einen verletzten Vogel nicht einfach seiner Qual zu überlassen, sondern ihn mit einem Stein zu erlösen. Das war ein Akt scheinbarer Brutalität. Umgekehrt die Rettung von aus dem Nest gefallenen Spatzen. Die brachte ich nach Hause, baute ihnen ein Nest, und meine Mutter und ich pflegten sie einträchtig bis zu ihrem dann aber bald eintretenden Tod. Jedes Mal, wenn sie einen verletzten Vogel tötete, musste sie sich dazu überwinden. Das habe ich frühzeitig als Selbstopferung erkannt und das untätige Vorbeigehen der anderen als Feigheit.

Wie würden Sie Ihr Verhältnis zur Schule beschreiben? Und welche außerschulischen Interessen hatten Sie? Gab es die für dieses Alter charakteristische Sammlerleidenschaft?

Zuvor noch einmal zum Problem des Vogel-Tötens und Vogel-Rettens: Beides war mir gleich wichtig. Jahrelang lag ich meinem Vater in den Ohren mit dem Wunsch nach einem Luftgewehr. Er wurde nie erfüllt. Was man mit einem Luftgewehr machen konnte, lernte ich bei meinem Freund Richard, dem Sohn eines Gärtners aus der Nachbarschaft. Er hatte ein Luftgewehr, und das weckte in uns die Jagdlust. Ziel und Opfer waren die im höheren Geäst der Bäume sitzenden Vögel, meistens Amseln. Trafen wir mal eine, und fiel sie von Ast zu Ast torkelnd zu Boden, war die Jagdlust weg, und es blieb mir ein Gefühl der Leere und ein Bewusstsein der Schuld. So endete meine Sehnsucht nach einem Luftgewehr. Ich sah es als ein Instrument, außerhalb meiner Reichweite liegende Dinge wie die hoch oben im Baum sitzende Amsel in meinen Griff zu bekommen. Dass das nur um den Preis des Tötens ging, war die Lektion, die das Luftgewehr mich lehrte.

Das war in der Zeit, in der meine Familie am Stadtrand von Frankfurt-Sachsenhausen auf dem Sachsenhäuser Berg wohnte, also halb auf dem Lande. Wenige Jahre später nach unserem Umzug in die Innenstadt begann ich Münzen zu sammeln. Da kamen zwei Linien zusammen. Mein Interesse an der römischen Geschichte und die Münzen als die direkten und konkreten Sendboten aus dieser Vergangenheit. Unmöglich zu sagen, was mich auf die Spur des jeweils anderen brachte.

Es gab in Frankfurt zwei Münzenhandlungen. Die eine, Dr. Busso Peus, war seriös, fast wissenschaftlich. Hier wurde streng nach Katalog verkauft. Ich wagte mich nur einmal dorthin. Die andere gehörte der Witwe des verstorbenen Inhabers und war weniger seriös. Hier hatte ich ein gutes Entrée, weil man herausfand, dass mein Urgroßvater Hermann Dannenberg war, ein bekannter Numismatiker. Meine Erwerbungen beschränkten sich im Wesentlichen auf die Kiste mit der ungeordneten Billigware. Hier konnte Entdeckerlust sich austoben. Die Witwe hatte einen Angestellten. Als ich einmal mit meiner Mutter anrückte, wunderte ich mich über sein Interesse an ihrer Person, nahm es aber als Zeichen der Wertschätzung wie für meinen berühmten Urgroßvater.

Von heute gesehen – worum ging es Ihnen damals beim Münzensammeln? Das Übliche in Ihrem Alter wären doch Briefmarken gewesen.

Kolonialbriefmarken mit ihren exotischen Motiven hatten einen gewissen Reiz. Aber sie waren Papier. Und sie waren jedermanns Sache. Münzen waren etwas Besonderes, für das sich in meiner Altersgruppe keiner interessierte. Und sie führten in weiter zurückliegende Vergangenheiten. Sie waren Körper aus diesen Vergangenheiten. Besonders der antiken, die mir damals besonders am Herzen lag. Sie waren ein unmittelbarer Einstieg und wohl auch eine Vorstufe und Wegweiser für mein späteres Verhältnis zur Geschichte. Ein römischer Denar mit einem Cäsar-Porträt war Zeitgenosse Julius Cäsars. Eine Reliquie aus der damaligen Welt, die ihren Weg durch die dazwischenliegenden Jahrhunderte und Jahrtausende in meine Hände gefunden hatte.

Die Schule setzt andere Prioritäten und interessiert sich gewöhnlich nicht für solche privaten Vorlieben. Was waren Ihre Erfahrungen?

Mathematik und Naturwissenschaften schwach. Dazu noch in Mathematik und Chemie ein sadistischer Lehrer, von dem gemunkelt wurde, dass er einen Schülerselbstmord auf dem Gewissen habe. Der hatte mich persönlich zwar nicht auf seinem Radarschirm, ich ihn aber sehr wohl auf meinem Angstradar. Einmal kam ich auch nahe an den Punkt, wegen ebendieser Fächer nicht versetzt zu werden. Meine Eltern schlugen mir schon vor, eine Tischlerlehre ins Auge zu fassen.

Das Gegenstück war der Latein- und Geschichtslehrer.

Da ich in diesen Fächern ziemlich gut war, standen wir in einem Verhältnis gegenseitiger Herausforderung. Später klärte ein Klassenkamerad, dessen Vater von den Nazis ermordet worden war und der politisch viel reifer war als ich, mich darüber auf, dass dieser Lehrer ein echter Nazi war. Als im Geschichtsunterricht Rom dran war, inklusive Karthago und Hannibal, war ich unschlagbar. Ich erinnere mich an die Frage-Antwort-Situation vor der Klasse als eine Art Schlagabtausch, ein wechselseitiges Provozieren bei wechselseitigem Respekt. Später wiederholte sich das mit dem Deutschlehrer. Der war ein Konservativer der alten Schule. Einarmig noch aus dem Ersten Weltkrieg. Sehr auf Formen bedacht. Den provozierte ich durch meine gepflegt ungepflegte äußere Erscheinung: Blue Jeans und ohne Hemd, d.h. das Unterhemd über die Hose hängen lassend. Es war übrigens ein amerikanisches Unterhemd, ein T-Shirt, nicht das damals übliche an den Schultern ausgeschnittene.

Der rief mich immer als Ersten auf, wenn er der Klasse einen Text vorlegte und fragte, was das wohl sei. Einmal war es Kafkas «Vor dem Gesetz». Aber das sagte Dr. Kress natürlich nicht. Auf meine herumrudernde Ignoranz reagierte er wie ein alter Spieler, den die Unfähigkeit seines jungen Gegners amüsiert. Rückblickend war es eine wunderbare pädagogische Methode.

Es gab in meiner Klasse zwei Schüler, die hervorstachen. Der eine war der offizielle Primus, der von den Lehrern, auch von dem sadistischen Mathematiklehrer, mit Respekt behandelt wurde. Der andere war Joachim Perels, von dem schon die Rede war, der Sohn des von den Nazis umgebrachten Widerstandskämpfers. Der war klar der politisch Bewusstere und unterschied sich vom Rest der Klasse durch einen altersuntypischen Ernst. Erst später verstanden wir den Grund dafür. Dass er mit einem prominenten FDP-Politiker in Bonn, Thomas Dehler, dem Bundesjustizminister, verwandt war, verlieh ihm eine gewisse Aura. Eine Zeitlang war er Klassensprecher. Später wurde er ein begeisterter Habermas-Anhänger.

Der Klassenprimus wurde für mich später in der Studentenbewegung der erste Beleg dafür, dass jugendliche Rebellen vom herrschenden System letztlich besser belohnt werden als angepasste Musterknaben. Die Belohnung lässt zwar etwas länger auf sich warten, ist aber dafür üppiger als die der Angepassten. Jedenfalls wurden die lautstark gegen ihre Professoren protestierenden SDS-Studenten einige Zeit später Staatssekretäre – das meine ich nicht wörtlich, sondern metaphorisch –, während unser Primus ein loyaler Gefolgsjüngling seines Ordinarius blieb und später sein unauffälliger Lehrstuhlnachfolger wurde.

Nach dem Abitur gingen Sie nicht wie die meisten Ihrer Mitschüler auf die Universität.

Ich hatte einfach genug vom Zuhören und Lernen und Appetit auf etwas anderes. Die Aussicht, von der letzten Schulklasse ins erste Semester überzugehen, war mir ein Graus. Damals war gerade Fellinis Film «La Dolce Vita» Tagesgespräch, mit Marcello Mastroianni in der Rolle eines mondänen Gesellschaftsreporters. Eine mir sehr gelegen kommende Identifikationsfigur: einer, der selber nicht zu der Welt gehört, in der er verkehrt und die er beobachtet, aber deren Attraktivität er genießt. Wahrscheinlich waren auch die «Verlorenen Illusionen» von Balzac in meinem Kopf. Auch hier die glanzvolle Welt der großen Gesellschaft und des Theaters, die sich der Held Lucien de Rubempré als Journalist erschließt. Dass er am Ende kläglich scheitert und auch schon vorher mehr ein Blender als ein wirklicher Held wie Wilhelm Meister ist, spielte für mich keine Rolle. Es war gerade die Mischung von glänzender Fassade und dahinter verborgener Mittelmäßigkeit, die mich anzog. Mit diesen Rosinen im Kopf entschloss ich mich, nach dem Abitur Journalist zu werden. Ich bewarb mich als Volontär. Die *Frankfurter Rundschau*, bei der ich zuerst anklopfte und sogar vom Herausgeber, dem damals in Frankfurt legendären Karl Gerold, empfangen wurde, ließ mich abblitzen. Also absolvierte ich die zwei Jahre Volontariat im benachbarten Wiesbaden, beim *Wiesbadener Kurier*. Dort wurde ich einmal zur Berichterstattung über ein avantgardistisches Happening bei den Festspielen 1962 geschickt. Es bestand aus einer musikalisch untermalten Klavierzertrümmerung. Die amerikanisch-koreanische Gruppe, die das veranstaltete, hieß Fluxus. Sie wurde später eine Weltberühmtheit. Die Wiesbadener Veranstaltung ging als ihr Gründungsakt in die Geschichte der Avantgarde ein. Und ich kann also sagen, dass ich dabei gewesen bin.

Die zwei Jahre Zeitung erfüllten ihren Zweck, meine Lern-Überdrüssigkeit und meinen Realitätshunger zu kurieren. Sie verkehrten sie ins Gegenteil. Realitätsüberdrüssig und lernhungrig tat ich nun das, was meine Schulkameraden zwei Jahre früher begonnen hatten, ich ging an die Universität. Zuerst an die FU in Berlin. Dann Frankfurt. Hier gab es einen peinlichen Moment, der mir klarmachte, was die zwei Zeitungsjahre mit mir gemacht hatten. Enzensberger, der damals höchstverehrte Intellektuelle, hielt im Wintersemester 1964/65 die Frankfurter Poetik-Vorlesung. Im Anschluss an seine Vorlesung bot er die Teilnahme an einem

Seminar an. Die Aufgabe war das Verfassen einer Buchrezension. Jeder bekam einen Roman zugeteilt. Ich habe vergessen, welchen ich bekam. Ich erinnere mich nur, dass ich in meinem Elaborat alle Register der journalistischen Phraseologie zog. Inklusive der Abschlussformel, dies sei wohl noch kein Meisterwerk, aber wir – der Rezensent im Pluralis Majestatis – sähen dem nächsten Werk dieses nicht ganz uninteressanten Autors mit Interesse entgegen.

Was daraufhin erfolgte, war ein lautes Gelächter oder vielmehr ein Ausgelächter. Statt Bewunderung für meine vermeintliche journalistische Eleganz erntete ich von den erfahreneren Kommilitonen den reinen Hohn. So hatte ich mir meine Journalistenkarriere nach dem Vorbild Marcello Mastroiannis nicht vorgestellt.

Aber diese kalte Dusche war nützlich, da sie den ganzen journalistischen Sprachmüll, den ich in den zwei Jahren Zeitungsschreiberei in mir angesammelt hatte, mit einem Schwung wegspülte. Was von der journalistischen Erfahrung blieb, war allerdings auch nicht unwichtig. Denn sie immunisierte mich gegen den akademischen Jargon, in den die eben noch hohnlachenden Kommilitonen nun ihrerseits verfielen, ohne sich natürlich bewusst zu sein, dass auch dieser Jargon Jargon war. Heute noch klingen mir das in den Seminararbeiten und später in den Dissertationen nachgeäffte Vokabular und die Syntax Walter Benjamins in den Ohren.

Ein paar Wochen oder Monate nach der Enzensberger-Blamage unterzog ich in einem Artikel in der Studentenzeitung *Diskus* den Literaturkritiker Marcel Reich-Ranicki einer gründlichen Analyse. Reich-Ranicki schrieb damals für *Die Zeit* und war als Kritiker ziemlich angesehen. Das war auch der Grund für den *Diskus*, ihn einmal antiautoritär unter die Lupe zu nehmen. Die Überschrift meines Beitrags war schon die Botschaft. Sie lautete: «Der Heinrich Lübke der Literaturkritik». Heinrich Lübke, der damalige Bundespräsident, war für seinen unbeholfenen Sprachstil bekannt. Rückschauend halte ich es für wahrscheinlich, dass ich die Demütigung, die mir im Enzensberger-Seminar widerfahren war, unbewusst an Reich-Ranicki weiterreichte.

Noch ein letztes Beispiel für die unbewusste akademische Arroganz, die mir wenige Jahre später unangenehm aufstieß. Es war eigentlich mehr als bloß akademische, es war Klassenarroganz. Das war in Berlin, als die Studentenrebellion hochkochte. Da erlebte ich am Rande einer gerade beendeten Vietnamdemonstration, dass ein Polizist, in der damaligen Sprachregelung ein «Bulle», von studentischen Demonstranten umringt wurde. Einer von ihnen bemächtigte sich seiner Mütze und warf sie über den Kopf des Opfers hinweg seinen Genossen auf der gegenüberliegenden Seite zu. Großes Vergnügen allseits darüber, wie der Bulle sich vergebens abrackerte, wieder in den Besitz seiner Mütze zu kommen. In diesem Moment war er für mich kein bedrohlicher Vertreter der Obrigkeit mehr, sondern ein armes Schwein, umringt von einer Meute, die ihr Vergnügen an der Demütigung des wehrlosen Einzelnen auskostete.

Lassen Sie mich noch mal nach Ihren Motiven fragen, Journalist zu werden. Gab es über das Vorbild Marcello Mastroianni hinaus noch andere Gründe?

Sehr einfach: die Vorstellung, in die Köpfe der Menschen zu gelangen. Wenn ich in Wiesbaden meinen täglichen Weg vom Bahnhof zur Redaktion ging – ich führte in diesen zwei Jahren eine Pendlerexistenz zwischen Frankfurt und

Wiesbaden –, dann stellte ich mir tagträumerisch vor, wie die Glossen und Artikel, die von mir gerade in der Zeitung standen, auch in den Köpfen der Passanten waren. Präsent sein in den anderen, ohne sie persönlich zu kennen und ohne dass sie etwas davon ahnten, das war meine Form des Narzissmus.

Wir sind jetzt etwas hin und her gesprungen zwischen Ihrem Zeitungsvolontariat und dem Beginn des Studiums. Als Volontär waren Sie Tagträumer. Als Student machten Sie die peinliche Erfahrung, dass das journalistische Produkt, die Rezension, auf die Sie so stolz waren, ausgelacht wurde. Wie akklimatisierten Sie sich dann im Unibetrieb?

Sehr zögerlich. Für mein erstes Semester ging ich nach Berlin an die Freie Universität. Ich erinnere mich noch an den Titel meiner ersten Proseminararbeit, sonst aber an kaum etwas. Der Titel lautete: «Das Motiv des Fremdlings und der Ferne in Novalis' ‹Heinrich von Ofterdingen›». Die Freie Universität erlebte ich als kalten unpersönlichen, in jeder Hinsicht fremden Ort. In Frankfurt hatte ich schon als Gymnasiast die Uni kennengelernt. Regelmäßig besuchte ich Vorführungen des studentischen Filmclubs «Filmstudio», der einen überregionalen Ruf hatte, und ab und zu Adorno-Vorlesungen im Hörsaal VI. Der Weg in die Uni durchs Westend war mir vertraut. All das fehlte in Berlin. Und das war wohl auch der Grund dafür, dass ich nach einem Semester nach Frankfurt zurückkehrte und mich hier immatrikulierte.

Ich konzentrierte mich aber nicht so sehr auf das Studium – Hauptfach Germanistik, Nebenfächer Philosophie und Soziologie –, sondern eher auf das, was außerhalb geboten wurde. Also das Filmstudio, die Studentenzeitung *Diskus* und das Studententheater «Neue Bühne». Alle drei genossen einen Ruf über die Universität hinaus. Und alle drei waren Nebenprodukte der Kritischen Theorie. Ich vermute, dass sie in den 50er Jahren von Mitgliedern der ersten Studentengeneration des gerade wiedereröffneten Instituts für Sozialforschung ins Leben gerufen wurden. Die Kritische Theorie selber erlebte ich im Original in den Vorlesungen Adornos im bereits erwähnten Hörsaal VI und im kleineren Kreis des Adorno'schen Hauptseminars. «Erleben» hieß in diesem Fall, in meinem Fall: andächtig zuhören, ohne selber ein Wort zu sagen. Nicht als Lehrfach hatte ich mir die Philosophie vorgestellt, sondern als *Selber Philosophieren.* Also das, was mir später unter der Bezeichnung «Spekulation» bekannt wurde. Die erste Enttäuschung war eine Vorlesung über meinen damaligen Lieblingsphilosophen Schopenhauer. Was es hier gab und was ich zeit meines akademischen Lebens nicht mitvollziehen konnte oder wollte, waren das Aufnehmen und Auswendiglernen der vorhandenen philosophischen Lehren. Das galt natürlich nicht für Adorno. Hier lag mein Problem in der von ihm verkörperten Perfektion, die mir das eigene unperfekte Denken verschlug.

Dann erlebte ich am 3. Juni 1967 das Echo auf die Erschießung Benno Ohnesorgs am vorangegangenen Tag. Das Datum, der 2. Juni, wurde noch jahrelang in der Studentenbewegung als historisches Ereignis in Erinnerung gehalten wie später der 11. September in der Weltöffentlichkeit.

Die Bedeutung ließ sich an der Reaktion Adornos ablesen. Der war seit seiner Rückkehr aus dem amerikanischen Exil nie mit Stellungnahmen zu politischen Ereignissen in Erscheinung getreten. Diese Enthaltsamkeit war sozusagen sein Markenzeichen. Nun, am Tag nach Benno Ohnesorgs

Tod, eröffnete er seine Vorlesung mit einer persönlichen Erklärung, die das Ereignis direkt ansprach. Das schlug ein wie eine Bombe.

Das muss auch der Zeitpunkt gewesen sein, an dem Sie sich entschlossen, Frankfurt ein zweites Mal zu verlassen und nach Berlin zurückzukehren.

Das geschah im Herbst desselben Jahres, also 1967. Wobei ich mir nicht sicher bin, welches das entscheidende Motiv für mich war: ob die Berufung Peter Szondis an das von ihm gegründete Institut für Allgemeine und Vergleichende Literaturwissenschaft oder der allgemeine politische Klimawechsel in der Universität durch den Tod Benno Ohnesorgs. Vermutlich das Letztere. Denn so attraktiv eine Literaturwissenschaft im Geiste der Kritischen Theorie anstatt der üblichen Germanistik auch war – und das war das Programm Szondis –, noch attraktiver war die Aussicht, eine wirkliche Revolte aus der unmittelbaren Nähe zu erleben und mitzumachen. Jedenfalls war es ein ganz anderes Berlin, in das ich im Herbst 1967 zurückkehrte, als das, was ich vom Sommersemester 1964 her in Erinnerung hatte. Das stocksteife «Sie» unter den Studenten, das mir immer wie ein Kälteschock vorgekommen war, war ersetzt durch das nunmehr allgegenwärtige «Du».

Berlin 1964–1973

Berlin war offenbar ein schwieriges Ziel. Der erste Anlauf endete im Kälteschock. Aber mit dem zweiten Anlauf wurde die Stadt zu Ihrem dauernden Wohnsitz. Wie kamen Sie überhaupt nach Berlin?

Das war wahrscheinlich ähnlich wie nach dem Abitur, als ich nicht einfach den vorgespurten Weg in die Uni als die nächsthöhere Schulklasse gehen wollte. Ich wollte etwas anderes machen. Der Trieb, den Schauplatz meines bisherigen Lebens zu verlassen, war stark. Eine frühere Schnapsidee war Saudi-Arabien. Dazu belegte ich sogar einen Arabisch-Kurs im Volksbildungsheim. Auf Saudi-Arabien kam ich durch den Monumentalfilm «Lawrence von Arabien» von David Lean. Das ihm zugrundeliegende Buch von Thomas Edward Lawrence «Die Sieben Säulen der Weisheit» stand im Bücherregal meiner Eltern, aber ich hatte mich nie dafür interessiert. Wahrscheinlich, weil es ein kleingedruckter Riesenwälzer war. Im Cinemascope-Format war das eine andere Sache. Die Weite der Wüste, der europäische Außenseiter und eigentlich Klassenverräter, der sich der Lost Cause der Araber annimmt, sie als genialer Feldherr zum Sieg führt und der dann von den etablierten Mächten wieder abserviert wird – das war für mich eine Wiederkehr des Heldentypus Hannibal.

Das Nächste war die schon ernstere Absicht, ein Grundstück auf einer Insel in der Ägäis zu kaufen. Sie kam ihrer Verwirklichung schon näher, bis im letzten Moment auf der Insel Alonnisos – die gehört zu den Nördlichen Sporaden – der Verkäufer durch sein Nichterscheinen zum entscheidenden Termin einen Strich durch meine Rechnung machte. Ein paar Jahre später las ich in einer Zeitung, dass Alonnisos von einem Erdbeben heimgesucht worden war. Das nahm ich dankbar als Schicksalsfügung entgegen. Bis ich wiederum einige weitere Jahre später hörte, dass der Club Mediterranée hier eine blühende Ferienkolonie gegründet hatte, mit der Folge eines steilen Anstiegs der Immobilienpreise.

Die näherliegenden Universitäten in der Bundesrepublik erschienen mir jedenfalls reizlos. Berlin war etwas anderes. Der Eiserne Vorhang, die zweigeteilte Metropole, das weckte meine Neugier. Die Welttrennlinie lief ja mitten durch die Stadt. Das hat für mich wohl die entscheidende Rolle gespielt. Der Weltflucht-Aspekt, der mich von Arabien und einer griechischen Insel phantasieren ließ, bot sich als eine weitere Option an. Immer wieder gefiel ich mir in der Vorstellung, was wäre, wenn ich in Berlin die Grenze in Richtung Osten nicht nur als Besucher, sondern als Umsiedler überschritte.

Zunächst überschritten Sie auf Ihrer ersten Fahrt nach Berlin die innerdeutsche Zonengrenze. Das Durchqueren der DDR, um auf die Insel West-Berlin zu gelangen, muss für einen in Westdeutschland aufgewachsenen Jüngling eine ganz neue Erfahrung gewesen sein.

Es war eine Reise in ein fernes Land, wie ein damals modisches journalistisches Bonmot lautete. Der Zug brauchte zehn Stunden. Auf westdeutschem Gebiet fuhr er mit normaler Geschwindigkeit. Kaum war die Zonengrenze überschritten, verlangsamte sich das Tempo extrem. Und dann sah man in den Bahnhöfen die Schilder mit Ortsnamen, die man zwar aus der Weimarer Klassik kannte, die man aber nie als gegenwärtige Realität erlebt hatte: Apolda, Gotha, Erfurt, Weimar, all diese thüringischen Orte. Dann die Halte in den Bahnhöfen. Das waren kleine Bahnhöfe, die einen Blick auf die dahinterliegenden Städte gestatteten. Anders als die westdeutschen Städte waren sie unzerstört und unmodernisiert erhalten. Dass sie heruntergekommen waren, konnte man aus der Bahnhofsperspektive nicht sehen. Und verlassen durfte man den Zug ja nicht. Die Reise durch die DDR nach West-Berlin begann mit der Kontrolle beim Grenzübertritt von der westlichen auf die östliche Seite, in Gerstungen, dann die Bahnhofshalte, bei denen die Türen geschlossen blieben. Und zuletzt wieder die Kontrolle in Griebnitzsee, dem letzten Stopp auf DDR-Seite.

Ich erinnere mich an einen Halt auf offener Strecke bei Potsdam. Da hatte man einen guten Blick auf einen der Seen dort, auf dem die sonntäglichen Segelboote herumschipperten. Ich wusste, das war fremdes und verbotenes Gebiet, und doch gab es diese vertrauten Dinge. Diese Doppelbödigkeit des scheinbar Vertrauten, das aber nicht zugänglich ist, weil es auf einem anderen Gebiet liegt, sie ist so ein Ur-Eindruck, der mir geblieben ist und die Grundierung für meine späteren Berlin-Erfahrungen bildete.

Später fuhr ich die Strecke Frankfurt-Berlin nicht mehr mit der Bahn, sondern mit dem Auto. Da kam man dann am West-Berliner Kontrollpunkt Dreilinden im amerikanischen Sektor an. Dieser Grenzübertritt prägte sich mir ein als das Entrée in die merkwürdige Welt West-Berlins. Denn nun war die andere Hälfte der Welt, der Osten, die DDR, aus der Wahrnehmung und dem Denken ausgeschaltet. Das galt erstaunlicherweise gleichermaßen für die Kalten Krieger der Springer-Presse wie für die linken Studenten. Beide Lager waren sich einig in ihrem Desinteresse an der Ost-West-Realität, wie sie tatsächlich war.

Mit meinem Interesse für das Zusammentreffen der beiden Welthälften an dieser Stelle stand ich ziemlich allein auf weiter Flur. Wie ich dann dieses Interesse in die Praxis umsetzte, war allerdings auch alles andere als eindrucksvoll. Mit der Naivität, mit der ich zuvor in den Journalismus eingestiegen war, stieg ich jetzt in den Marxismus ein. Oder vielmehr in das, was in der DDR als Marxismus ausgegeben wurde. Zum Beispiel nahm ich eine der parteichinesisch geführten «Debatten» – Debatten in Anführungszeichen – ernst und schrieb darüber einen Artikel in den *Frankfurter Heften*. Das war eine Zeitschrift, die in der frühen Bundesrepublik eine intellektuelle Rolle spielte. Heute wundert mich, dass der Redakteur mir dieses Elaborat abnahm. Es war alles andere als kritisch-marxistisch. Eine ahnungslose Nacherzählung des Funktionärsgeschwätzes, das die DDR als Theorie verkaufte und das ich Tor ernst genommen hatte. Ich kann mir die Kritiklosigkeit des Redakteurs und schlimmer noch das Lob, das er mir spendete, nur durch die in Westdeutschland herrschende Ahnungslosigkeit erklären. Eine Ahnungslosigkeit, die den Marxismus wie die DDR umfasste. Aus der Rückschau war diese Episode dann aber eben doch eine Bestätigung für mein Interesse, von Berlin aus den real existierenden Osten zu verstehen.

Wie Sie das erzählen, kann man sich leicht vorstellen, dass Sie in einem Zirkel hochgestochener SDS-Intellektueller mit Ihrem Artikel nicht besonders gut angekommen wären. Kam Ihnen nicht der Gedanke, dass die Abstinenz der West-Berliner Linken gegenüber der DDR ihre Berechtigung hatte? Und dass das, was von Herbert Marcuse aus Berkeley herüberkam, wichtiger war als das, was in Ost-Berlin vor der Tür lag?

Genau das entdeckte ich in den nächsten Jahren. Das Ergebnis war aber nicht, nun das reale Ost-Berlin so zu ignorieren, wie meine neu-linken Kommilitonen es von Anfang an getan hatten, sondern eine andere Perspektive zu entwickeln. Praktisch lief das hinaus auf eine Zweiteilung meines Studiums. Auf der einen Seite das formelle Studium: die Literaturwissenschaft im Komparatistischen Institut Peter Szondis. Auf der anderen Seite die Entdeckung und Entwicklung einer neuen Perspektive auf das, was in Ost-Berlin geschah. Also ein Kontrastprogramm oder eine Parallelaktion. Jedenfalls eine Doppelveranstaltung, die mir gestattete, die verschiedenen Zügel in der Hand zu halten und gegebenenfalls mit- oder gegeneinander auszuspielen.

Wie hat man sich das vorzustellen?

Als ich im Herbst 1967 aus Frankfurt nach Berlin zurückkam, war die Studentenbewegung auf ihrem Höhepunkt. An der FU wurde als Gegeninstitution zur regulären Uni eine sogenannte «Kritische Universität» organisiert. Hier vereinten sich guter Wille, große Rhetorik und mittelmäßiger Einfallsreichtum zu einem wenig inspirierenden Unternehmen künftiger Studienräte.

In dieser Zeit besuchte ich mit ein paar Freunden eine

Veranstaltung in der Akademie der Künste, in der Hartmut Lange auftrat, der ein oder zwei Jahre zuvor aus der DDR geflüchtete Dramatiker. Sein Stück «Marski» hatte ich in Frankfurt gesehen und war begeistert. Hier waren Marxismus und Sozialismus nicht eine anämische Intellektuellen- und Bürokratensache, sondern eine aus den Nähten platzende Lebenslust und Lebenskraft. Das Stück hätte vom jungen Brecht geschrieben sein können oder von Rabelais. Wir sprachen Lange an, erzählten ihm von der Kritischen Universität und luden ihn zur Teilnahme ein. Mit richtigem Instinkt beurteilte er die Lage und sprach seine Gegeneinladung aus. Ein Gespräch oder eine Diskussionsgruppe bei sich zu Hause, unter Hinzuziehung seines Freundes Dieter Sturm, Dramaturg an der Schaubühne. Das war der Beginn meines Kontrastprogramms zum regulären Studium.

Überspringen wir die Einzelheiten dieses Kontrastprogramms, um gleich zu dem Ergebnis zu kommen, das dabei für Sie herauskam: Was verdanken Sie Hartmut Lange und Dieter Sturm, das Sie ohne den «Kapitalkreis» – das war ja die Bezeichnung, die die Teilnehmer dem Unternehmen gaben – nicht geworden wären?

Eigentlich sagte ich es schon: die Entdeckung der vitalen Seite des Marxismus und Sozialismus, wo ich bis dahin nur die bürokratisch-kollektivierte Seite wahrgenommen hatte. Marxismus als Voluntarismus, als Ich-Kult, als anarchische Freiheit. Also all das, was im Frühsozialismus vor Marx so lebendig gewesen war und was der spätere Marxismus exorziert und wegdiszipliniert hatte. Das war im Westen zwar auch bekannt, aber auf eine ganz andere Weise als im real existierenden Sozialismus. Im Westen waren Ich-Kult und

Anarchie Teil und eigentlich sogar die Hauptstütze des politisch-ökonomischen Systems. Im Realsozialismus waren sie der verfemte Teil.

So fand ich hier das Thema meiner späteren Dissertation. Es war die Frage, wie der siegreiche, aber bürokratisierte Sozialismus mit den vitalen und anarchischen Energien des Individuums umgeht. Welche neuen Konfliktsituationen dabei entstehen und ob die von der realsozialistischen Ideologie behauptete Konflikt- und Widerspruchslosigkeit überhaupt möglich ist.

Konkreter gesprochen: Ich entdeckte, dass es in der DDR noch eine andere Dramatik gab als die eintönig-schönfärberische des sozialistischen Happy Ends und der Parteischriftsteller. Dass diese Dramatik es wagte, die Brecht'sche Dialektik auf den Sozialismus anzuwenden. Und dass sie mir ein authentischeres Bild von der DDR vermittelte als die triste Realität, die ich bis dahin für Sozialismus gehalten hatte. Denn das gehörte ja auch zur geistigen Sozialisierung in der Adenauer-Zeit, in der ich groß geworden war: dass etwas richtig und wahr nur dann sein konnte, wenn es keinen Spaß machte. Die Studentenbewegung warf das gründlich über den Haufen, verlor dabei allerdings aus den Augen, dass die Welt nicht nur aus Spaß besteht.

Nach der Begegnung mit Lange begriff ich dann allmählich, dass er kein Einzelfall war, sondern dass es auch einen Peter Hacks gab und einen Heiner Müller.

In dieser Zeit begann ich mir Gedanken über meine akademische Abschlussarbeit zu machen. Alle meine Freunde wählten ihre Themen aus dem bewährten literaturhistorischen Kanon. Ich entschied mich, meine Entdeckung der in der DDR verfemten Dramatik zum Thema meiner Magisterarbeit zu machen. Der Titel lautete: «Anarchische Züge an Hauptgestalten in einigen DDR-Dramen», und die drei behandelten Autoren waren Hartmut Lange, Peter Hacks und Heiner Müller. Später erweiterte ich das zu meiner Dissertation «Sozialistisches Drama nach Brecht». Aber das war bereits nach meiner ersten Amerika-Reise und meiner Orientierung auf ganze andere Themen jenseits der Literatur.

Bleiben wir noch einen Moment beim Thema Ihrer Dissertation: «Sozialistisches Drama nach Brecht». Das war, wie Sie selber sagen, kein abgehangenes akademisches Thema der Literaturgeschichte, sondern unmittelbare Gegenwart, und darüber hinaus ein wesentlicher Teil Ihres persönlichen Bildungsromans. Hartmut Lange trafen Sie persönlich. Wie war es mit Peter Hacks und Heiner Müller?

Ich lernte alle drei persönlich kennen. Als ich Hacks in seiner riesigen Wohnung in der Schönhauser Allee im obersten Geschoss besuchte, sprach man in Ost-Berlin bereits von ihm als dem Herrn eines Schlosses im Brandenburger Umland, in dem er inmitten antiker Möbel, Meißner Porzellans und erlesener Werke alter Kunst residieren sollte. Eine Pracht, die ihm der Fama zufolge aus den Schlössern enteigneter Junker zugeflossen war. Die Wohnung, in der er mich empfing und in der wir tatsächlich aus Meißner Tassen Tee tranken, bestätigte die Fama mindestens zum Teil. Ich war damals in meiner maoistischen Phase und hielt damit auch nicht hinter dem Berg. Er belächelte das nachsichtig. Sonst verstanden wir uns gut. In meiner Dissertation kam er nicht besonders gut weg, weil ich einige seiner späteren Komödien, die er als sozialistische Klassik – Betonung auf Klassik – verstanden wissen wollte, eher als klassizistischen Kitsch einschätzte. Einige Jahre später erzählte mir jemand (und ich prüfte es gleich nach), dass in seiner Bearbeitung von Goethes «Jahrmarktsfest von Plundersweilern» eine Figur auftritt, die es im Original nicht gibt. Sie heißt Magister Schievelbusch und ist natürlich von der beckmesserischen Art.

Und Heiner Müller? Von den drei Autoren Ihrer Dissertation ist er der bekannteste geworden, ein Mann von internationaler Wirkung.

Er war das totale Kontrastprogramm zu Peter Hacks. Das fing mit der Zweizimmerwohnung am Kissingenplatz in Pankow an. Die war spartanisch. Und ich sah ihn darin als Intellektuellen, der wie die Spinne in ihrem Netz die Wirklichkeit erbarmungslos einfängt und aussaugt. Als Gestalt entsprach er für mich dem Urbild des marxistisch-bolschewistischen Intellektuellen. Ein Typus zwischen Trotzki und Stalin wie der heute vergessene Karl Radek. Eher klein und zierlich und vor allem keine Spur des Vergnügens an der eigenen geistigen Brillanz, wie das bei Lange und Hacks immer durchschien. Seinen scharfen Witz, von dem viele sprachen, habe ich lange nicht einmal bemerkt. Ebensowenig wie seine menschliche Sensibilität. Ich kenne viele Leute, die von bacchanalischen Besäufnissen erzählten, die sie mit Müller hatten. Ich blieb immer der andächtig zuhörende Student. Das einzige Mal, dass ich ihn im Zustand der Betrunkenheit erlebte, war Jahre später in New York. Aber auch da mussten mich andere darauf aufmerksam machen. Von mir aus hätte ich es nicht bemerkt.

Aus der Rückschau war er vielleicht ein ähnlicher Typus wie Peter Szondi. Aber das ist ein anderes Kapitel, auf das wir später kommen werden. Um es nur kurz vorwegzusagen: Ich war ihm nicht unsympathisch, aber intellektuell habe ich ihn nicht beeindruckt.

Jahre später, als meine Dissertation als Buch erschienen und in der FAZ von dem Germanisten Walter Hinck wohlwollend besprochen worden war, lud Marcel Reich-Ranicki mich ein, selbst Rezensionen für die FAZ zu schreiben. Den Beginn sollte eine Großrezension über das Werk Heiner Müllers machen. Ich fuhr also zu ihm und fragte ihn, ob es ihm überhaupt recht sei, im Westen von mir besprochen zu werden. Schließlich hatte er eine Vergangenheit von Parteiverboten seiner Stücke, und meine Annahme, eine West-Rezension könne für ihn schädlich sein, scheint mir auch heute noch begründet gewesen zu sein. Aber seine Antwort war: «Ja natürlich!»

Sie gingen nach Berlin in der Absicht, hier den Ost-West-Konflikt an Ort und Stelle zu studieren. Daraus entwickelte sich dann die Frage nach dem real existierenden Sozialismus, die sich vor der Haustür West-Berlins als Thema anbot. Ihr Buch über das Sozialistische Drama nach Brecht verwendet den Begriff der Kommunistischen Tragödie. Das war in den 1970er Jahren. Was Müller später schrieb und seine internationale Wirkung erst ausmachte, geht weit über seinen damaligen Gegenstand, den Realsozialismus der DDR, hinaus. Haben Sie Müllers Arbeiten in den darauffolgenden Jahrzehnten weiterverfolgt?

Wenn ich es aus meiner Sicht des immer entweder zu spät oder zu früh Kommenden sagen darf, so ließ mein Interesse an Heiner Müller in dem Moment nach, als er aufhörte, in seinen Stücken den Realsozialismus zu reflektieren, und zum Weltautor der Postmoderne wurde. Das war schon früh der Fall. Als ich Müller in den Jahren 1971 und 72 in Berlin – also nach meiner ersten Amerikareise – im Zusammenhang mit meiner Dissertation mehrfach besuchte, ließ er ziemlich klar durchblicken, dass der Aufbau des Sozialismus in der DDR und der nun dort herrschende Staatssozialismus kein Thema mehr für ihn seien.

Ich habe seitdem immer wieder versucht, einen Zugang zu seinem späteren Werk zu finden. Aber es gelang mir nicht. Es ging mir ähnlich wie mit Teil 1 und Teil 2 des Goethe'schen «Faust». Der erste Teil: realistisch und einfach. Der zweite ausufernd ins Grenzenlose. Mitte der 70er Jahre traf ich Müller in New York. Dort befragte ich ihn in einem Gespräch, das ich für einen Berliner Sender aufnahm, über seine ersten Eindrücke in / von Amerika. Das Gespräch wurde nie gesendet und ein Grund dafür mir auch nicht genannt. Aber es war wahrscheinlich die durch übermäßigen Alkoholgenuss verursachte Unkonzentriertheit beider Gesprächspartner. Inzwischen ist das, was Heiner Müller mir damals ins Mikrophon sprach, als Monolog («Amerika, Morgenstern, Erbe») im Band 8 seiner Werkausgabe veröffentlicht.

Vielleicht liegt mein Unverhältnis zum späteren Müller auch einfach daran, dass ich nun nichts mehr von der existenziellen Spannung verspürte, mit der der Autor in einem repressiven System es zu tun hatte. Als idiosynkratischer Einzelkämpfer gegen ein gesichtsloses System – und das war der DDR-Müller für mich – passte er in mein kleines Pantheon.

Sie studierten Literaturwissenschaft mit dem Ergebnis, dass Ihr persönliches Kontrastprogramm schließlich ins Hauptprogramm einmündete, nämlich als Dissertation über das «Sozialistische Drama nach Brecht».

Es blieb aber in einer Hinsicht doch mein irreguläres Kontrastprogramm. Denn die Dissertation, die ich schrieb, entstand nicht im Rahmen des Germanistischen Instituts der Freien Universität, sondern außerhalb. Ich schrieb an Hans Mayer, den *grand old man* der Germanistik, der den DDR-Sozialismus aus erster Hand kannte und nun in der Bundesrepublik lebte, legte meine Magisterarbeit bei und fragte, ob er sich vorstellen könne, ihre Erweiterung zur Dissertation als Doktorvater zu begleiten. Seine Antwort war Ja. Aber das gehört schon nicht mehr zum Kapitel Berlin, sondern war nach der Rückkehr von meinem ersten Amerika-Aufenthalt.

Wenden wir uns dem Hauptprogramm in dem Sinne zu, den Sie ihm gaben, Ihrem Studium an der Freien Universität. Das war das Studium der Vergleichenden Literaturwissenschaft. Kein Massenfach wie die Germanistik, sondern eher ein exotisches. Vor allem aber ein Fach und ein Institut, das vollkommen mit der Person identifiziert wurde, die es nach Berlin gebracht hatte: Peter Szondi.

Zunächst einmal war Szondi ein Mythos. Biographisch, weil er als Kind zu dem Transport gehört hatte, der die letzten Juden aus Budapest ins Konzentrationslager Bergen-Belsen gebracht hatte. Er überlebte. Aber als Gezeichneter. In der Literaturwissenschaft wurde er dann zu dem, was Habermas für die Philosophie und Soziologie war. Das könnte ich mir übrigens als nicht uninteressante Parallelbiographie vorstellen. Der dem Holocaust knapp entronnene ungarische Jude und der deutsche Flakhelfer. Beide im selben Jahr, 1929, geboren. Beide ziemlich genau zu dem Zeitpunkt auf ihren Lehrstuhl berufen, als die Studentenbewegung losging. Beide brillante akademische Jungstars. Dann beide zwischen den Fronten der konservativen Professorenschaft auf der einen und einer neuen politischen Jugendbegeisterung auf der anderen Seite. Schließlich verstanden sich beide als Erben und Fortsetzer der Kritischen Theorie. Und die war damals der Gipfel bundesrepublikanischer intellektueller Modernität.

Aber nun zur Person Szondi. Physisch war er eine beeindruckende Erscheinung. Hochgewachsen, unter dem vorzeitig grauen, aber vollen Haarschopf ein jugendliches Gesicht. Für mich hatte er immer etwas von dem jungen Gérard Philippe, etwa in der Verfilmung von Stendhals «Rot und Schwarz». Fragen Sie nicht, warum. Jedenfalls fehlte ihm alles Professorale.

Dass er auf Diskussionspodien meist schwieg, trug zu seiner Aura der Unnahbarkeit bei. Niemand fragte sich damals, warum er dann überhaupt an solchen Veranstaltungen teilnahm.

Und was machte seinen Mythos als Literaturwissenschaftler aus?

Der hatte seinen Ursprung in der Dissertation «Theorie des modernen Dramas», die Szondi Anfang der 50er Jahre schrieb. Ich habe ihre Bedeutung allerdings nie ganz nachvollziehen können. Denn was er da entwickelte, war ziemlich abhängig von den damals modischen Autoren wie zum Beispiel Thornton Wilder.

Was ist denn, von heute aus gesehen, das Besondere oder auch Neue, das er in die Wissenschaft eingebracht hatte?

Was die Frankfurter Schule und speziell Adorno für die Philosophie und die Ästhetik im Allgemeinen gemacht hat, das hat Szondi in die Literaturwissenschaft eingebracht. Für mich waren die absolute Texttreue und Textgenauigkeit entscheidend. Jedes Wort, fast jede Silbe wurde für sich genau betrachtet, in die Hand genommen und abgewogen. In der Gedichtinterpretation gehört das ja zur Sache. Szondi machte das aber auch bei Prosa und Drama. Im ersten Seminar, das ich bei ihm belegte, ging es um das bürgerliche Trauerspiel im 18. Jahrhundert. Szondi bezog sich da stark auf Walter Benjamins «Trauerspiel»-Buch, das ja damals ein Mythos war, mit dem ich allerdings auch nie etwas anfangen konnte. Zu meiner Schande muss ich gestehen, dass ich, wenn ich Benjamins Professor gewesen wäre, das «Trauerspiel»-Buch wahrscheinlich wegen Unverständlichkeit genauso abgelehnt hätte wie der in der Nachwelt übelbeleumundete Germanist, der Benjamins Habilitation vereitelt hat.

So ging es Ihnen aber nicht mit Szondis Theorie des bürgerlichen Trauerspiels.

Szondi hatte im Grunde einfache und direkte Zugänge. Wie er in seiner Habilitation («Versuch über das Tragische») eine Theorie des Tragischen – wohlgemerkt: nicht der Tragödie oder des Trauerspiels, sondern des Tragischen – entwarf, das leuchtete mir sofort ein. Mit einem Streich brachte er die zwei Jahrhunderte alte Theorie der Tragödie, Pardon: des Tragischen, von Hegel bis Walter Benjamin, auf den

Punkt. Er definierte als tragisch, dass den Helden genau das, was er anstrebt, nämlich die Rettung, in den Untergang führt. Jeder Schritt in Richtung Erlösung bewirkt das Gegenteil. Das ist natürlich alles ein bisschen komplizierter. Aber wie Szondi es darstellte, war es für mich eben fast so einfach, wie ich es gerade beschrieben habe. Einfachheit aus einer ungeheuren Versenkung in Text, Wort, Silbe und sozialhistorisches Detail hervorgehen zu lassen, das war es, was zumindest für mich dabei heraussprang. Dazu gehörte auch, die verschiedenen Fassungen eines Stücks, egal ob von Schiller oder irgendeinem unbekannten englischen Dramatiker des 18. Jahrhunderts, zu vergleichen und so den Prozess, in dem das Stück entstand, nachzuvollziehen. Und das nicht der philologischen Vollständigkeit halber, sondern um am Ende wirklich ein Resultat, eine Formel, eine Lösungsformel für das Stück zu haben. So etwas hatte ich nie zuvor in einem germanistischen Seminar erlebt.

Neben diesem zerebralen Szondi gab es aber noch einen anderen. Den konnte man erleben, wenn er bei Vorträgen oder Vorlesungen Passagen aus Dramen vorlas. Er las dann nicht vor, sondern verfiel in eine Tonlage, wie sie vor langer Zeit am Burgtheater kultiviert wurde. Aus Peter Szondi wurde dann eine Art Alexander Moissi. Was man heute als parodistische Übertreibung empfinden würde, kam ihm offenbar unkontrolliert aus dem Herzen. Das war und ist mir noch heute ein Rätsel: dass die Sprache, mit der er so intim verkehrte und die er zugleich wie im Labor auseinanderzulegen verstand, ihn nun hinterrücks zu überrumpeln schien.

Ohne es selber zu merken?

Ich glaube, es waren nur die Studenten, die sich wunderten, wie ihr unfehlbarer Lehrer für Momente zu einem exaltierten Burgschauspieler wurde. Andererseits machte ihn das auch wieder liebenswert. Das war eben genau dieses Jünglingshafte, gänzlich in der Sache aufzugehen. Die Sache kommandierte ihn.

Natürlich hatte es auch etwas von der Karikatur des Gelehrten, der sich seiner Sache hingibt. Ob es nun Hegel am Pult ist, der mit seinen Papieren kämpft, oder jemand im Labor, der die Welt um sich herum vergisst. Im Labor merkt es niemand, im Vortrag jeder. Das war dann Szondis verletzbare Stelle, seine Achillesferse.

Ein so charismatischer Lehrer wie Peter Szondi, was für Studenten hatte er? Wer war zugelassen, wer nicht? In welcher Gesellschaft befanden Sie sich dort?

Was die jungen Frauen anging, die waren mädchenhaft hingegeben, im Sinne eines heute nicht mehr vorstellbaren wissenschaftlichen Eros. Einige von ihnen kümmerten sich nach Szondis Tod um seinen Nachlass. Sie übernahmen die sprichwörtliche Witwenrolle im Bereich des Literarischen. Zu seinen Lebzeiten hatten sie ihm platonisch zu Füßen gelegen. Die männlichen Studenten beeindruckte, dass er eine Zeitlang mit Alexandra Kluge, Alexander Kluges Schwester, befreundet war. Die war damals eine ziemlich prominente Figur, weil sie in «Abschied von gestern» die Hauptrolle spielte, dem ersten wichtigen Film Kluges, mit dem der seine Karriere eröffnete und auch das neue deutsche Kino, den neuen deutschen Film, begründete. Wenn wir dieses Paar auf einer Veranstaltung in der Akademie der Künste im Foyer flanieren sahen, waren wir gewissermaßen fremdstolz.

Sie sprachen vom wissenschaftlichen Eros Szondis und dem seiner Studentinnen. Wie stand es um die Männer, wer waren die?

Zweimal lieferten Studenten ein Referat ab, das ihren Lehrer in einen Zustand des Entzückens versetzte. Die übrigen Studenten reagierten ähnlich befremdet wie auf Szondis Deklamationspathos. Der Neid der Brüderrotte auf den aus ihr hervorgehobenen und bevorzugten Lieblingssohn war offenkundig. Noch heute empfinde ich eine nicht zu leugnende Genugtuung darüber, dass von diesen zeitweiligen Lieblingsschülern keiner ein zweiter Szondi wurde.

Keiner?

Der Bekannteste innerhalb der Germanistik war Gert Mattenklott. Der wurde bewundert, weil er früh schon, ich glaube, mit 25, seine Dissertation schrieb. Stilistisch wie gedanklich war das eine klare Mimikry an die Eigenheiten Walter Benjamins. Das konnte man toll finden: «Der ist ja ein neuer Benjamin.» Wenn man es nicht toll fand, dann lief man Gefahr, für benjaminfremd gehalten zu werden, was damals ähnlich klang wie heute gewisse politisch unkorrekte Worte.

Noch einmal zurück zu Szondi und seinem Konzept von Allgemeiner und Vergleichender Literaturwissenschaft. Inwiefern war sein Ansatz neu? Inwiefern nahm er Traditionen auf?

Das kam eigentlich aus Amerika. Im Übrigen geht dieser Ansatz natürlich auf die Goethe'sche Weltliteratur zurück, die durch die Konzentration auf Nationalliteraturen, die sich in der Wissenschaft aus Spezialisierungsnotwendigkeiten herausgebildet hatte, ziemlich verlorengegangen war. Was mich am Komparatistischen reizt, ist die Unabhängigkeit, die man gewinnt, wenn man sich vom Diktat eines Einzelgegenstands frei macht. Erst dieses Verfügen über mehrere Gegenstände macht souverän. Jedenfalls habe ich seit meiner Magisterarbeit immer Konstellationen darzustellen versucht. Niemals ein isoliertes Einzelthema oder einen einzigen Autor.

Wie betrieb Szondi seine Komparatistik?

Die drei tragenden Säulen waren für ihn England, Frankreich und Deutschland. Das ist mittlerweile komparatistisches Allgemeingut, ja steht inzwischen im Geruch des politisch inkorrekten Eurozentrismus. Damals war es die Eröffnung eines Horizonts, der die Enge der Germanistik, Romanistik und Anglistik überwand.

Exemplarisch geschah das in dem vorhin erwähnten Seminar über das bürgerliche Trauerspiel. Bis heute sind mir die drei Typen des Dramas fast sinnlich präsent. Es würde zu weit führen, wenn ich das jetzt im Einzelnen erklären wollte. Nur so viel: Das Ergebnis dieses Seminars war, dass wir nachvollziehen konnten, wie aus den unterschiedlichen sozialen, ökonomischen und ideologischen Verhältnissen in England, Frankreich und Deutschland im 18. Jahrhundert ganz verschiedene Mentalitäten und Konfliktkonstellationen hervorgingen. Etwa der Konflikt von Sexualität und Puritanismus im englischen Bürgerdrama. Im französischen das Nebeneinander von Abgrenzung und Nachahmung, mit dem sich das Bürgertum gegenüber der höfischen Kultur zu behaupten versuchte. Im deutschen die bedrückende Enge eines Kleinbürgertums à la Schillers «Kabale und Liebe». Das klingt jetzt nach ziemlich konventioneller Literatur-Sozialgeschichte. Was es aber bei Szondi nie war.

Einmal kam anlässlich eines Referats die Sprache auf «Othello». Genauer: auf das Taschentuch Desdemonas, das in Othellos Paranoia ja eine Schlüsselrolle spielt. Der Student, der das Referat hielt, stellte eine Verbindung zwischen diesem Requisit und dem Stand der Textilindustrie in England zur Zeit Shakespeares her. Szondi spann diesen Faden fort. Wie im Einzelnen, erinnere ich mich nicht mehr. Aber es war ein Ineinanderweben von realen und poetischen Bestandteilen, aus dem ein eigenes Produkt entstand, in dem Materialität, wissenschaftliche Präzision und Poesie sich wechselseitig aufluden.

Diese Aufladung zu ermöglichen, war das Szondis Genie?

Das Referat gehörte zu den vorhin erwähnten, die ihn zu einem Begeisterungsausbruch veranlassten. Desdemonas Tuch kam also im Referat des Studenten vor. Aber wie Szondi dieses Detail dann aufnahm und ausspann, diese einzigartige Verbindung von Präzision, Konzentration und Erweiterung, das versetzte alle in Bewunderung. Der Student hatte nur das Vorprodukt geliefert, die Vollendung kam vom Meister.

Welche Rolle hatten Sie denn in diesem Spiel? Was haben Sie eingegeben, was haben Sie sich für die eigene Produktion dann genommen?

Ich habe das stumm miterlebt wie seinerzeit in Frankfurt in Adornos Hauptseminar. Nie etwas eingegeben, aber viel eingesammelt. Szondi hatte ja diese Janusgesichtigkeit. Einerseits der unerbittliche Zuchtmeister. Unerbittlich erschien er vor allem in der Anfangszeit. Da machte er eine Klausur zur Vorbedingung der Teilnahme an seinem Hauptseminar. Eine Klausur mit Wissensabfragen, die kaum einer beantworten konnte, wie der nach den Mitgliedern einer französischen (oder war es eine italienische?) Dichtergruppe der Renaissance, deren Namen ich inzwischen auch nicht mehr weiß. Als ich später einmal in einem Interview in der Zeitschrift für Ideengeschichte diesen Aspekt Szondis erwähnte, kam von Gert Mattenklott heftiger Widerspruch.

Dann der schwärmerische Jüngling. Der Zuchtmeisteraspekt machte ihn mir fremd. Die ihm näherkamen, hatten dafür Verständnis. Sie sagten verständnisvoll: «Er leidet wohl auch daran.» Sein Selbstmord gab ihnen recht.

Fiel sein Selbstmord in Ihre Studienzeit bei ihm?

Ja. Er ist wie der von ihm verehrte Paul Celan ins Wasser gegangen. Celan in die Seine, Szondi in den Halensee. Und auch da zeigte sich diese fast symbiotische Beziehung seiner Schüler zu ihm. Szondi kam eines Tages nicht in das Institut im Kiebitzweg in Dahlem. Tagelang blieb er verschwunden. Ein Doktorand, sein damaliger Lieblingsschüler, fand ihn. Irgendwelchen Ahnungen folgend, ging er an den Halensee, an die Stelle, wo Szondi ins Wasser gegangen war. Er fand dort dessen Auto geparkt. Die Leiche wurde erst später von Polizeitauchern geborgen. Aber diese Ahnung, die er hatte, an die richtige Stelle zu gehen, das hat bei uns Hinterbliebenen damals einen tiefen Eindruck hinterlassen.

Noch einmal zurück zum Taschentuch der Desdemona und Szondis Interesse an diesem Gegenstand. Diese Dinge nun führen uns direkt zu Ihrem zweiten akademischen Lehrer, zu Norbert Elias. Bei dem spielt das Taschentuch ja ebenfalls eine Schlüsselrolle. Wie sind Sie zu Elias gekommen?

Nicht persönlich, denn damals lebte und lehrte er ja noch in England. Sondern über sein Buch «Der Prozess der Zivilisation». Zunächst klang das für mich eher abschreckend. Wenn ich das Wort Theorie höre, suche ich nach dem Ausgang. Und «Zivilisation» war für mich auch nicht gerade attraktiv; Zivilisation war der damals korrekte Gegenbegriff zur politisch absolut unkorrekten «Kultur» im Sinne Oswald Spenglers. Zudem wurde der «Prozess der Zivilisation» als soziologische Untersuchung gesehen, was Elias als Soziologe und Karl-Mannheim-Schüler ja auch so verstanden wissen wollte. Aber dann tauchten da plötzlich diese, ich weiß nicht, wie ich es besser sagen könnte: diese Körper auf.

Die Körper?

Diese Dingkörper. Gabel und Schnupftuch wurden damals so etwas wie Erkennungssignale für Studenten, die Elias entdeckten, nachdem sie die Soziologie der Kritischen Theorie bis zum Überdruss aufgenommen hatten. Dass bei Elias ganz konkrete Gegenstände als Träger bestimmter gesellschaftlicher Vorgänge erschienen, das war wirklich das Aha-

Erlebnis einer Generation. Was ich in meiner Begeisterung damals nicht gesehen habe und was mich Elias dann hat überinterpretieren lassen, war, dass es für ihn als Soziologen relativ egal war, was für Instrumente das waren. Er hat sich nicht für ihre Materialität und technische Form interessiert. Er hat die Dinge einfach nur benannt, die bei mir dann aber in eine andere Schublade geraten sind. Ich habe die soziologische Einbettung von Elias beiseitegelassen und mich auf die Gegenstände selber, die Gabel und das Schnupftuch, gestürzt. Ich habe mir vorgestellt, wie sie von den Menschen damals benutzt worden sind. Wie sie Teil ihres physischen und psychischen Lebens, Teil ihrer Sphäre wurden. Wie aus diesem Umfeld heraus die Dinge sich in einer Art von Kristallisation herausbilden, dafür begann ich mich zu interessieren. Das wurde mehr und mehr zu meinem Thema.

Sie haben Elias' Dingwelt aus ihrem Kontext befreit und daraus etwas völlig Neues entwickelt.

Meine Fragen haben mich damals völlig von meinen Kommilitonen, Freunden und Bekannten isoliert, die Elias so verstanden, wie er verstanden sein wollte. Keiner hat nachvollziehen können, wie und weshalb ich damals auf die Eisenbahn kam und Elias' Gabel und Schnupftuch gewissermaßen in die Lokomotive überführt habe.

Was ist denn Ihr erstes Ding gewesen, das Sie in diesem Sinne beschrieben haben?

Da antworte ich lieber mit der zufälligen Begegnung, die ich einmal mit Elias hatte. Das war in einem Berliner Kino am Ku'damm während der Filmfestspiele 1971. Ich erkannte den älteren Herrn ein paar Reihen vor mir, denn ich hatte die Vorlesung oder das Seminar besucht, die er als Gastprofessor an der FU abgehalten hatte. Er natürlich kannte mich nicht. Die hier gezeigten Filme gehörten nicht zum Wettbewerb, sondern waren Teil einer Retrospektive aus den 30er Jahren. Musicals von Busby Berkeley. Da mich damals das Modephänomen der Nostalgie interessierte, besuchte ich diese Vorführungen regelmäßig. Und da sah ich Elias nicht nur einmal, sondern wiederholt. Er war damals um die 70 Jahre alt. Die Musicals hatte er wahrscheinlich 40 Jahre zuvor als junger Mann gesehen und gönnte sich nun die Wiederbegegnung. Leider kam es zu keinem Gespräch, in dem ich ihn hätte fragen können, ob hier vielleicht etwas vom Proust'schen Madeleine-Erlebnis vorliege. Denn das war damals mein Verständnis des «nostalgischen Syndroms», wie ich es für mich nannte. Wie bei Proust Momente der persönlichen Vergangenheit durch Geruchsassoziation wieder gegenwärtig werden und ein merkwürdiges Glücksempfinden hervorrufen können, so im Kino: Wer 30 oder 40 Jahre nach seiner Kindheit denselben Film wiedersieht, den versetzt er zurück in den damaligen Moment. Der Film, der diese Wirkung ausübt, ist ein Ding wie die Proust'sche Madeleine. Und das war der Ausgangspunkt für meine Entdeckung der Dingwelt, meiner Alternative zur Theoriewelt.

Kommen wir nun zu einer anderen Brücke, die Sie in die Dingwelt führte, Siegfried Kracauer. Kein akademischer Lehrer. Und keiner, den Sie persönlich erlebten. Ein Intellektueller ohne Verbindung zur Universität, stattdessen mit Verbindung zur Zeitung. Kracauer war in den 20er Jahren, bevor er 1933 in die Emigration ging, als Filmkritiker der Frankfurter Zeitung *eine Institution. Mit einem Wort, er war Journalist wie*

Sie, bevor Sie Ihr Studium aufnahmen. Sehen Sie da eine biographische Nähe oder gar Verwandtschaft?

Mir klingt heute noch das Wort von Adorno über Kracauer in den Ohren: «Der wunderliche Realist». Ohne den Aufsatz seinerzeit gelesen zu haben, klang mir das nach einer ziemlichen Herablassung des etablierten akademischen Stars gegenüber dem kleinen Zeitungsschreiber.

Aber warum haben Sie den Aufsatz nicht gleich gelesen?

Das kann ich mir heute nur als Ressentiment gegenüber der Autorität Adorno erklären.

Erst sehr viel später erfuhr ich durch den Briefwechsel zwischen Adorno und Kracauer, welche enge persönliche und intellektuelle Freundschaft die beiden zeit ihres Lebens verband. Und dass zum Beispiel der über zehn Jahre ältere Kracauer den Teenager Adorno in die Kant'sche Philosophie einführte. Trotzdem sehe ich Kracauer auch heute noch im Lichte meines ursprünglichen Missverständnisses als den, der sich gegenüber dem Glückskind Adorno als «zu kurz gekommen» empfunden haben mag. Wobei die Formulierung von den «Zu-kurz-Gekommenen» bei Adorno so häufig vorkommt, dass ich immer eine Portion Klassenarroganz dahinter vermutete. Wenn Adorno der Großbürger war, so war Kracauer der Kleinbürger. Adorno stand für die elitäre Hochkultur. Kracauer für die «kleinen Ladenmädchen», die ins Kino gehen. Seine Empathie für die Massenseele ist mir bis heute näher als alle akademische und politische Korrektheit, die sich von oben herablässt.

Aber auch das ist nicht das letzte Wort. Erst sehr viel später, als ich Adornos Aufsatz über den wunderlichen

Realisten Kracauer las, bemerkte ich die Doppeldeutigkeit. «Wunderlicher Realist» mochte herablassend klingen. Aber wie Adorno dann die Begriffe «Realismus» und «Wunder» auf Kracauers Sensibilität bezog, das machte seine Hochachtung klar.

Einem größeren Publikum wurde Kracauer bekannt durch sein Buch «Von Caligari zu Hitler». Dieses Buch machte Schule, es begründete eine neue Form der Filmkritik. An die Stelle einer vorwiegend ästhetischen Betrachtung setzte er die Analyse des Massenmediums Film mit den Methoden der Soziologie, der Sozialpsychologie und der Ideologiekritik. Die große Leistung Kracauers war nach allgemeiner Überzeugung, Film als Produkt des kollektiven Unbewussten zu sehen. Gibt es da eine Verbindung zu «Ihrem» Kracauer? Dem Kracauer, der nach Norbert Elias für Sie eine weitere Brücke in die Dingwelt schlug?

Für Kracauer war die Haupteigenschaft des Mediums Film, unmittelbar zu den Seelen der Menschen zu sprechen. Wie in politischen Wahlen, wo ja auch nicht die Ratio entscheidet, sondern der Bauch, oder wenn man so will, die Seele des Bauchs. Beispiel Trump. Wie der 2016 die politische Klasse in der Gestalt Hillary Clintons aufs Kreuz legte, wäre trotz der Unappetitlichkeit, mit der er das tat, für Kracauer ein intellektuelles Vergnügen gewesen. Vermute ich zumindest. Allerdings interessierten Kracauer nicht die Verführer, sondern die Verführten. So erkläre ich mir das fast lolitahaft zärtliche Bild von den ins Kino gehenden kleinen Ladenmädchen. Es ist für mich eine Art Liebeserklärung und jedenfalls das Gegenstück zu Adornos etwas hämischer Rede von den Zu-kurz-Gekommenen.

Bei Kracauer findet man keine Spur von Verachtung für die Unterklasse. Nur ein großes Ernstnehmen ihrer Sehnsüchte.

So stelle ich mir auch Kracauer im Kino vor. Wie er in den kollektiven Traum auf der Leinwand eintaucht. Wie er für die Dauer des Films sein kritisches Ich auslöscht, um sich dem Geschehen hinzugeben. Ich würde sogar so weit gehen, ihn in dieser Hinsicht mit Peter Szondi zu vergleichen, wenn der sich beim Deklamieren französischer Klassiker in seinen Zustand der selbstvergessenen Verzückung steigerte. Zu beiden fällt mir nur das altmodische Wort der Ergriffenheit ein. Als ich Jahre später die Aufnahmen sah, die der Fotograf Weegee mit einer speziellen Infrarotkamera im dunklen Kinosaal von den verzückten Gesichtern der Zuschauer machte, war das für mich die optische Ergänzung zu dem, was Kracauer beschrieb.

Kommen wir jetzt zu seinem Spätwerk. Das sind zwei theoretische Bücher, also eigentlich nicht Ihre Sache. Einmal sein letztes und posthum erschienenes Buch «Geschichte: Vor den letzten Dingen». Und davor seine «Theorie des Films». Das Buch über die Geschichte hat Sie wohl nicht so tief beeindruckt wie die «Theorie des Films». Können Sie das erläutern?

Ganz einfach: Das Buch über die Geschichte ist Theorie mit einem großen T, also tatsächlich nicht meine Sache. Die «Theorie des Films» dagegen ist trotz ihres Titels für mich alles andere als Theorie. Sie ist eines der wenigen Bücher, die ich nach Erscheinen sofort im Buchladen gekauft habe. Das war im Herbst 1964, also noch in Frankfurt, nach meinem ersten Versuch, nach Berlin überzusiedeln. Was mich an der Theorie des Films anzog, war der Untertitel. Er lautete:

«Die Errettung der äußeren Wirklichkeit». Kracauer unterscheidet zwei Grundtypen oder vielleicht besser: Grundtendenzen, die sich im Filmschaffen gegenüberstehen. Die eine nennt er die formgebende. Sie sieht er im experimentellen und expressionistischen Film am Werk. Sie ist bestrebt, die Wirklichkeit so zu zeigen, wie die Subjektivität des Filmenden sie sehen will. Die andere nennt Kracauer die realistische. Und sie ist in seinen Augen die eigentlich filmische, weil sie die Welt so zeigt, wie sie «für sich» ist.

Seine Erklärung: Film ist kein subjektives Produkt, sondern das Produkt einer Maschine, der Kamera. Sowohl der Fotoapparat wie auch die Filmkamera sind Apparate, die die Wirklichkeit mechanisch ohne Zutun des Menschen erfassen. Was traditionell den Künstlern zugebilligt wird, leisten sie nicht. Sie gehen nicht schöpferisch an die Sache heran. Bei mir fiel der Groschen, als ich begriff, dass Kracauer die Kamera als Instrument der Befreiung aus der Herrschaft versteht, in die uns der Rationalismus führte. Für ihn ist die Kamera eine Wundermaschine, weil sie aufnimmt, was ihr vor die Linse kommt, und es so, wie es ist, fixiert. Die Ausschaltung des formgebenden, formaufzwingenden Subjekts bedeutet eine dialektische Wende, weil damit die Dinge befreit werden, selber in ihrer Individualität zu sprechen. Seit Descartes und die Maschinen die Welt beherrschen, haben die konkreten Dinge mehr und mehr von ihrer Poesie verloren. Bei Kracauer geben die Maschinen Fotoapparat und Filmkamera ihnen die Poesie wieder zurück.

Kracauer spricht von «Rettung der äußeren Wirklichkeit». Ich nenne es «poetisch». Kracauer nicht. Das macht ihn so wunderbar, dass er für die Poesie spricht, ohne das Wort beim Namen zu nennen.

Sie haben einmal als Schlüsselbild für Kracauers Realismus das «Blatt in der Pfütze» genannt. Eine Kameraeinstellung, die quer durch die Filmgeschichte immer wieder erscheint. Können Sie mir dazu etwas sagen?

Das war eine meiner typischen Fehl- oder verschobenen Erinnerungen. Ich habe noch einmal in der «Theorie des Films» nachgeschaut. Da finden sich zwar «Blatt» und «Pfütze», aber keinmal «Blatt in der Pfütze». Ein in einer Pfütze schwimmendes Blatt, das wäre so eine Filmpoesie der 50er Jahre, die in dem Buch aber an keiner Stelle vorkommt. Und doch ist beides in dieser Kopplung bei mir hängengeblieben als die Inkarnation des Zum-Sprechen-Bringens dessen, was als wertlos übersehen wird. Pfützen: Es gibt nichts, was leichter übersehen wird, es sei denn, man tritt hinein. Pfützen sind ja fast schon ein poetisches Versatzstück geworden. Das Gegenstück der Moderne zum romantischen See oder majestätischen Meer. Obwohl das Blatt in der Pfütze also nicht von Kracauer stammt, hat es sich mir als eine Formel eingeprägt, die sein Wirklichkeitswahrnehmungsverständnis am besten ausdrückt.

Lassen Sie uns einen Sprung machen. Sie haben relativ früh, zur Schulzeit schon, selbst kleine 8-mm-Filme gemacht. Wie kam es dazu? Wie hat es sich entwickelt, auch im Verhältnis zu Kracauers Ideen?

Es gab eine Arbeitsgemeinschaft Film noch im Gymnasium. Sie fand nachmittags nach dem Unterricht statt, initiiert von einem progressiven Pfarrer, mit einer 8-mm-Kamera aus Schulbeständen und ohne technische und dramaturgische Anleitung, außer dass da geschnitten und geklebt wurde.

Das war alles. Aber dann das Thematische. Stichwort Existenzialismus, Verlorenheit des Menschen in der Moderne. Ich wollte nicht Szenen aus dem Schülertheater abfilmen, sondern Momente aus der Wirklichkeit herauslösen. Zum Beispiel den Augenblick, wenn ein Mann und eine Frau existenzialistisch aneinander vorbeigehen.

In Frankfurt gab es im Industriegebiet eine Eisenbahnbrücke, die alle Voraussetzungen für eine solche Szene erfüllte. Auf der Eisenbahnbrücke gab es einen Fußweg. Da habe ich an dem einen Ende eine Freundin von mir aufgestellt und an dem anderen einen Klassenkameraden. Die Freundin war attraktiv, der Klassenkamerad dunkelhaarig und zierlich, wie man sich einen jungen französischen Existenzialisten vorstellte. Ich habe die dann aufeinander zugehen lassen. Zwei Punkte in der Ferne. Anwachsen der Figuren. Crescendo. Und dann antiklimaktisch das einfache Aneinander-Vorbeigehen. So war es gedacht. Und so hätte es der Schnitt zustande bringen sollen. Keine Ahnung, wie das Resultat aussah. Wahrscheinlich so durchschaubare Schablone, dass ich es erfolgreich verdrängte.

Einige Jahre später machte ich im Filmstudio der Universität einen zweiten Film. Wie der erste konzentrierte er sich auf einen Minivorgang. Ich filmte das Einfüllen eines Wasserglases, in Großaufnahme und verschiedenen Einstellungen. Das ging dann insofern schief, als ich lauter Einstellungen machte, mit denen ich Bedeutung reinbringen wollte. Hätte ich den Vorgang einfach nur abgefilmt, wäre es wahrscheinlich sehr viel besser geworden.

Trotz der Anfängermängel und trotz des Scheiterns – haben Sie durch die Praxis etwas über die Filmrealität gelernt?

Ich erinnere mich, dass man mir zuhörte, wenn ich erklärte, was ich vorhatte. Dass meine Absicht war, aus solchen molekularen Kleinigkeiten ihre eigene Größe herauszuholen. Unabhängig vom misslungenen Ergebnis schien das, was ich sagte, die Leute neugierig zu machen.

Es gab ein drittes Experiment, das war um 1968. Da kam ich mit einem Studenten der neugegründeten Filmhochschule Berlin in Kontakt. Er suchte ein Thema für seinen Abschlussfilm. Das damals obligatorische Thema war «Arbeiter». Dazu fiel ihm nichts Besseres ein als «Bauarbeiter». Ich schlug stattdessen Müllmänner vor. Das habe den Vorteil, nicht so abgegriffen zu sein. Das hat er dann auch tatsächlich gemacht. Aber auch dieses Filmexperiment hat mich in der Ausführung dann gleich wieder an die Jämmerlichkeit meiner eigenen Versuche erinnert. Die Zentralszene zeigte, wie Entrümpelungsarbeiter einen Schrank aus dem ersten Stock durch das Fenster auf den Hof warfen, wo er dann zersplitterte. Im Ergebnis war das so amateurhaft und unfilmisch, dass ich spontan meine eigenen Stümpereien wiedererkannte. Ich konnte mir aber wenigstens zugutehalten, dass ich dafür keine Filmhochschule in Anspruch genommen hatte.

Was für Erkenntnisse über die Realität haben diese Experimente Ihnen eingebracht? Denn so leicht ist die Realität ja offensichtlich nicht auf den Film zu kriegen.

Es erinnert mich an unsere jetzigen Gespräche. Aus dem Gedanken- und Wortsalat unserer Gespräche etwas Lesbares zu machen, scheint mir genau so schwierig und mühselig, wie aus dem Reden über eine mögliche Filmszene die wirkliche Szene zu machen.

Aufnahme und Transkription sind gemacht, dann folgt die richtige Arbeit.

Nicht nur die Arbeit, sondern auch die Intuition. Auch auf der Ebene unseres Gesprächs kommt der Kracauer wieder rein. Es sind die Dinge selber im Verein mit einem unbekannten Dritten, die sich zum Sprechen bringen.

Aber noch einmal zurück zum Film und zu Kracauers Theorie, die ja eigentlich eine Theologie des Films ist. Es gibt eine Sorte Film, für die ich den größten Respekt und die größte Bewunderung habe. Das sind die Filme, die ihre Geschichte ohne Schnitt und Montage erzählen. Sie verwirklichen Kracauers Ideal der geretteten Realität im Verhältnis 1:1, und zwar nicht nur dinglich-räumlich, sondern auch in der Zeit. Ein Klassiker ist Hitchcocks «Cocktail für eine Leiche» («The Rope») und ein jüngeres Beispiel Alexander Sokurows «Russian Ark». Ich habe nie nachzuvollziehen vermocht, wie das technisch-menschlich möglich ist. Bei Hitchcock, wo alles in einem Zimmer stattfindet, kann man es sich noch vorstellen. Bei Sokurow mit den wechselnden Schauplätzen im Winterpalast in Petersburg ist es das reine Wunder, wie die Kamera und der Film das alles in einer kontinuierlichen Einstellung abbilden.

Erweitern wir das Thema Film in die Richtung, die bald darauf für Sie persönlich wichtig werden sollte: Amerika. In Ihrer Studentenzeit trat Amerika in einer besonderen Form, einem besonderen Genre auf, dem Italowestern. Der war in den 60er

Jahren die europäische Erwiderung auf den originalen Hollywoodwestern. Kracauer hat sich meines Wissens mit dem Western nie beschäftigt, obwohl der für seine soziologische und ideologiekritische Methode ein geradezu ideales Untersuchungsobjekt gewesen wäre.

Das tat meine Generation, sofern sie ins Kino ging, dafür umso ausgiebiger. Es war sicher kein Zufall, dass die Studentenbewegung und der Italowestern in den 60er Jahren ziemlich genau zur gleichen Zeit begannen. Und das war natürlich auch die Zeit des Vietnamkriegs und der Rassenunruhen in Amerika. Im alten Hollywoodwestern war die Welt noch in Ordnung. Der einsame Held kam aus der weiten Prärie in die von Gangstern oder einem übermächtigen Rancher bedrohte Stadt, befreite sie in einem Showdown, heiratete und wurde der neue Sheriff oder ritt wieder hinaus in die Prärie.

Der Italowestern spielte im amerikanisch-mexikanischen Grenzgebiet und handelte von der Revolution der Mexikaner gegen ihre einheimischen Unterdrücker. Der Held trat auf als Retter der Revolution. Er war aber in der Regel nicht Mexikaner, sondern Amerikaner, mit seinem technischen Knowhow und seinem Zynismus den Mexikanern haushoch überlegen. Die Botschaft war: Ohne die Hilfe des amerikanischen Helden konnte keine Revolution siegen.

In endlosen Kneipendiskussionen und unter Zuhilfenahme aller gerade erst erlernten marxistischen und leninistischen Lehrsätze ereiferten wir uns über die Frage, ob dieser Held und diese Geschichte revolutionär oder konterrevolutionär seien. Uns war nicht im mindesten bewusst, was jeder Außenstehende sofort gesehen hätte: dass wir im Italowestern unsere eigene politische Situation wiedererkannten. Oder eigentlich nicht erkannten, sondern ins Heroische hochstilisierten. Mexiko war Vietnam. Und wir waren die amerikanischen Helden, die Angehörigen der Ersten Welt, von denen der revolutionäre Erfolg der Dritten Welt abhing.

Dazu fällt mir eine peinliche, aber für die damalige Situation nicht untypische Episode ein. Im Sommer 1969 unternahm ich eine Reise nach Irland mit der Absicht, ein altes Bauernhaus als Refugium für die Zukunft zu finden. Stattdessen geriet ich in Nordirland mitten in die gerade wieder einmal hochkochende Auseinandersetzung zwischen Katholiken und Protestanten. Das war aus linker West-Berliner Sicht eine revolutionäre Situation, mit den Katholiken als den Unterdrückten, den Protestanten als Unterdrückern. Ich kam mit Bernadette Devlin ins Gespräch, die damals als Jeanne d'Arc der katholischen Sache galt. Außerdem war sie die jüngste Unterhausabgeordnete im Londoner Parlament. Kurz und gut, das Gespräch, das ich für ein deutsches Hörfunk-Magazin aufnahm, bestand meinerseits aus studienrätlicher Belehrung darüber, wie eine Revolution marxistisch korrekt auszusehen habe und dass ich solche Korrektheit in Irland leider nicht sehe. Wenn ich mich daran erinnere, steigt mir heute noch die Schamröte ins Gesicht.

Kommen wir noch auf den amerikanischen Kultfilm «Easy Rider» zu sprechen. Der kam 1969 in die Kinos, ein Jahr nach 1968, gewissermaßen als die Coda der Studentenbewegung. Das war kein Western, sondern ein Roadmovie, das Roadmovie der Hippie-Generation schlechthin. Wie hat sich Ihnen dieser Film eingeprägt? Spielte er eine Rolle für Ihr Amerika-

bild, bevor Sie dann im darauffolgenden Jahr selber in die Vereinigten Staaten reisten?

Was mir als Erstes in den Sinn kommt, ist Peter Fonda als durch und durch mittelmäßiger Schauspieler. Nichts von den Qualitäten seines Vaters Henry oder seiner Schwester Jane Fonda.

Peter Fonda und Dennis Hopper sind die beiden Hippies, die auf ihren phantasievoll hochgezüchteten Motorrädern im amerikanischen Südwesten von Kommune zu Kommune fahren. Friedlich kiffend und ab und zu mit der Obrigkeit in Konflikt geratend, bis sie in der letzten Szene von zwei in ihrem Pickup-Truck vorbeifahrenden Killertypen aus reiner Mordlust abgeknallt werden. Kultfilm wurde das, weil im Mittelpunkt das unschuldige Amerika der Jugend stand, die freie Liebe, die Bewusstseinserweiterung durch Drogen und fernöstliche Seelentechniken. Bedroht wurde es durch das böse Amerika: den Vietnamkrieg, die «Killerpräsidenten» Johnson und Nixon, den Rassismus, die mordlustigen Rednecks im Süden.

Erste Amerikareise 1970

Im Mai 1970 traten Sie Ihre erste Amerikareise an. Das eröffnete ein neues Kapitel in Ihrer Biographie. Aus der Rückschau betrachtet, war es ein Wendepunkt, nein: der Wendepunkt in Ihrem Leben. Wie kam es zu dieser Reise?

Die Schlacht am Tegeler Weg – das war die Großdemonstration, die rasch in Radau und Steinewerfen überging und mit der die friedliche Phase der Studentenbewegung in Berlin zu Ende ging. Am Tegeler Weg vor dem Landgericht ging es von Anfang an feindselig und überhaupt nicht spielerisch zu, sondern todernst. Damit war die antiautoritäre Spaßphase, die mir als einzige gefallen hatte, zu Ende, und es begann die große Depression, die Abwanderung in die orthodoxen marxistisch-leninistisch-maoistischen Gruppen oder eben die Auswanderung im unmittelbaren Sinne.

Zur Fraktion – wie das damals hieß, aber ich meine es jetzt eher ironisch –, zur Fraktion der Auswanderer gehörten die beiden Freunde, die ich noch aus Frankfurt kannte und dann in Berlin wieder traf. Ein alter Klassenkamerad, Werner Sollors, der später Professor in Harvard wurde, und ein jüngerer, Wieland Schulz-Keil, der ein paar Jahre nach mir am damals schon etwas legendären Studententheater, der Neuen Bühne, Aufsehen erregt hatte mit einer halbstündigen Fassung von Schillers «Don Carlos». Später, in den 80er Jahren, produzierte er in Hollywood ein paar anspruchsvolle Filme wie John Hustons «Unter dem Vulkan» nach dem Roman von Malcolm Lowry. Schulz-Keil trug einen Vollbart und erzählte mir einmal, dass er John Huston bei den Dreharbeiten zu dessen Spätwerk «Annie» kennenlernte und darin einen Auftritt als Anarchist hatte. Noch später begann er zu pendeln zwischen Palermo, wo er einen alten Palazzo bewohnte, und China, wo er weitere Filme produzierte. Dazwischen gründete er in New York einen Verlag, in dem er u.a. Norbert Elias' «Prozess der Zivilisation» in Amerika bekannt machte und dazu auch noch eine wissenschaftliche Konferenz organisierte.

Lassen Sie uns erst noch über die späten 60er Jahre in Berlin sprechen. 1969 haben Sie Ihren ersten Studienabschluss gemacht, den Magister. Was hat das für Sie bedeutet? War das eine Zäsur?

Ich würde sagen: Not-Hochzeit, wenn die Schwangerschaft legitimiert werden muss. Das führt jetzt etwas in die falsche Bedeutungsrichtung. Aber nach der Zeit auf der Spielwiese der Studentenbewegung kam die Erkenntnis, dass die nun zu Ende sei und in irgendeiner noch unklaren Weise der Ernst des Lebens beginnen werde. Dafür empfahl sich ein universitärer Abschluss, gewissermaßen als Rückversicherung. Das Thema, wir sprachen schon davon: «Anarchische Züge an Hauptgestalten in einigen DDR-Dramen».

Der Anarchismus war in der Studentenbewegung ja alles andere als ein ausgefallenes Thema. Mich aber interessierten weniger die klassischen Anarchisten und anarchistischen Theorien des 19. Jahrhunderts, sondern die vor der West-Berliner Haustür in Ost-Berlin sich abspielenden Konflikte zwischen dialektischen Dramatikern und dem bürokratisch erstarrten Regime des Realsozialismus. Die wichtigen Autoren waren Peter Hacks, Heiner Müller, Hartmut Lange, Volker Braun. Wie sie ihre anarchischen Helden gegen die Duckmäuser und Parteisoldaten des real existierenden Sozialismus auftreten ließen, das ähnelte den antiautoritären Rebellen an der FU. Allerdings war es wohl ernsthafter und riskanter als die Seminardiskussionen in West-Berlin. Jetzt, wo ich davon spreche, wird mir klar, dass mein Interesse an Anarchisten in der DDR-Dramatik selber eine Realitätsvermeidung oder besser vielleicht: Realitätsauslagerung, war.

Der Abschluss war gemacht, nun stellte sich die Frage, wie es weitergehen sollte. Wie sah es da bei Ihnen aus?

Eigentlich nach gar nichts. Jedenfalls nicht nach etwas Bestimmtem, einem anzustrebenden Ziel. Zunächst einmal eine Pause zum Verschnaufen und Gedankensammeln.

Das war wohl auch der Hauptgrund dafür, dass mir die Einladung der beiden erwähnten Freunde nach New York so gelegen kam. Ich ergriff sie beim Schopf, aber ohne große Erwartung und ohne irgendeine Idee, dass das mehr werden könnte als eine Stippvisite.

Was hatte die beiden damals nach Amerika verschlagen?

Beide kannten das Land von früheren Studienaufenthalten oder Besuchen und wussten bereits, was sie dort wollten. Auch ihre amerikanischen Freundinnen hatten sie schon, mit denen sie nach ihrem ersten Amerika-Aufenthalt vorübergehend nach Berlin zurückgekehrt waren, um dann wieder mit ihnen nach New York umzuziehen.

Dann versetzen wir uns einmal in diese Zeit. Was für ein Amerika-Bild hatten Sie vor Ihrer ersten Reise dorthin im Kopf? Was erwarteten Sie anzutreffen?

Das Stichwort ist: der Untergang der Weimarer Republik. Und das im gigantischen amerikanischen Format. Was wir seinerzeit aus Amerika hörten und sahen, waren Ghettoaufstände, bürgerkriegsähnliche Szenen, Anti-Vietnamkrieg-Demonstrationen. Dazu gehörte auch der berüchtigte Parteitag der Demokraten 1968 in Chicago mit seinen Polizei-Prügelorgien. In den späten 60er Jahren erinnerte Amerika an die frühen 30er in Deutschland. Wir glaubten eine lange als vorbildlich bewunderte demokratische Kultur dem Abgrund entgegentaumeln zu sehen. Ich sah Richard Nixon als eine Art Hindenburg. Kein Faschist, wie er manchmal zu Unrecht genannt wurde, aber der reaktionäre Totengräber der liberalen Demokratie.

Dass der Vergleich des zeitgenössischen Amerikas mit der untergehenden Weimarer Republik in der Luft lag, zeigte beispielsweise der Erfolg des Hollywoodfilms «Cabaret» mit Liza Minnelli. Dieser Vergleich hat inzwischen einen so langen weißen Bart, dass er vielleicht mehr verdeckt als erklärt. Ich finde einen anderen Vergleich viel aufschlussreicher, den zwischen der Präsidentschaftswahl von 1968, aus der Nixon als Sieger gegen Hubert H. Humphrey hervorging, und der Wahl von 2016, die Trump gegen Hillary Clinton gewann. Beide Wahlen waren auf unterschiedliche Weise gleich unattraktiv: einmal verbrauchtes liberales Establishment gegen verbrauchten Handelskammer-Konservativismus, wie es die

Amerikaner nennen, das andere Mal stupid voraussehbares Weiter-So gegen unberechenbare Sprünge. Ich neige bei solchen Alternativen zum verantwortungslosen Abenteurertum. Wenn ich mich frage, in was für einem Amerika ich gelandet wäre, wenn 1968 der liberale Apparatschik Hubert Humphrey Präsident geworden wäre, dann bin ich mir meiner politisch korrekten Antwort nicht sicher. Ohne Nixon hätte ich beispielsweise die großen Demonstrationen gegen den Vietnamkrieg in Washington nicht erlebt. Und auch nicht die einzigartige Atmosphäre, die dort herrschte und die so ganz anders war als die auf den gutgemeinten Parallelveranstaltungen in Deutschland, die reine Zuschauerveranstaltungen waren. Apropos Zuschauer: Das ist vielleicht die Fundamentalerfahrung des Europäers und vor allem natürlich des Deutschen in Amerika. Er spürt in jedem Moment und an jedem Ort, dass er Zuschauer einer Supermacht ist. Es ist eine eigene Sache, sich ständig als Nebensache zu erleben, die nicht zählt.

Die Wahl Nixons müssen Sie noch in Berlin mitbekommen haben. Sie sagten ja schon, dass Sie mit einem ziemlich negativen Amerika-Bild im Sommer 1970 nach New York flogen. Ganz im Gegensatz zu Ihrem Amerika-Bild aus Kinder- und Jugendtagen.

Meine Kindheit bestimmte das heile Amerika der 50er Jahre. Das aber war heil, weil man als Teenager nur Elvis Presley sah und nicht das, was Sartre in Bezug auf den Vietnamkrieg einmal den amerikanischen Faschismus-nach-außen nannte, die Parallelaktion zur Demokratie im Innern.

Wenn man den Vietnamkrieg als den Sündenfall Amerikas bezeichnet, dann muss man ihn im gleichen Atemzug auch als Bewährungsprobe für das bessere Amerika verstehen. In der Antikriegsbewegung rettete das bessere Amerika seine Seele. Aber das galt offenbar nur für eine begrenzte Zeit. Ich verstehe bis heute nicht, wie es möglich war, dass ein paar Jahrzehnte später dasselbe Amerika im Irak einen unverhüllten Angriffskrieg führen konnte, ohne dass sich im Lande eine nennenswerte Opposition dagegen erhob.

Zurück zu Ihrer ersten Reise nach Amerika. Wie kamen Sie nach New York?

Ein regulärer Linienflug kam damals nicht in Frage. Er kostete in der Touristenklasse so viel wie heute Business- oder Erste Klasse. Das war der Hauptgrund dafür, dass es so gut wie keinen Tourismus in die Vereinigten Staaten gab. (Ähnlich prohibitiv teuer war übrigens auch das Telefonieren. Ein Dreiminutengespräch kostete in den 70er Jahren 24 Dollar.) Dann begann sich ein grauer Markt herauszubilden. Es hatte schon immer billigere Flugreisen für organisierte Reisegesellschaften gegeben. Daraus entwickelten sich nun Agenturen, die jeweils ein Flugzeug für einen Sonderflug charterten und dann die Plätze an Individualreisende vermarkteten. Mit dem Linienverkehr und den regulären Flughäfen hatte das nichts zu tun. Chartermaschinen starteten und landeten meist irgendwo im Frachtbereich oder einer anderen Schmuddelecke eines Flughafens und wurden entsprechend abgefertigt. Von West-Berlin aus gab es überhaupt keinen Charterverkehr in die USA. Dazu musste ich im Mai 1970 eigens nach Amsterdam reisen, in den für den Charterbetrieb reservierten Winkel des Flughafens. Es erinnerte mich an meine erste Reise von Frankfurt nach Berlin im Interzonenzug.

Wo stoppte man da von Amsterdam nach New York? Auf Island?

Amsterdam–New York ging schon nonstop. Nicht mehr wie mein Vater in den 50er Jahren mit Zwischenlandung in Irland. Shannon in Irland war ja lange die letzte Station bzw. der Vorort Europas im transatlantischen Luftverkehr. Nach Irland begann die atlantische Weite des Ozeans. Nicht sofort in dem Moment, in dem die Küstenlinie verschwand, sondern ein paar Stunden später, wenn man immer noch die endlose Wasserwüste unter sich sah. Da bekam man ein Gespür für das, was kontinental heißt.

Beim ersten Mal – aber eigentlich auch bei jeder folgenden Atlantiküberquerung – stellte sich dieses Gefühl ein: des langsamen Sich-Entfernens von dem einen Festland. Dann die Wasserwüste. Und dann das langsame Sich-Annähern an die neue Welt. Zuerst Neufundland, dann die Küste runter. Schließlich die Annäherung an das Ziel New York. Dieser Ablauf hat sich mir beim ersten Mal existenziell, fast metaphysisch eingeprägt. Und eigentlich habe ich das jedes Mal wieder, vierzig Jahre lang, ähnlich erlebt.

Sie nennen es metaphysisch. Wie vermittelte sich Ihnen diese Wahrnehmung?

Metaphysisch natürlich nicht im Sinne der philosophischen Disziplin, sondern eher als Abheben heraus aus der Gegenwart und der Realität des Flugzeugs, in dem ich saß und das mich in diesen Zustand versetzte. Abheben und zugleich Hineinversetzen in ein Drittes.

Dieses Dritte würde ich als historische Echokammer bezeichnen. Eine Blase, gebildet aus dem historischen

Wissen und der Imagination, wie die atlantische Welt seit Kolumbus und der Mayflower von Europäern angegangen und erschlossen wurde. Vor allem ergriff mich die zuvor nie gemachte Erfahrung, was es wirklich bedeutet, eine Landmasse hinter sich zu lassen, eine blaue Wassermasse zu überqueren und wiedereinzutreten in eine andere Landmasse. Obwohl ich diese Strecke seitdem unzählige Male zurückgelegt habe, stellt sich jedes Mal etwas von diesem Urerlebnis ein.

Das Meer symbolisiert ja auch Grenzenlosigkeit. Es steht für Freiheit oder den Weg in Richtung Freiheit.

Den Gegensatz der kontinental-ländlichen Beschränktheit und der Freiheit der Meere hat Carl Schmitt zwar nicht entdeckt, aber ein für alle Mal beschrieben. Wenn ich einmal nicht von Berlin oder Frankfurt nach New York flog, sondern von London oder Paris, stellte sich mein innerer historischer Kompass um. Dann wurde mir der Unterschied klar: Die klassischen Routen begannen in den alten Hauptstädten, deren Länder nach Westen orientiert waren, über die Ozeane hinausgriffen. Frankfurt und Berlin waren Neuankömmlinge. Als ich dann sogar einmal von Lissabon aus nach New York flog, hatte ich tatsächlich das starke Gefühl, den portugiesisch-spanischen Weg nach Amerika nachzuvollziehen.

In den folgenden Jahrzehnten haben Sie sich nicht für die Auswanderung in die USA entschieden, sondern für eine Art Pendlerexistenz zwischen Berlin und New York. Eine Pendlerexistenz im größeren Maßstab zwar als früher zwischen Frankfurt und Berlin. Aber doch nicht ganz unähnlich. Immer wieder haben Sie Transitsituationen aufgesucht. Wie erleben Sie sich in solch einer Situation?

Spontan würde ich sagen: zur Ruhe kommen, ausruhen. Sich im Flugzeugsitz oder in der Eisenbahn zurücklehnen und das Erlebte sich setzen lassen und das Aufgenommene verdauen.

Ganz wörtlich praktizierte ich das in den Bibliotheken, sofern die über gepflegte Toilettenbereiche verfügten. In Amerika heißen die Toiletten ja nicht «Toilets», sondern «Bathrooms». Die Bathrooms in der Library of Congress etwa waren phantastisch. Sie hatten die Dimensionen und den Komfort wie in einem Luxushotel. Vielleicht kommen wir darauf noch zurück, wenn wir über die amerikanischen Bibliotheken sprechen.

Die nächste Transitsituation war für mich der Weg zurück vom Ort des Materialstudiums oder, wie ich lieber sage: der Materialaufnahme – also die Heimkehr aus einer Bibliothek oder einem Archiv. In der Bibliothek oder im Archiv verhielt ich mich wie jeder Massentourist, der auf seiner Reise hemmungslos alles abknipst in der Überzeugung, es sich auf diese Weise anzueignen. Allerdings knipsen eben nicht nur Massentouristen hemmungslos drauflos, sondern auch Berufsfotografen und Filmregisseure. Deren eigentliche Arbeit besteht bekanntlich darin, anschließend aus der Materialmasse einen Bruchteil auszuwählen und neu zusammenzusetzen. Die Kamera, mit der der Historiker in der Bibliothek und im Archiv arbeitet, ist heute das Kopiergerät.

Aber zurück zum Transit. Denn so will ich jetzt den Zeitraum nennen, der zwischen dem Sammeln des Materials und dem Kopieren einerseits und dem Schreiben des

Buches andererseits liegt. Wer entscheidet da eigentlich, was aus der Materialfülle herausgelöst wird, um in das Endprodukt «Buch» einzugehen? Für mich ist es eine kombinierte oder doppelte Entscheidung, an der beide Parteien – das Material und der Autor – gleichermaßen beteiligt sind. Ist der Weg, auf dem es zur Entscheidung kommt, nicht eben der Transit von der Station der Materialaufnahme zur Station des fertigen Produkts?

Zurück ins Jahr 1970. Wie endete der Transit über den Atlantik in New York? Was schloss sich an?

Vor allem das Gefühl einer absoluten, eigentlich existenziellen Unsicherheit. Es war zwar vereinbart, dass meine beiden Freunde mich vom Flughafen abholen würden. Aber was, wenn etwas dazwischenkommen wurde? Ich hatte keine Vorstellung, wie ich allein zu ihrer obskuren Adresse in der Bronx finden sollte. Meine Reisen in Europa hatte ich immer auf eigene Faust unternommen. Nun aber empfand ich zum ersten Mal eine fundamentale Furcht vor der *Terra incognita*.

Und – wurden Sie abgeholt?

Ja. Aber da war gleich die nächste Überraschung. Beide trugen schulterlanges Haar. In Berlin hatte ich sie zuletzt mit zwar langen, aber doch gemäßigt langen Haaren erlebt, wie sie für die Bürgersöhne in der Phase der antiautoritären Bewegung typisch waren. Im Grunde waren wir ja nur vorübergehend aufmüpfige Musterknaben. Das erkennt man, wenn man heute auf Fotos die damaligen Haarschnitte sieht. Der damalige Berliner Asta-Vorsitzende Knut Nevermann, Sohn des Hamburger Bürgermeisters, verkörperte den Typus perfekt. Meine spontane Reaktion, als ich das schulterlange Haar sah, war: Wieso sind die überhaupt noch am Leben? Müssten sie nicht längst wie die beiden Hippies in «Easy Rider» abgeknallt worden sein? Und wie würden wir alle zusammen die Fahrt vom Flughafen in die Stadt überleben?

Wie ging es weiter in die Stadt? Mit dem Auto?

Ja, aber erst einmal nicht nach Manhattan, wie es jeder ordentliche New-York-Besucher macht und wie es später auch für mich die Regel wurde. Damals ging es direkt in die Bronx. Dort hatten meine Freunde eine Wohnung gemietet.

Entscheidend war allerdings nicht das Ziel, sondern der Weg. Der Weg war ein Highway. Und er führte durch eine Ödnis, die alles, was ich bisher an urbaner Trostlosigkeit gesehen hatte, in den Schatten stellte. Kein Flecken Grün, kein Baum, eine endlose Masse gleichförmiger kubischer Wohnblocks, aufgelockert nur von Tankstellen und Supermärkten. Mein Eindruck war der einer Gefängnislandschaft. Die trostlosen Vorstädte in den Filmen Pasolinis waren dagegen reine Poesie.

Dann aber tat sich etwas anderes auf. Die Wohnstraße, in die wir schließlich einbogen – sie hieß Anderson Avenue –, gehörte zu einer anderen architektonischen Generation. Ich kannte den Typus aus Dokumentar- und Spielfilmen. Reihenhäuser mit Treppenaufgängen, auf denen man jederzeit Humphrey Bogart oder James Cagney zu sehen erwartete. Die Fenster, die so ganz anders aussahen und funktionierten als in Europa. Die Hydranten auf den Bürgersteigen und die Feuerleitern an den Fassaden. Die gesamte Bandbreite amerikanischer Ikonen, mit denen man durchs Kino vertraut war. Und mit deren Aufzählung jeder europäische Tourist seine Zuhörer und Leser so langweilt wie ich in diesem Moment Sie.

Gibt es tatsächlich kein europäisches Pendant dazu?

Die ersten Reisen nach Italien und nach Paris erlebte ich ähnlich. Vor allem die Fahrt über den Gotthard. Das waren ein Szenenwechsel und ein Eintritt in Landschaften und Städte, die durch Bilder und Romane vertraut waren. Aber eben nur durch Bilder. Wenn man im Zug oder im Auto real ankam, geschah etwas Ähnliches wie nun in Amerika. Die Bilder waren plötzlich Wirklichkeit.

Als ich in den 50er Jahren zum ersten Mal Rom besuchte, überwältigte mich die Monumentalität des Petersdoms. Sie überwältigte mich ganz anders, aber ähnlich tief wie nun im Sommer 1970 die alle mir vertrauten Dimensionen sprengende Stadtwüste auf dem Weg vom Flughafen in die Bronx. Ähnlich war es mir mit Paris gegangen, als ich Ende der 50er Jahre als Teenager zum ersten Mal dorthin fuhr. Da war es weniger die physische Monumentalität, die mich beeindruckte. Eher die Ehrfurcht oder der Neid, die man als deutscher Jüngling gegenüber den westeuropäischen Metropolen und ihrer glanzvollen Vergangenheit empfand.

Ich vermute, dass das alte deutsche Minderwertigkeitsgefühl und die neue deutsche Scham nach dem Holocaust meiner Generation bei ihren ersten Reisen ins europäische Ausland wie ein Klotz am Bein hingen. Und ich vermute weiter, dass die Erfahrung ‹Amerika› ein großer Gleichmacher für die Europäer wurde. Jedenfalls für die Deutschen. Die amerikanischen Größenverhältnisse waren so konkurrenzlos, dass jedes innereuropäische Vergleichen sinnlos wurde. Als ich ein paar Jahre nach meiner amerikanischen «Äquatortaufe», wie ich das nennen möchte, wieder nach Paris fuhr, erlebte ich es nicht mehr als die beeindruckende Weltstadt, in die ich als Primaner gewallfahrtet war, sondern als großes Liliput. Das war natürlich das Ergebnis der Identifikation mit dem Mächtigen, die ja ein bewährtes Hilfsmittel für den Schwachen ist. Wer auswandert, ist unvermeidlich schwach. Er beginnt auf der Stufenleiter ganz unten. Mir wurde bald klar, dass ich diesen Weg nicht gehen wollte. Ich wollte am Tisch des Mächtigen sitzen, ohne Familienmitglied zu werden. Aber auf dieses Motiv werden wir wahrscheinlich noch öfter zurückkommen.

Bleiben wir beim Einstieg. Wie erlebten Sie den amerikanischen Alltag, wie kamen Sie mit ihm zurecht?

In den ersten Tagen gab es in einer Bar ein paar Blocks von unserer Wohnung entfernt eine Schießerei mit mehreren Toten. Das überraschte mich überhaupt nicht. Ebenso wenig, wie mich die Nachricht von der neuesten Eskalation im Vietnamkrieg, der Invasion in Kambodscha, kurz darauf überraschte. Und als vollkommen normal empfand ich schließlich auch, dass in derselben Woche bei einer Antikriegsdemonstration auf dem Campus einer Universität im Mittelwesten mehrere Studenten erschossen wurden. Mit der Ermordung der beiden Hippies in «Easy Rider» im Hinterkopf hielt ich das alles für die natürlichste Sache der Welt. Als ich dann der Berichterstattung in den Medien entnahm, dass diese Tage im Mai 1970 durchaus nicht amerikanische Normalität waren, sondern außergewöhnlich, wollte ich das kaum glauben. Ich kam mir vor wie Candide.

Diesen Ausnahmezustand, wie hat Amerika das dann aufgenommen? Gab es weitere Unruhen, weitere Demonstrationen? Was passierte danach?

In diesen Tagen fuhren wir zu einer Demonstration in New Haven, wo ein Prozess gegen die Black Panthers stattfand. Demonstriert, d.h. eigentlich gepicknickt, wurde auf dem Rasen vor dem Gerichtsgebäude. Für mich war das reines Sightseeing, aber auch der erste hautnahe Kontakt mit der amerikanischen Protestkultur. Nur wenig später fuhren wir zur Großdemonstration gegen die Kambodscha-Invasion und das Kent-State-Massaker nach Washington. Ich erkannte in beiden Fällen die Lässigkeit und Entspanntheit – das *easygoing*, wie es amerikanisch heißt – wieder, die ich als Junge im Freibad bei den amerikanischen GIs beobachtet hatte.

Im Vergleich damit erschienen mir die Demonstrationen – die Demonstranten – in Berlin nun etwas künstlich und bemüht. Ich will nicht sagen «krampfhaft», denn spontan-rebellisch ging es ja auch in Berlin zu. Und der sarkastische Humor, mit dem die Sprechchöre in Berlin die Vertreter der Ordnung überschütteten, war großartig. Trotzdem gab es diesen Unterschied, der sich mir jetzt in Amerika aufdrängte, hier herrschte eine größere natürliche Anmut. Die selbstverständliche Sicherheit des Bären in Kleists Aufsatz über das Marionettentheater.

Wenn der Deutsche versucht, sein gesellschaftliches Defizit durch Anpassen und Lernen auszugleichen, wird er noch linkischer. Wie im Herbst 2015, als wir mit der Willkommenskultur uns international beliebt zu machen glaubten und nicht verstanden, warum niemand uns deshalb umarmte. Schiller beschreibt das in seinem Aufsatz «Über Anmut und Würde». Ich würde nach meiner amerikanischen Erfahrung im Sommer 1970 ergänzend hinzufügen: «Anmut und Macht». Nicht Macht als Zwang oder gar Gewalt. Sondern im Gegenteil. Macht als Selbstverständlichkeit, die sich nicht ausweisen, erklären oder sonst wie bekunden muss. Also eigentlich: Souveränität. Dieses Wort hat ja die wunderbare Doppelbedeutung von Macht und Unabhängigkeit und ist auf Staaten und auf Personen gleichermaßen anwendbar.

Das merkt der Provinzler, der von der Peripherie des Imperiums ins Zentrum reist. Die Vietnamdemonstrationen in Berlin, die für uns so wichtig waren, erschienen vom Zentrum aus gesehen als Nebensache auf einem Nebenschauplatz. Wir waren bloß Zaungäste eines mächtigeren Geschehens. In diesem Sinn hatte jeder amerikanische Collegestudent, der zur Antikriegsdemonstration nach Washington fuhr, mehr Gewicht als wir alle zusammen. Mich hat nie der Cäsar zugeschriebene Satz überzeugt: Lieber der Erste in einem schäbigen Alpendorf als der Zweite in Rom. So etwas kann nur sagen, wer als Römer zur Welt gekommen ist und nie in einem Alpendorf gelebt hat.

Das ist ein schönes Bild: der amerikanische Bär. Sie sagten einmal, dass nach Amerika zu kommen für Sie die erste Begegnung mit einer nicht kriegszerstörten Welt war.

Es war tatsächlich eine Welt ohne den Einschnitt der europäischen Urkatastrophe. Als man wie meine Großeltern ohne Pass von Aachen auf die Krim reisen konnte.

Später, 1973/74, lebte ich ein halbes Jahr in der Lower East Side in New York. Bevor auch sie in den 80er Jahren gentrifiziert wurde, war sie ein transatlantisch versetztes jüdisches Schtetl oder wie ich mir das Berliner Scheunenviertel vor den Nazis vorstellte. Lauter intakte jüdische Läden. Ich erinnere mich an meinen täglichen Einkauf in einer orthodoxen Bäckerei. Die war eigentlich eine weit nach hinten, ins Dunkle übergehende Höhle, mit einer Theke und dahinter Regalen voller Brotlaibe. Nicht Brotlaibe einer Sorte, sondern vielleicht 15 verschiedene Typen. Wie das Gewölbe eines Antiquitätenhändlers bei Balzac. Einige Jahre später las ich das Buch, in dem Arnold Zweig schildert, wie seine Generation im Ersten Weltkrieg in Polen ein ganz anderes Judentum kennenlernte als das, mit dem er von zu Hause vertraut war: «Das jüdische Antlitz». Die Botschaft für seine Generation war: Mit diesem von Vitalität strotzenden Judentum können und wollen wir uns identifizieren. Meine Begegnung mit der jüdischen Lower East Side und später mit der jüdischen Welt von New York und überhaupt Amerika hatte einen ähnlichen Effekt. Ich erinnere mich, dass in der Wiesbadener Zeitung, bei der ich nach dem Abitur Anfang der 60er Jahre als Volontär arbeitete, das Wort «Jude» tabu war. Es wurde offenbar noch als Nazi-infiziert empfunden. Nur von «jüdischen Mitbürgern» durfte die Rede sein. Erst die amerikanische Erfahrung inklusive jüdischer Freundinnen und Freunde «normalisierte» mich in dieser Hinsicht.

Nun will ich aber auf etwas ganz anderes zu sprechen kommen. Nämlich das amerikanische Pendant zum Schuld- und Schamkomplex meiner Generation. Auch das gehörte zu meinen Entdeckungen im Sommer 1970. Wie die deutsche Jugend in den 60er und 70er Jahren begann, sich für die Ermordung der Juden durch ihre Elterngeneration verantwortlich zu fühlen, so kam die amerikanische Jugend durch den Vietnamkrieg zum Völkermord an den Indianern. Es gibt ja inzwischen eine ganze psychohistorische und kulturwissenschaftliche Literatur über das Thema Vietnamkrieg als Indianerkrieg. Beispielsweise der Hubschrauberangriff in Coppolas Vietnamfilm «Apocalypse Now». Er ist klar inszeniert als der mit moderner Technik durchgeführte Kavallerieangriff des klassischen Westerns. Die Erkennungszeichen der protestierenden Jugend waren das indianische Stirnband und das auf dem Boden Sitzen mit gekreuzten Beinen. Noch lange nach dem Vietnamkrieg fiel mir immer wieder auf, wie amerikanische Studenten und Studentinnen fast instinktiv das vorhandene Sitzmobiliar meiden und den indianischen Hocksitz vorziehen.

Kulturschock New York

Im letzten Gespräch ist das Stichwort «Weimar» gefallen mit Bezug auf Ihren ersten Sommer in Amerika. Können Sie etwas sagen über das Weimar-Bild der Amerikaner?

Da ist erst einmal ein Missverständnis zu klären. «Weimar» hat die Bedeutung von politischer Instabilität, Polarisierung und bürgerkriegsähnlichen Zuständen nur in Deutschland. Für die gebildeten Amerikaner bedeutet Weimar die erste deutsche Republik von 1919. Darüber hinaus aber spezifisch das, was in der Zeit zwischen 1919 und 1933 in Deutschland kulturell geschaffen wurde. Noch spezifischer: die deutsche Moderne und ihre Leistungen, bevor sie von den Nazis liquidiert wurde. Die Erkennungsmarken, mit denen Amerikaner «Weimar» verbinden, heißen: Bauhaus und Gropius, Kritische Theorie, Zwölftonmusik, Brecht, Weill, Walter Benjamin und so weiter. Weimar bedeutet im amerikanischen Sprachgebrauch das gute, das heißt moderne und liberale Deutschland, im Gegensatz zum dunklen, barbarischen Deutschland des Dritten Reiches. Dass dieses gute Deutschland dem bösen zum Opfer fiel, ist ein ganz wichtiger Bestandteil des amerikanischen Selbstverständnisses. Denn hier tritt Amerika als Retter aus der Not und Befreier von der Tyrannei auf. Wie übrigens ja schon einmal am Ende des Ersten Weltkriegs. Heute erinnert sich kaum noch jemand daran, dass Amerika 1917 genauso als Retter Europas vor der deutschen Barbarei in den Krieg eintrat wie 1941 als Retter vor den Nationalsozialisten. Und dass die amerikanische Kriegspropaganda 1917 Wilhelm II. als Inkarnation des Bösen darstellte wie 1941 Hitler. Der Unterschied zwischen dem Ersten und dem Zweiten Weltkrieg war, dass Amerika sich nach dem Ersten in den Isolationismus zurückzog und nach dem Zweiten die Rolle der westlichen Führungsmacht übernahm.

Das also war die Situation nach 1945. Als neue Weltmacht benötigte Amerika ein seiner neuen Bedeutung angemessenes neues *corporate image*. Und dazu bot sich der Modernismus, der in den 20er Jahren in Deutschland entstanden war, bestens an. «Bauhaus» ist inzwischen wie «Weimar» ein voll amerikanisierter Begriff für den Baukasten der Moderne, aus dem Amerika sich nach dem Zweiten Weltkrieg bedienen konnte. Und diesen Baukasten brauchte die neue Weltmacht, die im nun beginnenden Kampf gegen das neue Weltböse Sowjetrussland ästhetisch, intellektuell und stilistisch aufrüsten musste.

Nach 1945 entdeckte Amerika, welche Substanz es mit der Aufnahme der deutschen Emigranten in den 30er Jahren erworben hatte. Der komplette kulturelle Überbau «Weimar», den die Emigranten mitgebracht hatten, fiel Amerika gewissermaßen in den Schoß. Es war ein gewaltiger kultureller Vitaminstoß, der das damals noch kulturell defizitäre Amerika in die erste Liga der Kulturnationen beförderte. Und das nicht etwa im Sinne der Beute, sondern als Ausdruck der Dankbarkeit der Geretteten ihrem Retter gegenüber. Eine Win-win-Situation: Die USA gewannen ein großes kulturelles Kapital und dazu auch noch das

Image als Wohltäter und Menschheitsretter. Aber auch die Emigranten gewannen. In den 30er Jahren waren sie eher geduldet als willkommen. Nun wurden sie Partner eines erfolgreichen «Joint Venture», wie das ein Historiker der Geschichte des Bauhauses in Amerika genannt hat. Ob Botschaftsgebäude oder Corporate Headquarters, die Architektur, mit der Amerika sich der Welt präsentierte, war reine Bauhaus-Moderne. Dass sie bald darauf in «International Style» umbenannt wurde, war der nächste logische Schritt in der Emanzipation vom ursprünglichen Kulturlieferanten.

Der Kreis des deutsch-amerikanischen Export-Import-Geschäfts hat sich dann geschlossen mit der Rückkehr des Markenzeichens Weimar nach Deutschland. Denn das geschah im Gefolge der Amerikanisierung nach dem Zweiten Weltkrieg: Die 1933 heimatlos gewordene und von Amerika adoptierte deutsche Moderne wurde durch diese Adoption zur Weltmoderne.

Das habe ich ganz zu Beginn meines amerikanischen Lebens auf geradezu gespenstische Weise erlebt. Ich traute meinen Augen nicht, als ich schwarz auf weiß las, dass der Theaterkritiker der *New York Times* Kerr hieß. Zwar nicht Alfred Kerr, wie das Original im Berlin der 20er Jahre, sondern Walter, aber eben doch: Kerr. Das gleiche unheimliche Widergängertum in der Musik. Der Kritiker der *Times* trug den Namen Schonberg. Das war für mich ein ähnlicher Einbruch der Vergangenheit in die Gegenwart wie die jüdische Bäckerei in der Lower East Side.

Für meine Generation hatte die Amerikanisierung Weimars eine nicht zu leugnende befreiende Wirkung. Sie nahm etwas von der moralischen Last von uns, die wir ja als Söhne der Tätergeneration mittrugen. In unserem Unbewussten wurden die Emigranten der 30er Jahre so etwas wie die von Schuld freien guten Onkel, mit denen man sich anders als mit den Vätern identifizieren konnte. Den Erfolg Walter Benjamins als intellektuelle und moralische Instanz erkläre ich mir manchmal so. Für die 68er, die nach dem Scheitern der Rebellion nach Amerika gingen, gab es mehrere Motivschichten. Nicht die unwichtigste war das Sich-Identifizieren mit den Emigranten. Waren die doch als Vertreter des guten Deutschland nach Amerika gekommen und hatten dafür gesorgt, dass die Amerikaner Weimar als wichtige Säule ihrer neuen Weltkultur anerkannten. In diesem Sinne partizipierten wir Nachgeborenen vom Glanz der 20er Jahre. Und noch einen perversen Schritt weiter neigten wir dazu, uns vor uns selber als die direkten Nachkommen, also gewissermaßen die Söhne der Emigranten zu stilisieren. Aber das geschah natürlich nur im Unbewussten und ist mir erst später klargeworden.

Ein bisschen überraschend haben Sie die Frage nach der Bedeutung von Weimar für Amerika umgeleitet vom Politischen aufs Ästhetische. Die Frage bezog sich ja auf Ihren Vergleich von Nixon und Hindenburg und darauf, dass Sie bei Ihrer ersten Ankunft in Amerika eine Polarisierung der Gesellschaft erlebten, die Sie an die Endphase der Weimarer Republik erinnerte. Lässt sich die bürgerkriegsähnliche Situation Amerikas im Sommer 1970 wirklich mit der in Deutschland 1932 vergleichen? Gab es ein vergleichbares Krisen- oder gar Untergangsbewusstsein? Wurde Nixon damals tatsächlich mit Hindenburg verglichen?

Das habe ich öffentlich nie so diskutiert oder erwähnt gehört. Und bei aller politischen Polarisierung ruhte Amerika – jedenfalls die amerikanische Mittelklasse – damals noch in sich. Ich finde dafür kein besseres Wort: Es ruhte in sich. Es bezweifelte zu keinem Zeitpunkt, dass es aus der Krise des Vietnamkriegs und der Rassenunruhen heil herauskommen würde. Das war auch noch zehn Jahre später der Fall, als Ronald Reagan 1981 zum Präsidenten gewählt wurde, obwohl es da im liberalen Lager schon starke Bauchschmerzen gab. Ich war damals Mitglied in einem akademischen Lunch-Club an der New York University. Am Tag nach dem Reagan-Sieg war die Stimmung unter den Anwesenden so niedergeschlagen, wie ich sie nie erlebt hatte. Obwohl ich wusste, dass man als Deutscher in diesem Kreis sehr vorsichtig zu sein hatte, erlaubte ich mir einen Scherz: Ich lud die Gesellschaft im Namen von Helmut Schmidt ins Exil nach Deutschland ein. Eisige Stille. Die satirische Absicht wurde von niemandem bemerkt bzw. akzeptiert. Ich zog daraus den Schluss, mich nie wieder auch nicht in der kleinsten Öffentlichkeit satirisch zu amerikanischen Angelegenheiten zu äußern.

35 Jahre später, nach dem Wahlsieg Donald Trumps 2016, hatte sich die Situation grundlegend verändert. Wenn ich mir 2016 mit meinem deutschen Akzent den gleichen Scherz wie damals erlaubt hätte, das Angebot wäre wahrscheinlich ernsthaft in Erwägung gezogen worden. Im amerikanischen Selbstverständnis und im dazugehörigen Deutschlandbild hat sich seit 1970 ein Wandel vollzogen, den ich als Rochade bezeichnen möchte. Das liberale Überlegenheitsgefühl gegenüber den Deutschen, die stets der in ihnen schlummernden Barbarei verdächtigt wurden, verschwand und machte einer neuen Bescheidenheit Platz.

Lassen Sie uns einen Schritt weiter gehen und fangen wir mit dem Alltäglichen an. Erzählen Sie doch, was Alltagskultur für Sie bedeutet hat.

Stichwort «Kulturschock», ein Begriff, den ich aus Deutschland nicht kannte. In Europa hatte ich nie längere Zeit in einem anderen Land gelebt, wo sich das wahrscheinlich auch eingestellt haben würde. Erst wenn man längere Zeit in Frankreich lebt, wird man Napoleon mit französischen und nicht mit deutschen Augen sehen. Kulturschock tritt ein, wenn man der anderen Alltagskultur mit Haut und Haaren ausgeliefert ist. Und er ist nicht auf die Alltagskultur begrenzt, sondern bezieht auch die Natur ein. Nikolaus Lenau, der Dichter, hat einmal über die Nachtigall gesagt, dass sie in Amerika anders singt oder es sie dort gar nicht gibt. Auch Wald und Wiese sind in den USA anders. Nicht physisch, aber kulturell. Wer aus Deutschland gewohnt ist, einen Waldspaziergang zu machen, sucht die Gelegenheit dazu in Amerika vergeblich.

Zu den elementaren Kulturschocks gehörte für mich von Anfang an die Unmöglichkeit, eine Autofahrt einfach mal zu unterbrechen und auf dem nächsten Wald- oder Feldweg spazieren zu gehen. Unmöglich in diesem Land mit der weiten, unberührten Natur. Die Straßen und öffentlichen Wege, auch die Waldwege, sind Korridore durch Privateigentum. Wer sie benutzt, wird auf einer Schneise durch die Landschaft geführt. Die einzige Möglichkeit, auszusteigen, Pause zu machen oder einen Spaziergang, sind dazu eingerichtete Parkplätze. Dem gleichen Zweck dienen die State und National Parks.

Das liegt eben daran, dass die Landschaft in Privatbesitz aufgeteilt ist. Mir blieb lange und eigentlich bis zum Ende unbegreiflich, wie ein Land von der ursprünglichen totalen Freiheit und Natur zur Zeit der Indianer so radikal privatisiert und parzelliert werden konnte, ohne dass die Natur sich dabei gleichermaßen physisch radikal änderte. Die Wälder und die Berge, die man in der Ferne sieht, sind ja unverändert, aber dem Individuum nicht zugänglich. Das erinnerte mich an die Interzonen-Autobahn auf dem Weg von Westdeutschland nach Berlin: Abbiegen verboten! Und Anhalten nur an den vorgeschriebenen und kontrollierten Parkplätzen. Die Blicke aus dem Auto in die amerikanische Landschaft waren ähnlich gespenstisch wie die beim Transit durch die DDR.

Wenn Sie das Amerikanern gegenüber angesprochen hätten, dass Sie da irritiert sind …

Wäre ich auf vollkommenes Unverständnis gestoßen, sodass ich mich dann umgekehrt fragte: «Wie erleben die eigentlich Europa oder Deutschland?»

Ich glaube, die würden keinen Spaziergang gemacht haben. Der einzige Weg, auf dem man wandert – und charakteristischerweise nicht spazieren geht –, ist der sogenannte Appalachian Trail. Der geht über ein paar tausend Kilometer in Nord-Süd-Richtung von der kanadischen Grenze bis in den tiefen Süden. Den kann man ein paar Kilometer oder Meilen entlangspazieren oder wandern und schöne Ausblicke haben. Aber alles ist wie in den State- und National Parks genau abgezirkelt.

Ein fast surreales Erlebnis der künstlichen Herauslösung natürlicher Landschaft aus dem natürlichen Zusammenhang hatte ich, als ich Freunde besuchte, deren Sommerhaus an einem See lag. Von der Terrasse aus beobachtete ich einen Nachbarn, der in dem See schwamm. Er schwamm aber nicht, wie ich geschwommen wäre und wozu der See ja einlud, nämlich frei drauflos. Sondern in aneinandergereihten Schwimmbadlängen. Also jedes Mal 50 oder 100 Meter, dann an einem unsichtbaren Punkt – dem imaginären Rand seines imaginären Schwimmbeckens – die Wende, dann erneut derselbe Vorgang. Das wurde 20- oder 30- oder 40-mal wiederholt, bis er sein Pensum wie im Schwimmbad erledigt hatte.

Freies Bewegen in der Natur erlebt man dort also nicht. Amerikanisches Naturverhältnis der erste Kulturschock? Wald? Film?

Film!

Fernsehen?

Das war der Punkt. Film im Fernsehen. Ich war schon vorbereitet worden, weil einer der beiden Freunde in New York bei einem Besuch kurz vorher in Berlin mir aus der *New York Times* die Seite mitbrachte, in der das tägliche Fernsehprogramm abgedruckt war. Mir gingen die Augen über. Diese kommerziellen Kanäle brachten den ganzen Tag und die ganze Nacht lang amerikanische Filme aus den 40er und 50er Jahren. Das war klassisches Hollywood nicht im erlesenen Kunstfilmstudio oder zu später Stunde im Dritten Programm, sondern wie im Supermarkt. Und es waren auch nicht ausgewählte Hollywoodklassiker wie «Casablanca», sondern ebenso die B-Movies, die man in Europa sonst gar nicht oder nur in Spezialveranstaltungen zu sehen bekam. «Casablanca» war damals übrigens in Deutschland nur verstümmelt gezeigt worden. Ein Geheimtipp wie in der akademischen Welt die «Dialektik der Aufklärung» von Adorno und Horkheimer, die seit ihrem Erscheinen 1947 auch nicht mehr neu aufgelegt worden war und die man lange Zeit nur als Raubdruck bekam.

Was ich im Sommer 1970 alltäglich und vor allem allnächtlich aus dem Fernsehen in mich hineinschaufelte, war ein Crashkurs in amerikanischer Filmgeschichte. Damals störten mich noch die Werbeeinblendungen, die erbarmungslos eine Szene unterbrachen. Aber es dauerte nicht lange, bis ich mich daran gewöhnte und sie als Teil des Gesamtbildes sah. Das Gesamtbild aber war die Gleichzeitigkeit von cineastischem Klassiker, B-Movie und Werbespot. Das war eine in Europa unvorstellbare Egalität. Ziemlich brutal auf Kosten der Kunst und ihrer säuberlichen Trennung vom Kommerz, wie ich sie von Europa her kannte. Aber die beste Einführung in die amerikanische Totalität, fast hätte ich jetzt gesagt: der beste Bildungsroman. Besser noch sollte ich vielleicht statt Bildungsroman sagen: Bildungsgewebe. Ich kannte das Wort Flickenteppich, hatte aber die Sache, die es bezeichnete, nie gesehen. Im Sommer 1970 lernte ich die amerikanische Version davon kennen, die in keinem Haushalt fehlte und meist als Bettüberwurf diente. Das war der Quilt. Eine Flickendecke aus Stoffresten. Und eine Tradition aus früheren Zeiten, als auch die alten Dinge noch so wertvoll waren, dass man, anstatt sie wegzuwerfen, sie zu neuen Dingen verarbeitete. Die Quilts, die ich im Sommer 1970 kennenlernte, waren nicht Abfall, sondern Antiquitäten. Nostalgische Objekte aus der Familiengeschichte. Stoff gewordene Erinnerung.

Wenn ich jetzt noch statt Flickenteppich und Quilt das Wort Collage benutze, dann charakterisiere ich mein Eintauchen in den Ozean des Fernsehens mit den alten Filmen und neuen Commercials als Mega-Collage. Ich erlebte dieses Durcheinander als Befreiung von den Regeln und Zwängen der Hochkultur. Hier lernte ich die Bedeutung der schieren Masse im Sinne der Quantität kennen und schätzen. Im Unterschied zur Masse im marxistisch-leninistisch-maoistischen Sinne, also des Proletariats, für die ich mich in Berlin interessiert hatte.

War die Erfahrung des unendlichen Bilderozeans im Fernsehen etwas, das für Ihre spätere Forschung von Bedeutung war?

Meine Assoziationen haben immer mit dem Wasser zu tun, als Treiben in der Materialmasse oder als von ihr Umspültwerden. Der nächste Schritt wäre dann die Nahrungsaufnahme des Wals, genauer des Bartenwals. Der nimmt eine gewaltige Wassermenge in seinem weit geöffneten Maul auf, lässt sie durch die Barten abfließen und behält das zurückbleibende Plankton zur weiteren Verwertung. Analog der Fischfang mit Netzen. Ganz anders der Angler. Der wartet konzentriert, bis ein einzelner Fisch anbeißt, und hat durch die Wahl des Köders schon die Beute vorbestimmt.

In der Literaturwissenschaft lernte ich als Angler zu fischen: Konzentration auf einen ausgewählten Text und dessen Interpretation. Hätte ich Geschichte studiert, wäre ich wahrscheinlich schon früher auf das Netz, das Quantitätsprinzip gekommen. So aber lehrte mich das Anschauen alter Filme im Fernsehen, wie man das Material en masse in sich hineinbaggert und sich so aus dem Material selber die Kriterien der Auswahl und damit der einzuschlagende Weg ergeben. In einem anderen Bild könnte man sagen, dass das Material seine Bedeutung aus sich herausschwitzt. Wenn bestimmte Bilder und Gesten hartnäckig wiederkehren, fließen sie zu einer Art Urbild zusammen. Etwa das schrillende Telefon auf dem Nachttisch des Privatdetektivs oder die diversen Nachtklubszenen im Film noir. Hat man die Dutzende oder Hunderte Male gesehen, dann ist man vertraut mit den Gemeinsamkeiten und Unterschieden.

Damals hatte ich den Namen Aby Warburg noch nie gehört. Als ich später lernte, wie er bestimmte Bildmotive von der Antike bis zur Moderne verfolgte, sah ich, dass ich in meinem Massenkonsum von Hollywoodfilmen vielleicht etwas Ähnliches im Sinn gehabt hatte. Nein, überhaupt nicht im Sinn, sondern nur geleitet von dem Vergnügen, diese alten Filme in unendlicher Schlaraffenlandfülle anschauen zu können. Wenn sich dabei bestimmte Bildmotive wie das schrillende Telefon herausmendelten, dann wurde mir das zunächst gar nicht bewusst. Trotzdem war es wahrscheinlich eine Einübung oder eine Vorschule für meine spätere Arbeit.

Die bewusste Ausrichtung auf das Quantitative, um dann in der unsortierten Menge Dinge zu finden, mit denen Sie nicht gerechnet hatten. Aber wie verlief dann die Herausfilterung dieser anderen Dinge? Am Ende kamen Sie ja nicht ums Auswählen herum.

Wie es eine *écriture automatique* gibt, so gibt es eine *selection automatique*. Sie erfolgt spontan ohne großes Nachdenken, gewissermaßen nach Lust und Laune. Das große Wort Intuition meint ja im Grunde nichts anderes. Die Intuition hängt von der Lust und Laune ab wie der *coup de foudre* in der Liebe von der ihm zugrunde liegenden biochemischen Konstellation des Organismus. Oder mit dem vorhin gebrauchten Bild: wie der sich im Wasser treiben Lassende von der Strömung. Jedenfalls sind es nicht die Position und die Perspektive des Feldherrn, sondern des Frontschweins im Schützengraben.

Nach Amerika gehen – das war ja auch schon ein Sich-treiben-Lassen in Ihrem Sinne, wenn ich Sie richtig verstanden habe. Denn ohne die amerikanische Erfahrung wären Sie doch wahrscheinlich bei der Literaturwissenschaft geblieben, anstatt sich den Dingen selber zuzuwenden.

Die Dinge selber: Wir müssen noch einmal auf Siegfried Kracauer zurückkommen. Mir liegt die Formulierung von der «Gutartigkeit der Dinge» auf der Zunge, die Adorno einmal in Bezug auf seinen Jugendfreund gebrauchte und auf die ich kürzlich beim Wiederlesen seines Essays «Der wunderliche Realist» stieß. Mit der Gutartigkeit meint Adorno, dass die Dinge, bevor der Kapitalismus sie zur Ware macht, ein Refugium von etwas anderem sind. Er spricht von ihrem Stand der Unschuld vor dem Sündenfall ihres Eintritts in die Sphäre der kapitalistischen Zirkulation. «Sie allein verkörpern dem Bewußtsein Kracauers, was anders wäre als der universale Funktionszusammenhang, und ihnen ihr unkenntliches Leben zu entlocken, wäre seine Idee der Philosophie.» Wenn es nicht zu hochstaplerisch klänge, würde ich mich diesem Programm anschließen.

Mein Ideal wäre ein Dialog zwischen dem Ding und mir, in dem ich das Ding Schicht um Schicht abschäle wie eine Zwiebel und ihm so auf den Grund seiner Seele komme. Dem steht natürlich entgegen, dass das Abschälen von Zwiebeln wie bei Peer Gynt keinen Kern von Wahrheit hervorbringt, sondern das Nichts. Dem steht aber wiederum die philosophische Einsicht gegenüber, dass das Ziel weniger zählt als der Weg zu ihm.

Wenn ich das Ding anspreche: «Du, Ding, bist unschuldig, und deshalb vertraue ich mich dir an!», dann ist das natürlich eine Projektion. Aber Projektion ist auch nur ein theoretischer Begriff, der das, was tatsächlich dabei vorgeht, sehr unzureichend beschreibt. Am Ende läuft alles darauf hinaus, die Begegnung von Ding und Subjekt nicht theoretisch zu konstruieren, sondern beide frei von der Leber der Intuition reden zu lassen.

Hierzu eine Episode, die vielleicht etwas erhellt, was ich meine. Während meines ersten Amerika-Aufenthalts 1970 besuchte ich einen alten Freund der Familie. Er war Kollege meines Großvaters in der Zeit vor dem Ersten Weltkrieg. Beide waren Geologen. In den Jahren 1945/46/47 wurden Mr. und Mrs. Moore zu Geschenkengeln der Familie Schivelbusch. Von ihnen kamen Pakete mit Lebensmitteln und Kleidung, die weit über dem Standard der sogenannten CARE-Pakete lagen. Die Korrespondenz mit Mr. Moore führte meine Mutter. Für mich waren Mr. Moores Briefe unlesbar, weil in der alten deutschen Schreibschrift verfasst.

Auf Deutsch?

Auf Deutsch und rätselhafterweise in der alten Schreibschrift. Mr. Moore war amerikanisches Ostküsten-Bildungsbürgertum, wie man es sich heute nicht mehr vorstellen kann. Diesen Mr. Moore besuchte ich im Sommer 1970. Er wohnte, inzwischen verwitwet, irgendwo in Neu-England. Ich fuhr mit dem Greyhound Bus dorthin, in eine Vorstadt von Portsmouth. Und traf dann diesen alten Mann. Nachmittags kam ich an, habe mich einige Stunden mit ihm über alles Mögliche unterhalten. Das ging bis in die Abendbrot-Stunde. Wie alte Witwer das so machen, wärmte er eine einfache Speise auf, die wir dann gemeinsam gegessen haben. Dann begann das, was ich bis heute nicht vergessen habe und wohl nie vergessen werde. Er erzählte mir von seinen Reisen nach Europa, vor allem Deutschland, auf denen er auch meinen Großvater kennengelernt hatte. Dann erzählte er von einem Besuch der Dresdner Hofoper.

Wann war das ungefähr?

1912. Also wenige Jahre vor Beginn des Ersten Weltkriegs, vor der Ur-Katastrophe. Dann öffnete mein Gastgeber den Deckel eines Grammophons aus der damaligen Zeit. Ein noch nicht elektrisch, sondern handbetriebenes Modell. Er legte eine Platte auf. Eine Arie, die 1912 von einer Sängerin der Dresdner Hofoper – ich erinnere mich an den Namen nicht mehr – gesungen wurde. Ich glaube, es war aus «La Traviata».

Wir saßen da zwischen den Resten des Abendessens und dem musealen Grammophon. Die Platte war wie damals üblich nur einseitig geprägt. Eine richtige Antiquität. Dann begann – ohne Elektrizität, ohne Verstärker – diese Stimme sich durchzukämpfen durch die 50 oder 60 Jahre, das halbe seitdem vergangene Jahrhundert. Da ging mir auf, weshalb mir vergangene Technik so am Herzen liegt. Wie die Nadel sich da aus den Rillen der rotierenden Platte die damals aufgenommenen und auf Schellack bewahrten Töne herausholte – ohne Zwischenschaltung von Elektronik oder auch nur Elektrizität. Eine Unmittelbarkeit oder eine Begegnung, wie ich sie nie zuvor erlebt hatte, von zwei Orten, zwei Zeiten – also Dresden 1912 und Portsmouth in

New Hampshire 1970. Da saßen wir einander gegenüber. Ich und dieser nun gealterte Zeitgenosse der Epoche vor 1914, der damals als junger Mann dieselbe Arie von wahrscheinlich derselben Sängerin gehört hatte. Diese Stimme, die sich durch den Raum und die Zeit und den Äther zu uns durchkämpfte. Das war für mich ein absolutes Schlüsselerlebnis.

Wir haben von Ihrer Empathie für das Ding gesprochen. Für das Ding als eine Art von Individuum. Gleichzeitig aber ist für Sie das Prinzip der Masse, also der Massenproduktion von Dingen, von zentraler Bedeutung. Wie geht das zusammen?

Das ist der Schlüssel zur amerikanischen Seele. Amerika ist die Inkarnation der Massenhaftigkeit und sogar der Vermassung im kulturkritischen Sinn Ortega y Gassets.

Eigentlich müsste man das Leben in Amerika als den reinsten Kollektivismus bezeichnen. Das ist es aber nicht, weil zugleich und dagegen die Ideologie des Individualismus herrscht. Das Wort «Ideologie» wird der Sache aber nicht wirklich gerecht. Zumindest nicht, wenn man es als etwas versteht, das den Menschen von außen wie ein Netz übergeworfen wird. Eine den Menschen wirklich durch und durch erfassende Ideologie lässt sich vom Individuum und seinem persönlichen Weltverständnis nicht trennen. Im amerikanischen Kosmos hält sich jedes menschliche Atom für ein einzigartiges Individuum – im Unterschied zum Kollektivismus sowjetischer Provenienz, für den das Individuum bekanntlich nicht nur nicht zählt, sondern ein Störfaktor ist. Und das war ja auch das Programm im Kalten Krieg: Freiheit des Individuums gegen die Tyrannei des Kollektivismus. Unschlagbar wurde das amerikanische Modell durch seine Verknüpfung von Freiheit und materiellem Reichtum und Genuss.

Wie der *Homo Americanus* diese beiden nie zuvor in der Geschichte verwirklichten Ziele lebt, das ist eine Frage, die mich seit meinem ersten Amerikabesuch beschäftigt.

Ich werde wahrscheinlich nie begreifen, wie das funktioniert: dass eine Kultur, die so viel auf ihren Individualismus hält, zugleich eine Kultur der Massenproduktion und eines Massenkonsumismus ist, von dem der Kommunismus nur träumen konnte. Noch rätselhafter ist mir das, wenn ich die Glückserwartung sehe, die mit dem Massenkonsum verbunden ist wie die christliche Erlösungserwartung mit dem Abendmahl.

Revolution, Technik und Demokratie in Amerika

Europäische Besucher Amerikas heben immer wieder die Besonderheit der amerikanischen Demokratie im Vergleich zur europäischen hervor. Einen Grund dafür hat Hannah Arendt in ihrem Buch «Über die Revolution» 1963 genannt. Darin unterscheidet sie die Amerikanische Revolution von der Französischen. Während für Arendt die Französische Revolution ein Kampf von unten gegen oben, ein Klassenkampf war, spielte das in Amerika keine Rolle. Schon vor ihrer Unabhängigkeit erfreuten sich die Kolonien eines Wohlstands und einer egalitären Verteilung dieses Wohlstands, wie er in der damaligen Welt einzigartig war. Ist das Ihrer Meinung nach eine Erklärung für die Eigentümlichkeit der amerikanischen Demokratie im Vergleich zur europäischen? Und wie haben Sie diese Eigentümlichkeit erlebt?

Ich folge lieber dem Klassiker zur Demokratie in Amerika. Tocqueville beschrieb die amerikanische Eigenart der Demokratie schon in den 40er Jahren des 19. Jahrhunderts. Entscheidend war für ihn, dass die Demokratie in Amerika nicht ein von Philosophen und anderen Menschheitsverbesserern angestrebtes Ideal war, sondern naturwüchsig aus der amerikanischen Realität hervorging. Soziale Gleichheit war in Europa etwas, das die herrschenden Mächte nicht zuließen. In Amerika war sie so selbstverständlich wie die Luft zum Atmen.

Daran hat sich bis heute eigentlich nichts geändert. Für den Europäer, zumindest für den Gebildeten, ist Demokratie ein zartes Pflänzchen, das es gegen die Bedrohung der autoritären Systeme zu schützen gilt. Mit anderen Worten, Demokrat sein ist in Europa eine Frage der Moral. In Amerika stellt sich das selbsttätig und ohne die Mobilisierung der Moral her. Man ist Demokrat aus Eigennutz. Ich sehe hier das gleiche Eigeninteresse am Werk, das Adam Smith als die Antriebsfeder für die kapitalistische Ökonomie beschreibt. Denn wie der Egoismus in der liberalen Ökonomie eine Produktivität ermöglicht, die vorher undenkbar war, so garantiert die dem Amerikaner zur zweiten Natur gewordene Gleichheit die Stabilität der Demokratie.

Adorno hat das aufgrund seiner Erfahrungen in Amerika einmal so ausgedrückt, dass das Gleichheitsprinzip dem Amerikaner fast physiologisch ins Gewebe seines Körpers eingegangen ist. Jeder sieht sein persönliches Fortkommen am besten aufgehoben, wenn alle gleich sind.

Tocqueville und Arendt widersprechen einander ja nicht. Zielte nicht Arendt auf die materiellen Voraussetzungen der so anderen moralischen (oder eben nicht moralischen) Haltung der Amerikaner zur Demokratie?

Die Standarderklärung sind das Fehlen der feudalen Hierarchie Europas und die unbegrenzte Verfügbarkeit von Land. Es gibt noch einen dritten Faktor. Aber der wird gewöhnlich schamhaft verschwiegen: das Fehlen einer stabilen Unterschicht. Die Indianer wurden bekanntlich weitgehend ausgerottet. In Europa wurde der bäuerlichen Urbevölkerung in der Ursprünglichen Akkumulation zwar auch übel mitgespielt. Aber sie hat überlebt. Als Leibeigenenklasse blieb sie erhalten und wurde umorganisiert ins moderne Proletariat. Aus dem ging dann das moderne proletarische Klassenbewusstsein hervor.

Und deshalb gibt es in Amerika kein Klassenbewusstsein und keinen Sozialismus?

Zur amerikanischen Gleichheit und Klassenlosigkeit gehört als eine Voraussetzung, dass die europäischen Einwanderer einen menschenleeren Kontinent vorfanden. Jeder Einwanderer begann mit dem Bewusstsein, gleicher Teilhaber am Unternehmen Amerika zu sein.

Noch einmal: Der einfache Grund dafür ist, dass die Urbevölkerung, die den Grundstock für eine moderne Unterklasse hätte bilden können, mit Stumpf und Stiel ausgerottet wurde. Das war der Preis für die amerikanische Gleichheit und Demokratie, die seitdem das Objekt der Bewunderung und des Neides der Demokraten in Europa ist. Ein Preis, den nicht die europäischen Einwanderer bezahlten, sondern die Ureinwohner – und nach deren Auslöschung natürlich die aus Afrika importierten schwarzen Sklaven. Die waren das Gründungskapital.

Hier lässt sich wieder mal der schöne Satz Max Horkheimers über den Zusammenhang von Kapitalismus und Faschismus paraphrasieren. Auf Amerika angewandt: Wer von der amerikanischen Gleichheit redet, sollte vom indianischen Holocaust nicht schweigen.

Ich will jetzt kein Seminar darüber abhalten, weshalb der Laisser-faire-Kapitalismus Adam Smiths sich erst nach seinem Sprung über den Atlantik in Amerika voll entfalten konnte. Mir persönlich war es lange ein Rätsel, wie die von Tocqueville geschilderte urdemokratische Gleichheit der Amerikaner mit einem ebenso tief verankerten Individualismus einhergehen konnte. Aber dieses Rätsel löst sich, wenn man Adam Smith einbezieht. Sein Ei des Kolumbus war ja, den moralisch geächteten Egoismus als ökonomische Triebkraft zu entdecken. Die Neuankömmlinge auf dem menschenleeren Kontinent mussten dann nur noch einen Ersatz für die fehlende menschliche Arbeitskraft finden. Das wurde die Technik.

In Europa war das Konstruieren von Maschinen eher eine Art von Erfinderluxus gewesen, angesichts der billigen menschlichen Arbeitskraft mehr Spielerei als Notwendigkeit. In Amerika wurde die Maschine das technische Alter Ego des Menschen, ohne das er nicht überleben konnte. Trat die Maschine in Europa auf als Konkurrentin des Arbeiters und Zerstörerin seiner Lebensgewohnheiten, so eröffnete sie ihm in Amerika ein Schlaraffenland.

Das erklärt nicht nur das in europäischen Augen naivpositive Verhältnis der Amerikaner zu Fortschritt und jeglicher Maschinerie, sondern auch die demokratische Robustheit im Politischen. Würde das Endziel der klassenlosen Gesellschaft nicht vom Kommunismus beansprucht, jeder Amerikaner würde es als in seinem Land verwirklicht ansehen. Nur heißt die Sache hier anders, nämlich Mittelklasse. Man könnte sie auch Monoklasse nennen, denn jeder zählt sich zu ihr. Und das wiederum ist möglich, weil es keine Unterklasse gibt, weil alles, was in anderen Ländern die Unterklasse definiert – die körperliche Arbeit –, an die Technik delegiert ist.

Die Technik ist in Amerika eine Kraft im Streben nach dem Glück, «the pursuit of happiness», das die Unabhängigkeitserklärung von 1776 den Bürgern als ein gottgegebenes Recht zu schützen verspricht. Daraus wurde bald das Versprechen des Wohlstands für jeden, das Adam Smith in seinem Hauptwerk «Reichtum der Nationen» der Menschheit macht. Beide Versprechungen wurden übrigens im selben Jahr, 1776, gemacht.

Nun haben wir Hannah Arendt und ihre Unterscheidung von Amerikanischer und Französischer Revolution aus dem Blick verloren.

Ich nicht. Man kann diese Unterscheidung an den verschiedenen Rollen verdeutlichen, die die Maschine in beiden Revolutionen spielte. In Amerika war sie das Instrument, mit dem die Wildnis in Kultur, und das heißt in Reichtum für alle, verwandelt wurde. In Frankreich wurde sie unter der Bezeichnung Guillotine eingesetzt, um die Aristokratie zu liquidieren und damit die Voraussetzung für die Gleichheit aller Bürger zu schaffen. Auch hier haben wir also den Unterschied zwischen europäischer und amerikanischer Demokratie: In Europa ist die Gleichheit ein abstraktes moralisches Ideal, das notfalls mit terroristischen Mitteln durchgesetzt wird. In Amerika ist sie ein mentaler Ausfluss der materiellen Realität.

Verlassen wir die großen historischen Themen und fragen wir, wie Sie den Unterschied der amerikanischen und der europäischen Mentalität im persönlichen Umgang erlebt haben. Amerikanische Touristen im Ausland sind angeblich leicht erkennbar, nicht nur wegen ihrer Sprache und ihrer Lautstärke. Sondern auch wegen der Körpersprache und dem, was man ganz allgemein den Habitus nennt. Die Größe des Landes findet offenbar einen Niederschlag in den Körpern und den Bewegungen seiner Bewohner. Sie bewegten sich aber in einer besonderen Welt, die der Künstler und Intellektuellen. Zu den Gemeinplätzen über Amerika gehörte lange Zeit auch der, dass die Amerikaner vor der europäischen Hochkultur eine hohe Achtung haben. Ist dieser Respekt das amerikanische Spiegelbild der Bewunderung der Europäer für das große, reiche Amerika?

Mir fällt dazu das Wort *Eurotrash* ein. Wörtlich Euromüll, aber besser zu übersetzen mit Lumpeneuropäer – nach dem Modell des Marx'schen Lumpenproletariats –, denn da besteht eine nachvollziehbare Verwandtschaft. Der Slang-Ausdruck *Eurotrash* ist die amerikanische Antwort auf die kulturelle Arroganz, mit der manche Europäer in Amerika aufzutrumpfen suchen. Diese Arroganz ist aber eine ziemlich durchschaubare Kompensation für den tatsächlichen Minderwertigkeitskomplex, der den Europäer beim ersten Besuch gewöhnlich überkommt. Er fühlt sich inmitten des aus allen Nähten platzenden Reichtums und der in jedem Winkel fühlbaren amerikanischen Welthegemonie wie der Provinzler in der Großstadt. Mit Reichtum meine ich übrigens nicht nur Wohlstand, sondern im allgemeineren Sinn des Wortes Fülle und Übermaß. In diesem Sinne sind die amerikanische Armut und das amerikanische Elend reicher, d.h. von anderer Qualität als ihre gemäßigten europäischen Pendants. Man mag es pervers nennen, aber nach meiner Beobachtung ist eines der Hauptmotive der europäischen Mittelklasse für die Reise nach Amerika, einmal der wohlfahrtsstaatlichen Bevormundung zu Hause zu entkommen und die amerikanischen Extreme in aller Nacktheit zu erleben oder gar zu genießen.

Widerspricht das jetzt aber nicht dem, was Sie eben noch über die demokratische Harmonie und Stabilität in Amerika sagten? Nämlich, dass die amerikanische Gleichheit im materiellen Wohlstand aller ihren Ausdruck findet und in der Überzeugung jedes Amerikaners, er gehöre zur Mittelklasse?

It's the ideology, stupid! Oder: *It's the faith!*, könnte ich jetzt sagen. Wie eine Gesellschaft sich sieht und wie sie von außen gesehen wird, hat nichts miteinander zu tun. Es liegt im Auge des Betrachters. Was von außen gesehen extrem erscheint, ist von innen gesehen normal. Das gilt für die preußisch-deutsche Ordnung wie für die amerikanische Anarchie. Ich erinnere mich noch, wie mein Vater uns Söhnen die Rückkehr aus Amerika damit erklärte, dass ihm die amerikanische Lebensweise auf die Dauer zu ungemütlich war. Das war eine Warnung. Und ich erinnere mich, wie ich mit dieser Warnung im Kopf meine erste Amerikareise antrat und mich wunderte, dass es mir überhaupt nicht ungemütlich erschien, sondern im besten Sinne des Wortes aufregend.

Jetzt bin ich aber etwas ins Allgemeine abgedriftet. Sie hatten danach gefragt, wie es in der Welt des Geistes und der Kultur, in der ich verkehrte, zuging. Ob da immer noch der alte Respekt vor der europäischen Hochkultur herrschte. Und was das für die deutschen *Expatriates* und mich persönlich bedeutete. Ein Schlüsselbegriff war für mich immer das lateinische *Graeculus* («Griechlein»). Also die griechischen Sklaven im Dienste ihrer römischen Herren, die diesen die in Rom bewunderte griechische Kultur beibringen sollten. Das war das Verhältnis von Macht und Geist in seiner einfachsten Konstellation. In Deutschland kann man es in jedem italienischen Restaurant beobachten, wenn die Kellner ihre Gäste unaufgefordert auf Italienisch begrüßen. Sie wissen genau, wie dankbar die sind, mit ihren paar italienischen Sprachbrocken Weltläufigkeit zu demonstrieren.

Die deutschen Intellektuellen als Kellner ihrer amerikanischen Kundschaft, das ist ein unerschöpfliches Thema. Mir ist zum Beispiel aufgefallen, wie grundverschieden Geistes- und Naturwissenschaftler sich dabei verhalten. Geisteswissenschaftler, die etwas auf sich halten, betonen als die modernen *Graeculi*, die sie sind, ihren nichtamerikanischen Akzent, weil sie annehmen, dass die amerikanische Hochachtung für die Kultur der Alten Welt noch besteht. Deutsche Naturwissenschaftler in Amerika hingegen sprechen oft mit einem so übertriebenen, ich würde fast sagen: anbiedernden amerikanischen Akzent, dass man sich fragt: Warum? Meine Erklärung: Amerika ist in den Naturwissenschaften so klar die Führungsmacht, dass die Deutschen durch ihre sprachliche Mimikry den Anschluss suchen.

Wie Sie es darstellen, wäre es die klassische Einwanderersituation: der Konkurrenzkampf der Neuankömmlinge um die Aufmerksamkeit und das Prestige der Alteingesessenen. Sie haben sich nie als Einwanderer verstanden. War der Grund dafür, dass Sie an diesem Konkurrenzkampf nicht teilnehmen wollten?

Wer einwandert, hat sich in seiner neuen Heimat mit Haut und Haaren zu integrieren. Das wollte ich nie. Ich wollte immer die Position des Beobachters wahren. Da spielte wahrscheinlich das väterliche Erbgut mit, nie in eine Partei einzutreten. Was für die Studentenzeit galt, als ich in jeder SDS-Demonstration gegen den Vietnamkrieg mitmarschierte, aber nie daran dachte, Mitglied des SDS zu werden, das galt auch, als ich die Green Card gegen die amerikanische Staatsbürgerschaft hätte eintauschen können.

Damit sind wir jetzt an dem Punkt, die andere Seite der amerikanischen Demokratie zu betrachten. Ihr Name ist Konformismus. Und Tocqueville hat mit unheimlicher Klarsicht erkannt, dass hier Stärke und Gefahr identisch sind. Er hat eine Gesellschaft vorausgesehen, in der die demokratische Gleichheit so perfekt verwirklicht ist, dass niemand mehr ungleich sein will. Was heißt: Niemand wagt sich mehr durch eine Handlung oder eine Meinung hervorzutun, die der herrschenden Gleichheit widerspricht. Das Wort vom vorauseilenden Gehorsam, das in Europa eine klar erkennbare Servilität beschreibt, würde in Amerika nicht verstanden, weil Servilität gegenüber der Mehrheit schlicht und einfach nicht anstößig ist.

Mir ist es nach wie vor ein Rätsel, wie es zu dem Ausdruck «politisch korrekt» kommen konnte. Entweder es ist purer Hohn gegenüber der Sache der Demokratie. Oder es ist eine unangebrachte Verharmlosung der tatsächlichen Repression, die dahintersteht. Für Letzteres spricht, dass niemand auf die Idee kommt, es auf die üblichen Diktaturen, beispielsweise den Faschismus oder den Stalinismus, anzuwenden. Es klänge in unseren Ohren ja auch ziemlich daneben, wenn jemand von Stalin sagen würde, er habe nichts anderes getan, als seine Version politischer Korrektheit durchzusetzen. Und jetzt sagen Sie bitte nicht, dass politische Korrektheit in unserem System etwas anderes bedeutet als im Totalitarismus. Richtig. Aber mich interessieren mehr die Übergangsformen als die Endprodukte. Und eine Übergangsform vom liberalen zum totalitären System war zum Beispiel der amerikanische McCarthyismus. Von der

Bezeichnung «politisch unkorrekt» zum Berufsverbot und zur Existenzvernichtung der so Bezeichneten war es nur ein kleiner Schritt.

Sie haben sich über den amerikanischen Konformismus kritisch geäußert. Was waren Ihre persönlichen Erfahrungen auf diesem Feld?

Ich war mir wohl bewusst, warum ich abgesehen von einzelnen Ausflügen nie über New York hinaus ins amerikanische Hinterland vorgedrungen bin. New York war der Punkt, an dem Europa endete und Amerika begann. Das war die für mich strategische Position.

New York oder allgemeiner gesagt der Osten der Vereinigten Staaten war damit auch der Punkt des Zusammenflusses der geistigen Ströme. Hier konzentrierte sich der an der europäischen Kultur interessierte Teil der geistigen Community. Nicht dass die Intellektuellen im Mittelwesten oder an der Westküste weniger gebildet waren. Aber sie waren es auf eine im Vergleich zu New York etwas schulmäßigere Weise. Die Modeströmungen der Kritischen Theorie, des Poststrukturalismus, des Walter-Benjamin-Kults und selbst das modische Skandalon Carl Schmitt fanden überall Eingang in die sogenannte College-Culture. Aber New York fügte dem als besonderes Aroma die großstädtische Ironie hinzu. Das, was Susan Sontag einmal als Mentalität des «camp» bezeichnete.

Hier habe ich an der Quelle gelernt, wie kulturelle Vermischung funktioniert. Was dabei untergebuttert oder ausgeschieden und was herausgeholt und vereinnahmt wird. Ausgeschieden wird der Sauerstoff, aus dem das Original sein Leben und seine Aura erhält. Aura jetzt nicht im Benjamin'schen Sinn, sondern im Sinn eines lokalen Strahlungsfelds, aus dem heraus ein Werk entsteht. An die Stelle der lokalen Original-Aura tritt dann die globale, die aber ihrer Natur nach keine Aura mehr ist und sein kann.

Wenn in einem amerikanischen Seminar ein deutscher Autor behandelt wird, stört mich das überhaupt nicht. Da ist die Globalisierung auf Englisch vollkommen normal. Wer den Seminarraum betritt, weiß, dass hier allein der Kafka der Weltliteratur oder der Hegel der westlichen Philosophiegeschichte interessieren. Wenn dagegen in einem Seminar in Berlin Englisch als lingua franca gesprochen wird, reagiere ich altmodisch. Das hat mir seinerzeit an Peter Szondi gefallen. Die Berliner Professoren redeten damals ihre amerikanischen und englischen Studenten gewöhnlich mit «Mister» an. Szondi hingegen sagte «Herr». Hätte in New York jemand mich mit «Herr» angeredet, wäre das von mir und allen Anwesenden als eine unangebrachte Ausgrenzung empfunden worden.

An solche Kleinigkeiten habe ich immer wieder den deutschen Intellektuellenkomplex bemerkt, möglichst international und kosmopolitisch zu erscheinen und möglichst nicht deutsch. Aber vielleicht leide ich ja selber auch an diesem Komplex und habe aus diesem Grund mein halbes Leben nach Amerika verlegt.

Exkurs: Amerikanische Bibliotheken

Die Bibliotheken, die ich aus Deutschland kannte, waren in der Regel Neubauten. Die alten Gebäude hatte der Bombenkrieg zerstört. Niemand trauerte der wilhelminischen Protzarchitektur, wie sie genannt wurde, nach. Für die Bibliotheksarchitektur galt, was auch für Opernhäuser, Theater und Museen galt: Je weniger Dekoration, desto besser, weil nur so wirkliche Konzentration auf die Sache möglich war.

Als ich zum ersten Mal den neobarocken Monumentalbau der New York Public Library vom Haupteingang an der Fifth Avenue aus betrat und mich im Vestibül mit seiner an die Pariser Oper erinnernden marmornen Prachttreppe fand, reagierte ich erst einmal im Sinn der damaligen stilistisch-politischen Korrektheit. Ich wehrte ab. Aber dann gewöhnte ich mich an die ungewohnten Dimensionen. Es war wahrscheinlich ein Problem, wie es ähnlich in den 20er Jahren die mit der neobarocken Opulenz aufgewachsenen Menschen hatten, als sie sich an die ungewohnte Kahlheit der modernen Architektur gewöhnen mussten.

Heute verstehe ich meinen ursprünglichen Unwillen kaum noch. Wer heute die Berliner Staatsbibliothek Unter den Linden betritt, steht in einem geräumigen Vestibül und steigt eine breite Treppe hinauf. Dieser Teil wurde originalgetreu rekonstruiert. Aber dann der weitere Verlauf: Es gibt wohl einen Hauptlesesaal, der sogar die Ausdehnung des ursprünglichen Kuppel-Lesesaals haben soll. Aber von dessen Größe ist nichts zu spüren. Wenn an dem neuen Raum etwas überwältigt, ist es seine Grundfarbe. Ein schreiendes Gelborange, das man eher in Las Vegas oder in einer Berliner Kita erwartet hätte als hier. Eine einzige Leseabschreckung.

Dagegen der Lesesaal der Public Library: ein gewaltiger Raum, in dem bequem mehrere Einfamilienhäuser untergebracht werden könnten. Und dann das Mobiliar. Die Arbeitstische Altäre von Gewicht, Massivität und Unverrückbarkeit. Die Stühle eher Sessel, ohne Polsterung zwar, aber von einer den Tischen ebenbürtigen Solidität. Sie zu verrücken erforderte einen Kraftaufwand, dessen die Architekten sich bewusst waren. Im Rückblick sehe ich dieses Mobiliar als ebenbürtiges Gegenüber des Geistes, der es benutzt. Es leistet seine Art des Widerstands. Und da es ohne Widerstand keine geistige Lebendigkeit gibt, trägt es bei zur Stimulation des Denkens.

Wenn ich all dies zusammen mit dem Begriff der Opulenz bezeichne, dann macht dies für mich einen ganz fundamentalen Unterschied zu den europäischen Verhältnissen aus. Dem amerikanischen Material und den Dingen, die aus ihm gemacht sind, merkte man noch in den 70er Jahren an, dass sie einem Naturreichtum entstammten, der für die, die ihn bearbeiteten, so unerschöpflich wie selbstverständlich war. Von der Hülle und Fülle der amerikanischen Natur zur Opulenz der Architektur und des Mobiliars der N. Y. Public Library verlief ein direkter Weg. Nie ist mir Hegels Diktum vom Umschlag der Quantität in Qualität konkreter erschienen. Wo Europa es seit alters her mit einer weitgehend kultivierten, was auch heißt: strapazierten Natur zu tun hatte, konnte Amerika aus dem Vollen schöpfen.

Die New York Public Library nenne ich stellvertretend für die vielen großen amerikanischen Bibliotheken, die im Goldenen Zeitalter 1880 bis 1920 gebaut wurden. Sie sind alle in einem historistischen – meist neobarocken – Stil dekoriert und eingerichtet. Für mich wurden neben der New York Public Library die Library of Congress in Washington und die Universitätsbibliotheken von Harvard, Yale, Princeton und Columbia (ebenfalls in New York) die entscheidend produktiven Bücherbegegnungsstätten. Meine Gebrauchsbibliothek für den Alltag, die der New York University, gehörte nicht in diese Liga. Sie war auch kein neobarockes Monument aus der Zeit um 1900, sondern wurde sehr viel später, um 1970, gebaut, allerdings von einem Stararchitekten der Moderne: Philip Johnson. Es gab aber etwas, das sie ihren monumentalen Schwesterbibliotheken ebenbürtig machte. Das war ihr Atrium. Man stelle sich vor: ein Atrium, das den Bau in seiner gesamten Höhe einnimmt und also für die eigentliche Bibliotheksfunktion nur die Räume am Rande übrig lässt. Eine Platzverschwendung pharaonischen Ausmaßes. Aber dann auch wieder überhaupt keine Verschwendung. Denn gerade dass hier ein Riesenraum allein gelassen und nicht mit irgendwelchen praktisch-technischen Funktionen vollgestopft wurde, sorgte für eine Atmosphäre ungeheurer Konzentration.

Es trat dann allerdings ein Problem auf, da sich wiederholt lebensmüde Studenten aus der obersten Etage in die Tiefe stürzten. Zur Behebung dieses Problems wurden in den zum Atrium hin offenen Etagen bruchsichere Glaswände installiert. Das Ergebnis war, dass dieser einzigartige Ort einen Großteil seiner Wirkung verlor.

Wahrscheinlich stehe ich mit diesen Sympathiebekundungen für die neobarocken amerikanischen Bibliotheken ziemlich allein. Noch isolierter werde ich dastehen, wenn ich nun auch noch auf den Teil der amerikanischen Bibliotheken zu sprechen komme, der als am wenigsten bibliotheksmäßig gilt: die Toiletten. Sie werden, wie gesagt, im Amerikanischen «Bathrooms» genannt. Der amerikanische Bathroom hat eine andere Genealogie als das deutsche Klosett. Er ist nicht die für die Verrichtung der Notdurft vom eigentlichen Bad abgetrennte Kammer, sondern der Gesamtkomplex für Körperpflege und Körperkomfort, wie es das Wort «Toilette machen» immer noch suggeriert. Die Bathrooms in den aus der Belle Époque stammenden amerikanischen Bibliotheken sind von einem Komfort, der eher auf die römischen Thermen als auf das europäische Klo als Ahnherrn verweist. Die großzügigsten, geräumigsten und gepflegtesten waren in den 70er Jahren die in der Library of Congress: Marmorfußböden, die Wände bis zur halben Höhe marmorverkleidet, große Spiegelflächen, Türen und andere Trennwände aus erlesenem Holz (Hickory); das Ganze permanent von weißgekleidetem Personal in perfekter Sauberkeit gehalten. Ich empfand die Bathrooms der Library of Congress mehr als komfortable Ruhe- und Nachdenkräume denn als Toiletten. Etwa so, wie wenn in «Vom Winde Verweht» Scarlett O'Hara nach einem atemlosen Walzer sich frischmacht.

Monumentalität und Komfort sind demnach die ersten Eigenschaften, die mir zu den amerikanischen Bibliotheken als Gebilden der Architektur einfallen. Beides Eigenschaften, die man nicht unbedingt zum Leben des sogenannten Büchermenschen zählt. Da herrschen eher das kleine Format und die protestantische Nüchternheit. Die

Opulenz der amerikanischen Bibliotheken hat mich gelehrt, die physische Welt auch dort und gerade dort, wo der Geist herrscht, nicht aus dem Blick zu verlieren, sondern im Gegenteil sie zur Stimulation des Geistes einzusetzen. Deshalb habe ich wiederholt das Wort Opulenz gebraucht. Opulent ist für mich beides: das, was man monumental nennt, also das in seinen physischen Ausmaßen Große und Gewaltige und dergestalt den Geist Beeindruckende. Und der Komfort, also das körperliche und geistige Wohlbefinden, das von Geistesarbeitern leicht vernachlässigt wird. Womit ich aber nicht den ewigen Spaß meine.

Ich gehe sogar so weit, die Opulenz der amerikanischen Bibliotheken für ein Vitamin zu halten, das dem Büchermenschen und Intellektuellen gewöhnlich fehlt. Er pflegt eine intellektuelle Enthaltsamkeit gegenüber allem, was nicht zu seinem jeweiligen Forschungsgegenstand gehört, Enthaltsamkeit gegenüber der physischen Umgebung, in der er arbeitet, wie Fragestellungen gegenüber, die bei der Arbeit unvermutet auftauchen und die er, wenn sie nicht unmittelbar zum Thema gehören, beiseiteschiebt. Die Literaturwissenschaft, die ich in Berlin kennengelernt und selber betrieben hatte, beschränkte sich gewöhnlich auf eine private Arbeitsbibliothek von einigen Dutzend, höchstens einigen hundert Büchern, die man zu Hause anlegte und über deren Tellerrand man nicht hinwegschaute. Ich erinnere mich an keinen Kommilitonen, der im Lesesaal der Universitätsbibliothek gearbeitet hätte. Diese Beschränktheit der Literaturwissenschaft hatte für mich immer etwas Inzestuöses und war einer der Gründe, ihr den Rücken zu kehren. Die amerikanischen Bibliotheken eröffneten ganz andere Jagdgründe. Nach der Opulenz ihrer Architektur entdeckte ich bald ihre zweite und eigentliche Opulenz, die der Bestände. Dass beide eng zusammenhingen, geht aus ihrer Entstehungszeit hervor: Zwischen 1880 und 1920 entstanden die großen Bibliotheksbauten, und sie wurden mit Büchermengen angefüllt, die die in Europa üblichen Quantitäten in den Schatten stellten. Es war die Wiederkehr des alexandrinischen Zeitalters, weil hier nicht nur amerikanische und englischsprachige Bücher zusammengetragen wurden, sondern ein Globalismus *avant la lettre* herrschte. Ich fand ohne mühselige Suche oder zeitraubende Fernleihprozeduren wissenschaftliche deutsche Literatur des 19. und frühen 20. Jahrhunderts, die ich wegen der Kriegsverluste in Berliner Bibliotheken vergebens gesucht hätte. Und nicht nur wegen der Kriegsverluste, sondern auch, weil die Beschaffungsetats deutscher Bibliotheken beispielsweise in den 20er Jahren, verglichen mit den amerikanischen, liliputanisch waren. Neben der deutschsprachigen Literatur fand man ähnlich komplett die anderen europäischen Literaturen: die Bücherproduktionen Frankreichs, Spaniens, Italiens. Die atlantische Welt war vollständig versammelt.

Damals, in den 70er Jahren, war der Großteil der Bücher der Public Library im Hauptgebäude an der Fifth Avenue Ecke 42. Straße untergebracht. Man füllte für seine Bestellung einen Leihschein aus. Dieser wurde per Rohrpost ins Magazin befördert, und 20 Minuten später lag das Buch auf dem Arbeitstisch, den man zuvor im großen Lesesaal ausgewählt hatte. Für Dauerbenutzer wie mich gab es den zusätzlichen Service eines dauerreservierten Arbeitsplatzes im sogenannten Wertheim Study. Das war im Lesesaal ein abgetrennter Bereich, in dem die Benutzer ihr eigenes Regal für solche Bücher hatten, die sie über einen längeren Zeitraum benötigten.

Eine für die Opulenz amerikanischer Bibliotheken typische Episode ist mir besonders in Erinnerung. Ich hatte einmal bei einem Forschungsaufenthalt in Frankreich in der Bibliothèque Nationale – im alten Gebäude in der Rue de Richelieu – aus irgendeinem Anlass das *Journal des Débats* zu konsultieren. Das war im frühen und mittleren 19. Jahrhundert die führende bürgerlich-liberale Pariser Tageszeitung. Jeder Balzac-Leser wird sich an den Namen erinnern. Ich benötigte mehrere Bände. Man sagte mir, es sei jeweils nur ein Band bestellbar. Anlieferung am nächsten Tag. Das tat ich mehrere Male. Bis ich merkte, dass ich eine größere Anzahl von Bänden benötigte. Mir wurde erklärt, das sei unmöglich.

Einige Monate später in der Library of Congress in Washington, nachdem ich festgestellt hatte, dass das *Journal des Débats* dort vorhanden war, bestellte ich die mich interessierenden Jahrgänge. Sie lagerten nicht im Hauptgebäude, sondern in einem Außenmagazin in einem Vorort von Washington mit dem schönen Namen Alexandria. Das war auch der Grund, weshalb sie mir nicht binnen einer halben Stunde, sondern erst am nächsten Tag vorgelegt werden konnten. Von «vorlegen» konnte in diesem Fall allerdings nicht die Rede sein. Ein Bücherwagen, auf dem gestapelt 10 oder 20 der großformatigen Zeitungsbände lagen, wurde an meinen Arbeitsplatz gefahren. Die Transaktion erregte ein gewisses Aufsehen bei meinen Nachbarn. Gleichzeitig erklärte mir der zuständige Bibliothekar, es sei momentan leider logistisch nicht möglich, meine gesamte Bestellung herbeizuschaffen: ob ich wirklich alle von mir bestellten Bände benötige. Das waren offenbar über 100. Der Umfang und das Gewicht eines mittleren Umzugs. Ich erinnere mich nicht mehr, was ich damals exakt gesucht habe. Es war für mich aber die Lektion, von den

Möglichkeiten dieses Schlaraffenlands künftig vorsichtiger Gebrauch zu machen.

Wenn das Prinzip der Masse mich in diesem Fall überforderte und nebenbei auch beschämte, ich blieb ihm treu als Prinzip. Denn im Grund verhielt ich mich zum Bücherreichtum in den amerikanischen Bibliotheken nicht anders als in meinen langen Nächten vor dem Fernseher zur Masse der dort endlos abgenudelten alten Hollywoodfilme. Beides war ein Eintauchen in die Materialmasse, eine Art Einsaugen und ein mehr oder weniger intuitives Herausfiltern einzelner für mich bedeutsamer Motive.

Eine Episode, die ankündigte, wie sehr sich die Buchkultur verändern sollte, hatte mit der *Revue des deux mondes* zu tun. Das war eine französische Zeitschrift, in der im 19. Jahrhundert alles, was Rang und Namen hatte oder einmal haben würde, schrieb. Sie war ein Ort, an den ich immer wieder zurückkehrte. Das meine ich jetzt wörtlich, denn meine «Hausbibliothek», die NYU-Library am Washington Square, besaß sie komplett vom ersten Jahrgang 1830 an bis in die Gegenwart. Im Magazin nahm sie mehrere laufende Meter ein. Die in schwarzes Leder gebundenen Bände wurden für mich im Laufe der Jahre fast so etwas wie meine Privatbibliothek. Ich benutzte sie auch außerhalb meiner gezielten Forschung, wenn mir nach einem Spaziergang ins 19. Jahrhundert hinein zumute war. Dabei waren es nicht nur die Artikel, sondern auch die sie umgebende Reklame, die mich in die Vergangenheit versetzten. Eine Vergangenheit, die nicht säuberlich abgetrenntes Präteritum war, sondern eher vergangene Gegenwart. Das Gefühl, hier eine Privatbibliothek zu haben, lag wohl daran, dass außer mir sich sonst niemand für sie zu interessieren schien. Damit begann aber auch das Ende sich abzuzeichnen. Denn Bücher, die niemand benutzt, verlieren langsam, aber sicher ihr Bleiberecht in den Bibliotheken. Eines Tages klaffte anstelle der vertrauten schwarzen Bände der *Revue* eine breite Lücke. Damals war ich noch so unschuldig, nachzufragen, ob es sich um eine Verlegung innerhalb der Bibliothek handle. Nein. Die *Revue* war ausgesondert und durch einen Mikrofilm ersetzt worden. Heute würde die Auskunft «Digitalisierung» lauten. Zur Antwort auf meine nächste Frage, was denn mit dem Original geschehen sei, wurde mir beschieden, dass sie an eine osteuropäische Bibliothek verschenkt worden sei. Ich erinnere mich nicht mehr, welche es war. Aber ich habe mich für Prag entschieden. Wenn ausrangierte Bücher und Zeitschriften irgendwann gar nicht mehr – zumindest nicht im Westen – im Original verfügbar sein werden, sondern eine Reise an ausgewählte Orte erfordern, wo sie noch vorhanden sind, dann erscheint Kafkas Prag mir als idealer Ort.

Das wäre dann ein anderes Modell der Bibliothek von Alexandria: die Bücher der Welt nach der Ausscheidung in ihrer physischen Gestalt und der digitalen Umwandlung zuletzt in ihren zurückgelassenen Körpern in einem großen Mausoleum-Museum aufzubewahren.

Ray Bradbury hat das Ende des Buchs in seinem Roman «Fahrenheit 451» als Dystopie geschildert. Der Roman und der nach ihm gedrehte Film von François Truffaut enden in einem tiefen Wald. Dorthin haben sich die letzten Bücherliebhaber vor der polizeistaatlichen Büchervernichtung geflüchtet. Auch sie haben allerdings keine Bücher mehr, sondern tragen einander die einstmals auswendig gelernten Texte vor.

Polizeistaatlicher Bücherverbrennungskommandos bedarf es im Zeitalter der Digitalisierung nicht mehr. In den letzten Jahren meines amerikanischen Lebensabschnitts erlebte ich das zuerst schleichende, dann galoppierende Ende der traditionellen Bücher-Bibliothek. Es begann damit, dass ein immer größerer Teil der Bestände der Universitätsbibliotheken nicht mehr in den frei zugänglichen Magazinen in der Bibliothek selber aufbewahrt, sondern in Außenmagazine ausgelagert wurde. Damit wurde jeder Spontaneität der Boden entzogen, die das bisherige System dem Benutzer nicht nur erlaubt, sondern zu der es ihn geradezu ermuntert hatte: jeden Hinweis und jeden Querverweis in einer Lektüre sofort in eine andere Lektüre, d. h. ein anderes Buch, aufzunehmen und weiterzuverfolgen. Zuletzt schrumpften die dergestalt zugänglichen Buchbestände auf das mir aus Berliner Zeiten vertraute bescheidene Maß zusammen. Das war ein wesentlicher Grund für meinen Entschluss zur Rückkehr nach Berlin.

Mein letzter Informationsstand über diese Entwicklung ist der Dokumentarfilm, den Frederick Wiseman 2017 (da hatte ich mich bereits von New York verabschiedet) über die neue Public Library drehte: «Ex libris». Eine Hymne auf die gelungene Umwandlung einer traditionellen Bibliothek in ein modernes Medien- und Kommunikationszentrum, für die Wiseman die offenbar fast einhellige Zustimmung der Kritik einfahren konnte. Ich sah mir diesen Film auf Youtube an. Die Public Library, die von den 70er Jahren bis zu ihrer so hoch gelobten Modernisierung der Ort war, an dem ich den unmittelbarsten Zugang zu den Vergangenheiten hatte, die ich in meinen Büchern behandelte – ich erkannte sie in diesem Film nicht wieder. Ich fühlte mich an Rip Van Winkle in Washington Irvings gleichnamiger Erzählung erinnert: den Mann, der ein Schläfchen machen will, stattdessen in einen Tiefschlaf fällt und nach 20 Jahren in einer ihm ganz und gar fremden Welt aufwacht.

Die amerikanische Eisenbahn

Ihr Buch «Geschichte der Eisenbahnreise» war das erste Buch nach Ihrer literaturwissenschaftlichen Dissertation und hatte nichts mehr mit Literatur zu tun. Aber vielleicht etwas mit Ihrer Amerika-Erfahrung?

Wenn man in einer vollkommen neuen, fremden Welt Orientierung sucht, dann greift man zum nächsten Gegenstand, an dem man sich festhalten kann. Ich weiß nicht mehr, wann ich zum ersten Mal in einem amerikanischen Zug reiste. Auch an die konkrete Situation erinnere ich mich nicht mehr. Woran ich mich aber genau erinnere, war meine Überraschung über das Fehlen der mir seit der Kindheit vertrauten Abteile. Statt ihrer betrat ich einen sogenannten Großraumwagen, wie er inzwischen auch in Europa Standard ist. Das muss man sich in Erinnerung rufen. Der Raum, in dem man in Europa reiste, jedenfalls auf langen Distanzen, war eigentlich ein kleines intimes Kabinett. Unschwer erkennbar als Nachfolger der Postkutsche, in der die Reisenden einander gegenübersaßen.

Der europäische Waggon bestand aus einer Aneinanderreihung einzelner Abteile. Diese erreichte man über einen zu beiden Seiten hin verglasten Längsgang: auf der einen Seite die Zugfenster, durch die man die Landschaft sah, auf der anderen das Innere des Abteils. Das betrat man durch eine ebenfalls verglaste Schiebetür. Auf der Abteilseite dieser Glastür gab es noch einen Vorhang, den die im Abteil Sitzenden zuziehen konnten, wenn sie sich dem Einblick vom Gang her entziehen wollten. Kurz und gut, eine eigentlich monströse Konstruktion, die aber dem, der von Kindheit an nur sie kannte, völlig normal vorkam.

Große Überraschung also bei der ersten Begegnung mit dem amerikanischen Eisenbahnwaggon. Keine Spur mehr des Abteils. Ein durchgehender Raum, in dem die Sitze so wie im europäischen Omnibus angeordnet sind. Dieser Unterschied war natürlich jedem, der amerikanische Filme kannte, vertraut. Aber darüber nachgedacht hat wahrscheinlich keiner – ich jedenfalls hatte es nicht getan. Es bedarf offensichtlich der Real-Erfahrung Amerika, damit man das, was man seit der Kindheit als amerikanisches Bild verinnerlicht hat, in Frage stellt. In Frage stellen hieß in diesem Fall: die Frage stellen, wie es zu dieser grundverschiedenen Ausformung des gleichen technischen Apparats kam.

Das war für mich der Ausgangspunkt: die Eisenbahn nicht als technik- und kulturhistorischer Faktor, sondern die Geschichte des amerikanischen Eisenbahnwaggons als charakteristisches Detail, an dem sich einiges, vielleicht sogar sehr viel, über die Geschichte Amerikas überhaupt ablesen ließ. Hinzu kam dann noch der komparatistische Ansatz, den ich in Berlin bei Peter Szondi aufgenommen hatte. Wenn ich den europäischen Abteil- und den amerikanischen Großraumwagen gegenüberstellte: Wäre es nicht möglich, aus der Entstehungsgeschichte dieser beiden grundverschiedenen Raumtypen rückzuschließen auf die unterschiedliche Technik- und Kulturgeschichte Europas und Amerikas? Und auf diese Weise dem amerikanischen

«Sonderweg» auf die Spur zu kommen? Im Buch erscheint dieser Aspekt nur noch in einem Kapitel. Aber meine Entdeckung der Eisenbahn als eines kulturhistorischen Faktors ersten Ranges begann mit dem Detail der Waggonform.

Und wohin führte Sie dieses Detail?

Das europäische Abteil war eine Weiterentwicklung der Kutsche. Die Kutsche aber war das in Europa dominierende Verkehrsmittel, so wie die Straße der in Europa dominierende Verkehrsweg war. Verkehr in Europa war im wesentlichen Landverkehr. Überlandverkehr. Mit Poststationen und Gasthöfen als der dazugehörigen Infrastruktur. Ohne Postkutschen und ohne Landgasthöfe wäre der europäische Roman des 18. Jahrhunderts nur schwer vorstellbar.

Umgekehrt Amerika. Lange Zeit gab es so gut wie keinen Fernverkehr auf Straßen. Fast alles wurde auf den Wasserwegen abgewickelt. Die aber gab es in Hülle und Fülle. Die amerikanische Ostküste ist gewissermaßen wasserzerklüftet. Das Meer reicht an vielen Stellen bis tief ins Landesinnere. Die Großen Seen sind wie Binnenmeere, und die großen Flüsse wie Mississippi, Missouri, Ohio und Delaware fordern geradezu dazu auf, das Land von ihren Ufern aus zu erschließen. Was in Europa die Straße und die Postkutsche, das waren in Amerika das Wasser und das Schiff. Das erklärt das Design und die Räumlichkeit des amerikanischen Eisenbahnwaggons. Er ist ein aufs Land gesetztes Schiff. Wenn man genau sein will, muss man sagen: Er ist das aufs Land verpflanzte Kanalboot. Hier verhalten sich die Abmessungen von Bahn und Boot fast genau 1:1.

Kanäle waren in Amerika, nicht anders als in Europa, die künstlich angelegten Verbindungen zu den natürlichen

Wasserstraßen, die Erweiterung des Wasserverkehrssystems. Klassisch im Erie-Kanal, der den Hudson mit den Großen Seen verband. Ich meine mich sogar zu erinnern, irgendwo gelesen zu haben, dass Goethe sich vom Bau des Erie-Kanals zum Schlusstableau von Faust Teil 2 inspirieren ließ: dem Riesenprojekt, durch Technik der Menschheit neue Räume zu erschließen. Das Kanalboot nun war ein Zwitter von Wasser- und Landfahrzeug. Das ging so weit, es in Segmenten zu bauen, die auseinandergenommen und wieder zusammengesetzt werden konnten. Es gibt zeitgenössische Illustrationen, die das zeigen: In mehrere Teile zerlegt, wurden die Kanalboote auf Schienen über Anhöhen geführt, um auf der anderen Seite wieder zusammengesetzt zu werden. Ein bisschen so wie der Amazonas-Dampfer in Werner Herzogs Film «Fitzcarraldo».

Der Flussdampfer, der in der amerikanischen Literatur so zentral ist wie die Postkutsche in Europa, konnte wegen seiner Dimensionen nicht im Verhältnis 1:1 als Modell übernommen werden. Man stelle sich einen Mississippi-Dampfer auf Schienen vor: unmöglich. Aber was technisch unmöglich ist, darum kümmert sich die Einbildungskraft nicht. Selbst die Einbildungskraft von Technikern nicht.

Das klingt, als ob es tatsächlich Überlegungen oder sogar Versuche in diese Richtung gegeben hätte.

Bei meinen Recherchen in technischen Zeitschriften des 19. Jahrhunderts stieß ich auf ein Projekt, das, wenn ich mich recht entsinne, sogar beim amerikanischen Patentamt angemeldet wurde. Das Projekt hieß «Prairie Schooner» oder «Prairie Steamer». Der Artikel über dieses Projekt enthielt zwei Abbildungen, den Grundriss und die Seitenansicht.

Das war tatsächlich ein aufs Land übertragener Mississippidampfer. In den Dimensionen etwas kleiner. Aber mit allem, was den amerikanischen Flussdampfer ausmachte: oben das Deck, auf dem die Passagiere flanieren. Darunter die Aufenthaltsräume: Salons, Bars, Kabinen. Das Ganze war natürlich zu groß, um auf Schienen zu fahren. Die vom Erfinder vorgeschlagene technische Lösung war, dieses Gefährt nicht auf Rädern, sondern auf Rollen oder Walzen fahren zu lassen. Er hätte auch Ketten vorschlagen können wie die Konstrukteure der ersten Panzer im Ersten Weltkrieg. Das Prinzip war das gleiche. Ein von der Fahrbahn unabhängiges Fahrzeug, das sich auf dem Lande so frei und unabhängig bewegen kann wie das Schiff auf dem Wasser.

Der Prairie Steamer ist für mich der Schlusspunkt des amerikanischen Schiffsarchetypus. Und ein wunderbares Beispiel dafür, wie die amerikanische Technik frei von alten Traditionen neue Wege einschlägt. Was natürlich so wiederum auch nicht stimmt. Denn nur gemessen an der europäischen Tradition des Landverkehrs, war der Prairie Steamer etwas ganz anderes. Gemessen an der amerikanischen Tradition, also dem Archetypus des Wasserverkehrs, war er die natürlichste Sache der Welt.

Können wir noch einmal auf das zurückkommen, was Sie mit der Eisenbahn eigentlich ins Visier nehmen wollten? Auf die Rolle, die sie im Entstehungsprozess der amerikanischen Kultur oder Zivilisation spielte?

Das kann man auf zwei Ebenen verfolgen. Die erste ist die der Besiedlungsgeschichte. Das habe ich mir während meines ersten Amerika-Aufenthalts 1970 in der dazu vorliegenden umfangreichen Literatur angelesen. Eine einfache

Geschichte. Eine Eisenbahnstrecke wird in die Wildnis geschlagen. Finanziert wird sie durch Landverkäufe nach dem «Futures»-System, also indem das an sich wertlose Land durch die Eisenbahn Wert gewinnt. Anders gesagt, die Eisenbahn verwandelt Wildnis in Wert. Sie konsumiert Wildnis und produziert Kultur.

An diesem Punkt beginnt die zweite Ebene. Das ist die geistige Parallelgeschichte – auch Überbau genannt – zur materiellen Siedlungsgeschichte. Wie nahmen die Amerikaner die von der Eisenbahn geschaffene Neue Welt zur Kenntnis? Da öffnete mir ein Buch die Augen, das in den 60er Jahren erschienen war und in der amerikanischen Literaturwissenschaft schon fast Klassikerrang hatte. Es trägt den schönen Titel «The Machine in the Garden. Technology and the Pastoral Ideal in America» («Die Maschine im Garten. Technik und Idyllik in Amerika»), und sein Autor mit dem ebenso schönen Namen Leo Marx beschrieb darin genau das, was mich beschäftigte. Nämlich, dass im Unterschied zu Europa, wo die Maschine stets als zerstörerisch erlebt wurde, die Maschine in Amerika als schöpferische Kraft erschien. Wofür der Grund war, dass Natur in Europa eigentlich immer schon kultivierte Natur war oder wie unser Wort lautet: Kulturlandschaft.

Es gibt dafür in der europäischen Romantik ein zentrales Bild: die klappernde Mühle am rauschenden Bach. Als Urbild der Idylle hat sie ihren festen Platz in der romantischen Literatur, Malerei und Musik. Niemand denkt heute mehr daran, dass dieselbe Mühle, bevor sie romantisches Motiv wurde, ein Vertreter der bis ins 18. Jahrhundert avanciertesten Großtechnik war. Das gleiche Schicksal widerfuhr dann ja auch im 20. Jahrhundert der Eisenbahn. Die Dampflok wurde im Zeitalter des Flugverkehrs und der Massenautomobilisierung gewissermaßen zur klappernden Mühle am rauschenden Bach. Wenn eine führende Technik veraltet und von einer modernen, effizienteren ersetzt wird, hört sie auf, Sache der Ökonomie zu sein. Was sie an Effizienz verliert, gewinnt sie an romantischem oder sentimentalem Potenzial. Das ist ein Gesetz, von dem ich ohne die Amerika-Erfahrung nie eine Ahnung gehabt haben würde.

Ich nenne dieses Gesetz das Gesetz der Nostalgie. Es ist für mich von so umfassender Bedeutung, dass ich jetzt im Zusammenhang mit der amerikanischen Eisenbahn nicht darüber sprechen, sondern es für einen späteren Zeitpunkt aufbewahren möchte.

Nachdem Sie die amerikanische Eisenbahn als Führer in die Ihnen unbekannte amerikanische Kultur gewählt hatten: Wie kam es dann zum Spurwechsel, der Eisenbahn als Objekt der Universalgeschichte? Die Rezensionen Ihres Buchs widmeten der amerikanischen Eisenbahn so viel, d. h. so wenig Aufmerksamkeit wie das Buch selber. Dagegen hat das, was im Untertitel angekündigt ist, die eigentliche Beachtung gefunden, die «Industrialisierung von Raum und Zeit im 19. Jahrhundert». Das Wichtigste war der Kritik aber, wie Sie die Auswirkungen des industriellen Verkehrsmittels Eisenbahn auf die Menschen schildern. In der Rezension der Zeit *wurde die «Geschichte der Eisenbahnreise» sogar als «Theorie des industrialisierten Bewusstseins» bezeichnet.*

Hand in Hand mit der Absicht, die Eisenbahn als konkreten Einstieg in die amerikanische Kulturgeschichte zu benutzen, ging ein anderes Motiv, das ich aus Berlin mitgebracht hatte, die Absicht, nicht in der Literaturwissenschaft weiterzumachen. Und da schien mir die Eisenbahn ein geeignetes Objekt zu sein. Wie meine Benjamin-gläubigen Kommilitonen hielt auch ich das Passagenwerk für ein Leuchtfeuer, das den Weg aus der reinen Geisteswissenschaft hinaus in Richtung einer «materialistischen» Literaturwissenschaft aufzeigte. Mir schwebte aber so etwas vor wie die Anwendung oder Übertragung der geistes- und literaturwissenschaftlichen Methode auf die technisch-geschichtliche Realität.

Damals beeindruckte mich ein Satz von Marx. Ich weiß nicht mehr genau, wo er steht, ob im «Kapital», in den «Grundrissen» oder in den «Philosophisch-ökonomischen Manuskripten». Jedenfalls sagt er, dass die Gebilde der Technik und Industrie genauso Ausdruck der menschlichen Wesenskräfte sind wie die Werke der Kunst und der Literatur. Das war für mich die Einladung zum Umstieg von der Welt der Literatur in die der Realität.

Und da bot sich die Eisenbahn als willkommenes Objekt an. War sie doch anders als die Passagen kein peripheres Gebilde, sondern geradezu die Verkörperung des Fortschritts für das 19. Jahrhundert.

Der erste ernsthafte Intellektuelle, bei dem ich damit nicht auf Unverständnis stieß, sondern eine bereits weit geöffnete Tür einrannte, war Hans G. Helms. Er war als junger Mann Schüler Adornos, Komponist, eine ganz aufs Ästhetische gestellte Natur gewesen und hatte sich im Strudel der Studentenrevolte zum Marxisten gewandelt. Wie wir bei unserem ersten Treffen unsere gemeinsame Leidenschaft für die Eisenbahn als Urkraft des Hochkapitalismus entdeckten, in einer Umgebung, die keine Ahnung und kein Interesse an diesem Thema hatte, war eine Art von Outing.

Was mich an der Eisenbahn besonders reizte, war, dass sie in der Gegenwart – in der amerikanischen Gegenwart des Jahres 1970 – so gut wie keine Rolle mehr spielte. Gegen

Auto und Flugzeug hatte sie sich nicht halten können, sie war zum Verlierer geworden, der Mächtige von gestern, der die Bühne räumen musste und nun ein geduldetes Randdasein führte. – Aber jetzt bin ich schon wieder bei der amerikanischen Eisenbahn, von der wir uns doch entfernen wollten, um die Eisenbahn als die Inkarnation der Industrialisierung schlechthin zu betrachten.

Erinnern Sie sich an bestimmte Stationen Ihrer Forschungsarbeit, an denen Ihr anfängliches Interesse an der amerikanischen Eisenbahn in den Hintergrund trat und Ihnen die Bedeutung des anthropologischen Themas bewusst wurde? Wie kamen Sie auf den Unfall, dem Sie ein Kapitel des Buchs widmen? Der erinnert mich an das bei Ihnen immer wieder zur Sprache kommende Thema der Niederlage. War der technische Unfall für Sie eine Niederlage der Technik?

Aus der Rückschau gesehen, ist da wahrscheinlich etwas dran, auch wenn ich es damals nicht so gesehen habe. Was mich am Eisenbahnunfall interessierte, war zunächst das Drama. Jeder Absturz und jeder Zusammenbruch ist für mich ein Drama. Ich nenne das die Fallhöhe: Je höher eine Technik entwickelt ist, umso größer ist ihre Fallhöhe im Moment der Dysfunktion. Ich habe mir da sogar eine Alternativgeschichte zum Turmbau von Babel zusammengereimt. In meiner Version ist es nicht die babylonische Sprachverwirrung, die das Projekt beendet, sondern die einfache Materialermüdung. Baumaterial lässt sich nur bis zu einer bestimmten Höhe auftürmen. Am Kulminationspunkt versagt die Statik, und die ganze Konstruktion fällt in sich zusammen. Der Grad der Zerstörung ist proportional dem Grad der Höhe.

Mich hat an den frühen Beschreibungen der Eisenbahn immer der Vergleich der Geschwindigkeit mit einem Artilleriegeschoss gefesselt. Die Reisenden empfanden den Zug, in dem sie saßen, als eine Art Projektil, das sie durch die Landschaft schoss. Noch heute verspüre ich bei jedem Start eines Flugzeugs etwas von dieser Urangst unserer Vorfahren. Es ist eine Urangst, die die Technik im Laufe ihrer Perfektionierung verdrängt hat, die aber jederzeit im Unfall wieder mit voller Kraft ausbricht. Mit voller Kraft heißt: mit dem in der technischen Apparatur akkumulierten Energiebetrag. Ein Flugzeugabsturz ist zerstörerischer als ein Autounfall und ein Autounfall zerstörerischer als ein Sturz vom Pferd.

Um es kurz zu machen: Der Eisenbahnunfall wurde für mich der Punkt, vom dem aus ich die gesamte Eisenbahnpsychologie nachvollziehen konnte. Am Beginn der Schock der neuartigen Geschwindigkeit. Dann die Gewöhnung. Und im Unfall die schlagartige Rückkehr des Anfangsschocks.

Das war für mich der Punkt, in die medizinische Literatur über die Folgen des Eisenbahnreisens einzusteigen. So entdeckte ich, dass im letzten Drittel des 19. Jahrhunderts eine eigene Spezialliteratur zu den psychischen Folgen des Eisenbahnunfalls entstand. Man entdeckte, dass bei Reisenden, die einen solchen Unfall unverletzt überstanden, bald darauf psychische Störungen auftraten. Diese wurden erklärt mit der mechanischen Erschütterung des Rückenmarks. Als «Railway Spine» erhielt sie ihren Platz in der Diagnostik. Später stellte man fest, dass es sich gar nicht um die Folge der mechanischen Erschütterung handelte, sondern um den seelischen Schock, den das Unfallgeschehen im Menschen auslöste. Damit war ein neues Krankheitsbild geboren, die «traumatische Neurose».

Das ist im Buch einigermaßen ausführlich dargestellt. Ich erwähne es jetzt noch einmal, weil hier ein wichtiger Umschlag in meinem Denken liegt. Die Wegstrecke oder die Linie, die ich verfolgte, begann mit der handfesten Eisenbahn-Realität, wie sie in den Berichten der frühen Reisenden erscheint. Das führte mich bis zu dem Punkt, an dem die Medizin als wissenschaftliche Disziplin die weitere Führung übernahm, bis sie zu ihren Resultaten Railway Spine und Traumatische Neurose kam. Mir gefiel an diesem Verlauf, dass ich den Weg und die Wirkungen einer konkreten Sache – der Eisenbahn – von der äußeren Realität bis hinein in die Seele des Menschen verfolgen konnte.

In Ihrem Exkurs über die Geschichte des Schocks beziehen Sie sich auf Jahrhunderte der Militärgeschichte und der Militärmedizin. Die daraus gewonnene Definition lautet: «Mit Schock wird derjenige plötzliche und heftige Gewaltvorgang beschrieben, der die Kontinuität einer künstlich-mechanisch hergestellten Bewegung oder Situation durchschlägt, sowie der darauffolgende Zustand der Zerrüttung.» Das ist ziemlich weit entfernt von dem Schock-Begriff, der für Walter Benjamin ein Pfeiler seiner Theorie der Moderne war. Aber der spielt für Sie keine Rolle, obwohl Benjamin, darüber sprachen wir schon, für Ihre Generation der Wegweiser aus einer rein geisteswissenschaftlichen in eine materialistisch verankerte Literaturwissenschaft war.

Benjamins Schock-Begriff ist eher poetisch, oder meinetwegen poetologisch. Er hat ihn zuerst aus der Dichtung Baudelaires abgeleitet. Und er hat dafür seine idiosynkratische Schreibweise. Schock ist bei Benjamin stets «chok». Ein Wort, das an den französischen «choc» bei Baudelaire erinnert, aber eine reine Benjamin-Schöpfung ist. Dass die englische Schreibweise «shock» bei Benjamin nicht vorkommt, obwohl sie im 19. Jahrhundert auch außerhalb des Englischen üblich war, sagt einiges aus über seine Fixierung auf die Poesie und sein Desinteresse an der Realität. Wenn Benjamin und Baudelaire von der Moderne sprechen, meinen sie die Großstadt und ihren Rhythmus. Die Industrie und das Militär als die Energiekonzentrationen, auf denen die Moderne als Überbau sich erhebt, werden nicht wirklich betrachtet. Insofern war mir die medizinische Literatur des 19. Jahrhunderts über den Schock für meinen Weg heraus aus der reinen Literaturwissenschaft nützlicher als Benjamins «chok»-Begriff.

Exkurs: Ungeschriebene Bücher und unakademische Projekte

In der Rückschau gehören die drei Bücher über Eisenbahn, Genussmittel und künstliche Beleuchtung zusammen. Man könnte von einer Trilogie der Material-Geschichten sprechen oder von Ding-Geschichten. Von Geschichten über «die Arbeit der Dinge am Menschen», wie mein Freund Henning Ritter, Herausgeber der Reihe «Anthropologie» im Hanser Verlag, später Gründer und langjähriger Leiter des Ressorts Geisteswissenschaften in der *Frankfurter Allgemeinen*, das einmal nannte.

Das war mir damals aber nicht bewusst, und schon gar nicht war es beabsichtigt. Dagegen kam ich bald auf einen Begriff, der mir das, was ich anstrebte, ziemlich gut zu erfassen schien. Das war der Begriff der Konsumtion. Wie Marx ihn im «Kapital» herauf- und herunterdeklinierte und mit seinem Pendant, der Produktion, in dialektische Verbindung setzte, leuchtete mir wie wenige andere theoretische Axiome sofort ein. Jede Produktion ist aus der Sicht des Materials betrachtet eigentlich eine Konsumtion. Das schien mir der Schlüssel zu sein für alles, was sich zwischen den Dingen und den Menschen abspielt.

Die Tatsache, dass alle ökonomischen Theoretiker inklusive Marx selbst die Konsumtion nicht als Teil der Ökonomie betrachteten, sondern als etwas außerhalb von ihr

Geschehendes, schreckte mich nicht ab, sondern ermunterte mich. Wenn die Konsumtion aus der Ökonomie herausfiel, umso schlimmer für die Ökonomie, war meine Schlussfolgerung. Und umso besser für das Verstehen dessen, was sich physisch zwischen den Dingen und den Menschen abspielte.

Im Fall der Eisenbahn handelte es sich demnach um die Konsumtion des Produkts Transport und Geschwindigkeit durch den Menschen. Im Fall der Genussmittel um die jeweiligen biochemischen Wirkungen auf den Körper und Geist des Menschen. Im Fall von Gaslicht und elektrischer Beleuchtung darum, wie der Mensch diese neuartigen Lichtqualitäten aufnahm und verarbeitete und wie das bestehende kulturelle Gefüge von ihnen verändert wurde.

Mit dem Buch über die künstliche Beleuchtung kam ich an eine Grenze. Mein Plan war, anhand der medizinischen Quellen darzustellen, wie das neuartige Spektrum der technisch produzierten Helligkeit auf das menschliche Auge wirkte. Darüber sprach ich in meiner vollendeten naturwissenschaftlichen Ignoranz einmal vor einem medizinhistorischen Fachpublikum. Eingeladen hatte mich eine angesehene Medizinhistorikerin in Bern, die Autorin einer Studie über die Geschichte der traumatischen Neurose, mit der ich durch das Eisenbahnbuch in Kontakt gekommen war. Das Befremden der fachkundigen Zuhörer, einem Dilettanten wie mir ausgeliefert zu sein, stand knisternd im Raum. Ich hatte offensichtlich die Grenze meiner kulturwissenschaftlichen Kompetenz erreicht und überschritten und zog mich zurück.

Trotzdem war ich noch nicht bereit, mein neu entdecktes Territorium der Material- und Ding-Geschichte zu verlassen. Meinem nächsten Projekt gab ich den Arbeitstitel «Der Rock». Gemeint war damit nicht das weibliche Kleidungsstück, sondern das männliche, also das, was heute «Jackett» heißt. Der Rock war im 19. Jahrhundert das den Bürger zum Bürger machende Hauptkleidungsstück. Wie der Arbeiter äußerlich erkennbar war durch die Bluse – das damalige Wort für den Arbeitskittel –, so der Bürger durch den Rock. Marx nennt den Bürger nicht selten verkürzend einfach den Rock und bezeichnet die Begegnung von Bürger und Proletarier im Klassenkampf als das Gegenüber von Rock und Bluse. Schließlich erinnert sich jeder Leser des Marx'schen «Kapital» daran, wie im Kapitel über die Ware der Rock als das Beispiel für die Ware schlechthin erscheint. Für mich jedenfalls spielten diese Reminiszenzen sicherlich eine Rolle, als ich auf den Rock als Thema kam. Ein Eindruck, früher noch gewonnen als durch die «Kapital»-Lektüre, war mir der bürgerliche Rock als Akteur in der Französischen Revolution. Denn der Dritte Stand, der sich 1789 von den beiden anderen Ständen Geistlichkeit und Aristokratie absonderte und zur Vertretung der gesamten Nation erklärte, trat einheitlich im schwarzen Rock auf. Vor allem aber bot sich dieses Kleidungsstück mir an, weil die Kleidung als die zweite Haut des Menschen genau die Mitte zwischen dem Körper des Menschen und den äußeren Dingen bildet.

Mein Plan war, eine Geschichte des 19. Jahrhunderts als Geschichte des Rocks zu schreiben. Beschrieben werden sollte der Aufstieg des Rocks zur bürgerlichen Uniform und Rüstung im Zeitalter der Buddenbrooks und dann seine allmähliche Verkürzung oder Schrumpfung und sein Verschwinden im Jackett des Angestellten. Das schien mir eine sinnvolle und attraktive Weiterführung meiner Materialgeschichte zu sein, Stoffgeschichte im nunmehr wörtlichen Sinne.

Zwischendurch hatte ich sogar die Idee, damit aus dem

Ghetto des Buchformats herauskommen zu können. Ich schrieb an Dieter Sturm von der Schaubühne, denselben, der Jahre zuvor mit Hartmut Lange den Berliner «Kapital»-Lesekreis geleitet hatte. Meine Idee war, das Theater könne der geeignete Ort sein, den Rock als Darsteller vorzuführen. Also nicht als das vom Schauspieler getragene passive Requisit, sondern als eigene Präsenz, als eigener Körper. Vielleicht schwebte mir vor, an eine Szene anzuknüpfen, die mich Jahre zuvor in der Frühzeit der Schaubühne beeindruckt hatte. Das war die Eröffnungsszene in der «Tasso»-Inszenierung von Peter Stein, in der Bruno Ganz den Narzissmus des Helden als quasi-gymnastisches Exerzitium durchspielt. Das war von einer Intensität des Körperlichen, wie ich es nie zuvor und seither gesehen habe.

Ich stellte mir eine Inszenierung des Kleidungsstücks Rock etwa so vor, dass eine aus der Literatur bekannte Szene – wie Hamlets Monolog oder die Eröffnungsszene im «Tasso» – gleichsam anatomisch in ihre Bestandteile zerlegt würde. Alles in ihr, was keinen Bezug zum Rock hatte, würde eliminiert. Auf diese Weise würde eine Wirklichkeitsschicht herausgearbeitet, die in der normalen Theaterinszenierung natürlich auch mitwirkt, aber unsichtbar, weil von den anderen Schichten verdeckt. Zu Ende gedacht, würde eine solche Ding-Inszenierung hinauslaufen auf die Sichtbarmachung des Konkurrenzkampfs zwischen den verschiedenen Dingen, Teilen oder Ebenen, aus denen die Gesamtinszenierung sich zusammensetzt. Die Dinge verhalten sich letztendlich wie Schauspieler, von denen man ja auch sagt, dass sie einander an die Wand spielen.

Das war natürlich eine Schnapsidee, undurchführbar wie mein früherer Plan, die Spuren der neuen Lichtqualitäten von Gas und Glühlampe im menschlichen Auge nachzuweisen. Aber nach solchen Überlegungen oder, wie man auch sagen könnte: Gedankenexperimenten konnte ich mir konkreter als vorher vorstellen, wie Kostümbildner die Welt als Kleiderkosmos erleben. Später kam ich auf diese Fragestellung zurück in meinem «Versuch über die Konsumtion». Da war es dann nicht mehr der Rock, der mich als gleichberechtigter und gleichaktiver Partner des Menschen interessierte, sondern der Schuh. Man lese nach, was Balzac, Flaubert und Knut Hamsun über ihr Schuhwerk schrieben, und man kann nachvollziehen, wie intensiv und intim sie die wechselseitige Durchdringung als wechselseitige Aneignung erlebten.

Das zweite Projekt neben dem Rock war die Schreibfeder. Ein neues Projekt zu beginnen, während ich noch am alten arbeitete, war mir schon immer eine bevorzugte Methode. So hatte ich, während ich meine Dissertation über das nachbrechtische Drama schrieb, das Eisenbahnthema bereits in der Pipeline, wie es amerikanisch heißt. So eine Gleichzeitigkeit sorgt dafür, dass man sich nicht allzu sehr dem gerade anstehenden Thema hingibt und alles andere vernachlässigt. Ebenso war mir während des Schreibens am Eisenbahnbuch die Beschäftigung mit dem Genussmittelthema hilfreich. Eine Art Entspannungsübung mit unerwarteten Denkanstößen aus ganz neuen Richtungen.

Neu war nun, dass ich die Schreibfeder als nächstes Thema anging, ohne das Rock-Thema wirklich in Gang gebracht zu haben. Beide liefen parallel und blieben virtuell. Gleichsam ohne Boden unter die Füße oder die Füße auf den Boden zu bekommen. Ich las mich zwar in die vorhandene Literatur einigermaßen gründlich ein. Aber es kam nie zum Abheben oder vielmehr: zum Eintauchen in die Quellenliteratur. Offenbar merkte ich gerade noch rechtzeitig, dass ich dabei war, das Verfahren weiterzuführen, das ich in den drei ersten Büchern erschöpft hatte. Das Handtuch zu werfen war eine große Resignation. Aber in der Rückschau sehe ich Sinn und Notwendigkeit auch solcher Abbrüche.

Doch mit dem Rock und der Schreibfeder hatte ich mich immer näher an mein eigentliches Thema herangearbeitet. Und das war nicht die Technik und das Ding als solches, sondern die Interaktion zwischen den technisch produzierten Dingen und dem Menschen. Der Rock war etwas, das dem Menschen im wörtlichen Sinne schon näher auf den Leib rückte als die Eisenbahn. Die Schreibfeder trieb das auf die Spitze. Und zwar wiederum im wörtlichen Sinne. Denn in der Spitze der Feder fand der vom Menschen in Gang gesetzte Schreibvorgang seinen Abschluss. Die Feder war bis zur industriellen Revolution der Gänsekiel. Der war das Pendant zum Reitpferd und zur Postkutsche. Als die Gänsefeder im 19. Jahrhundert durch die massenindustriell hergestellte Stahlfeder ersetzt wurde, war das der erste Schritt zur Mechanisierung des Schreibens. Diesen Prozess wollte ich nach dem Modell der Eisenbahnreise darstellen. Von Friedrich Kittler, der wenige Jahre später seine bahnbrechende Arbeit zu den Aufschreibsystemen veröffentlichte, hatte ich nie gehört.

So endeten meine Material- und Dinggeschichten in dem ungeschriebenen Buch über die Schreibfeder, das dem Intellektuellen am engsten verbundene Handwerkszeug. Das war die Sackgasse, aus der mein Interesse an der Industrialisierung des Menschen keinen Ausweg mehr fand. Es war aber eine segensreiche Sackgasse, oder vielmehr ein Sackgassen-Warnschild. Denn wäre ich auf diesem Weg weitergegangen, wäre ich wahrscheinlich ein Opfer meiner eigenen Masche geworden, mein eigener Fachidiot. Aller guten Dinge sind höchstens drei wie die Anzahl der im Märchen zugelassenen Wünsche. Meine Wiederholungsphobie hatte sich in diesem Fall bewährt.

Just an diesem Punkt eröffnete sich aber ein unerwarteter neuer Weg. Aus der Hessischen Staatskanzlei kam die Anfrage, ob ich bereit sei, eine Geschichte der jüdischen Intellektuellen in Frankfurt in den 20er Jahren zu schreiben. In der Reihe «Hessen-Bibliothek», herausgegeben und finanziert von der Landesregierung, sollte das Buch erscheinen. Einige jüngere Mitarbeiter in der Staatskanzlei, die diese Reihe betreuten, hatten das Eisenbahnbuch gelesen und seinen Autor offenbar für dieses ja völlig technikferne Thema geeignet gehalten. Das war mir zwar rätselhaft. Aber da ich in Frankfurt aufgewachsen war, reizte mich das Thema. Und es reizte mich die Aussicht, nun nicht mehr nur in Bibliotheken zu forschen, sondern auch in Archiven, und in persönlichen Begegnungen überlebende Zeitzeugen kennenzulernen.

Da viele, ja die meisten dieser Zeugen in den USA lebten, sah ich darüber hinaus die Möglichkeit, Amerika aus einer neuen historischen Perspektive zu sehen. Ein Wort noch zur Eingrenzung des Themas auf die jüdischen Intellektuellen. Das wurde Gott sei Dank als Verirrung erkannt und fallengelassen. Es war ein schönes Beispiel für den Zeitgeist in der Bundesrepublik, in dem nicht selten die Kategorien der Nazis in aller Unschuld bloß philosemitisch umgepolt erschienen.

Das Angebot der Hessischen Staatskanzlei war ein doppelter Glücksfall. Es half mir bei dem Spurwechsel von den dinggeschichtlichen Interessen zu kulturwissenschaftlichen, einem Spurwechsel, dessen Notwendigkeit ich spürte, der jetzt aber ins Werk gesetzt wurde. Und natürlich war es auch ökonomisch sehr willkommen. Denn ich war ja nie institutionell eingebunden in eine Universität oder ein Forschungsinstitut, das meine Arbeit bezahlt hätte. Ich war zeit meines Lebens «Privatgelehrter». Es ist zuletzt immer gutgegangen, aber ohne Probleme blieb es natürlich nicht.

Ich fing an mit Stipendien. Nach der Promotion erhielt ich vom Berliner Luftbrückengedenk-Fonds ein Stipendium für einen Jahresaufenthalt in den USA für mein Eisenbahnprojekt.

Weitere Versuche, meine Arbeit über Stipendien zu finanzieren, waren erfolglos. Das heißt, sie waren in Deutschland erfolglos. Der letzte Antrag bei der Deutschen Forschungsgemeinschaft (DFG) auf ein Habilitationsstipendium wurde abgelehnt mit der Begründung, der Dr. Schivelbusch sei zwar ein Einfallsreicher usw., aber für die Lehre, die ja das Ziel einer Habilitation sei, untauglich. Und tatsächlich habe ich mich immer gern mit Studenten unterhalten, aber nie unterrichtet und es auch nicht vermisst.

Etwas erfolgreicher waren meine Bemühungen bei amerikanischen Stiftungen. Von der Guggenheim Foundation und dem National Endowment for the Humanities erhielt ich jeweils ein Jahresstipendium. Es wurde mir aber schnell klar, dass ein Stipendium für jeweils ein Jahr – und das war in Amerika das Maximum – keine Lösung für einen über 30-Jährigen war. Irgendwie entdeckte ich dann im deutschen wissenschaftlichen Förderungssystem die Nische, die für mich wie geschaffen schien. Ihr Name war «Projektförderung». Das lief über die sogenannten Drittmittel im Universitätsbetrieb. Also die Finanzierung von Forschungsprojekten durch außer- oder überuniversitäre Institutionen wie die DFG oder große Stiftungen. Im Normalfall beantragt ein Lehrstuhlinhaber solche Mittel für ein Forschungsvorhaben seines Instituts. Möglich war und ist aber auch, einen Antrag für einen nichtuniversitären Projektbearbeiter zu stellen. Nicht möglich war und ist bis heute, dass ein außeruniversitärer Einzeltäter wie ich für sich selber einen solchen Antrag stellt. Ich musste also einen Lehrstuhlinhaber finden, der einen solchen Antrag für mich stellte.

Dass ich selber dabei nicht als Autor meines Projekts, sondern nur als Sachbearbeiter erschien, befremdete mich anfangs etwas, störte mich aber nicht weiter. Solange die antragstellenden Lehrstuhlinhaber merklich älter als ich waren, erschien dieses Verhältnis sogar natürlich. Erst als ich immer älter und sie immer jünger wurden, kam es zu einer Asymmetrie, die ich aber fast mit Genuss auslebte. Ich meine das patriarchalische Professoren-Assistenten-Verhältnis, in dem der eine (d. h. der Zweite) die Arbeit macht und der andere die Ernte einfährt. Was ich genoss, war die ironische Inversion dieses Verhältnisses. Wobei ich jetzt nicht einmal sagen kann, wieso ich das ironisch fand. Jedenfalls war es mir sehr viel angenehmer als eine feste Stelle, die ich sowieso nie erhalten hätte.

Die Projektfinanzierung war meine Form der Teilnahme am Wissenschaftsbetrieb: Einkommen ohne Anstellung und ohne Verpflichtung außer der, am Ende ein Buch vorlegen zu müssen. Heute würde man das wahrscheinlich eine Form des Prekariats nennen. Und hätte ich durchweg in Deutschland gelebt, dann hätte ich das vielleicht so erlebt. Aber ich verbrachte ja den größeren Teil des Jahres in Amerika. Das ermöglichte mir einen distanzierten Blick auf das in Deutschland herrschende Ideal der festen Anstellung und der Verbeamtung. Was nicht heißt, dass es im amerikanischen Universitätsbetrieb leichter und lockerer zuging.

Der Kampf um «Tenure» – das amerikanische Pendant zur Verbeamtung – wurde und wird vielleicht noch erbitterter geführt als in Deutschland. Das merkte ich an den Fragen der amerikanischen Studenten, wenn ihr Professor mich als «independent scholar» vorstellte. Sie konnten sich nicht vorstellen, dass einer ohne «Tenure» wissenschaftlich überlebte, und waren begierig zu hören, wie ich das machte. Ich hatte manchmal den Eindruck, dass das, was ich dazu sagte, für sie wichtiger war als mein Vortragsthema.

Mit der Form der Projektfinanzierung durch wissenschaftliche Stiftungen, im Klartext: Drittmittel, blieb ich mit dem Wissenschaftsbetrieb in Verbindung. Aber es gab Bücher, die außerhalb und unabhängig vom akademischen Betrieb entstanden, wie das schon erwähnte über die Frankfurter Intellektuellen im Auftrag der Hessischen Landesregierung. Ein anderes ging auf die Anfrage der Beleuchtungsfirma Erco zurück, ob ich mir vorstellen könne, ein Buch über künstliches Licht im 20. Jahrhundert zu schreiben. Ich hatte den Namen Erco nie gehört und dachte, es gehe um Werbung oder Public Relations. Es ging aber um mehr. Erco war und ist noch heute ein weltweit operierender Hersteller von Lichtarchitektur und Beleuchtungsdesign, eine echte Größe seiner Branche. Und vor allem ein Unternehmen, das sich der kulturellen Bedeutung seines Produkts bewusst ist. Die Anfrage kam vom Chef selbst, Klaus Jürgen Maack. Ich erwähne den Namen, weil er meine Vorstellung vom Unternehmer über den Haufen warf. Statt der Charaktermaske, die ich nach meiner früheren Marx-Lektüre erwartet hatte, lernte ich einen Mann kennen, der das, was sein Unternehmen produzierte, mit einem persönlichen Engagement und einer Leidenschaft vorantrieb, wie man sie in der Wirtschaft selten findet. Er sah seine Firma in der Tradition der AEG von Emil Rathenau. Was Peter Behrens für die AEG war, das war für Erco Otl Aicher. Otl Aicher war der große alte Mann im deutschen Nachkriegsdesign. Und übrigens auch der Ehemann von Inge Scholl, der letzten Überlebenden der Geschwister Scholl. Die beiden lebten und arbeiteten mit ihrem Mitarbeiterstab in einem ehemaligen Bauernhof im Allgäu, der nun ein mit der modernsten Technik ausgestatteter Atelierkomplex war. Das Gespann Klaus Jürgen Maack und Otl Aicher hat bis heute seinen festen Platz in meinem Weltbild als die gelungene Symbiose von künstlerischer und ökonomischer Kreativität.

Das Projekt hat mir damals eine ganz neue Perspektive eröffnet. Das Buch erschien als großformatiger Bildband in einem seriösen Architekturverlag. Es war nicht etwa eine gratis verteilte Firmenbroschüre, es war der Versuch eines Industrieunternehmens, sein Produkt nicht nur als Gegenstand der Ökonomie, sondern als Teil der allgemeinen Kultur zu sehen. Das war ziemlich genau das, was auch ich mit meinen Büchern zur technischen und materiellen Kultur im Sinn hatte. Mit schien es naheliegend, die beiden Bereiche zusammenzubringen. Sie an den Punkt zurückzuführen, an dem sie einmal zusammen waren. Das war das alte, mittelalterliche oder frühneuzeitliche Handwerk, das individuelle Produkte herstellte, Qualitätskriterien festlegte und einen eigenen Stolz ausbildete. Dieser Stolz ging verloren in der Massenproduktion der Industrialisierung, die ihn durch die Verkettung Produktion –> Profit –> Macht ersetzte.

Ich will jetzt nicht über die stets und ständig wiederkehrenden Versuche der Moderne sprechen, handwerkliche Tradition und industrielle Verfahren miteinander in Einklang zu bringen. Mir geht es darum, ein Bewusstsein dafür zu schaffen, dass jeder millionenfach produzierte und konsumierte Gegenstand eine Macht über den Menschen und die Zivilisation hat, von der das alte Handwerk nie hätte träumen können. Jedes Industrieprodukt ist ein Akteur, der durch seine bloße Benutzung Millionen von Menschen in ihrem körperlichen und geistigen Sein nachhaltiger formt und beeinflusst als alle Talkshows und Politikerreden zusammen. So etwa hätte ich im Anschluss an das Buchprojekt der Firma Erco mein Programm einer Kulturgeschichte der Industrieprodukte formuliert. Aber daraus wurde nichts. Ich entdeckte bald, dass eine Unternehmerpersönlichkeit wie der Chef von Erco eine offenbar einmalige Erscheinung in der deutschen Wirtschaft war.

Also ging es wieder los und weiter mit projektfinanzierten Büchern. Aber das soll nicht nach Routine und Resignation klingen. Für Abwechslung und Spannung sorgte schon die Tatsache, dass Projektanträge auch abgelehnt wurden. Und nicht zu knapp. Jede Ablehnung eines Projektantrags ist entgegen allen anderslautenden Versicherungen eine Zurückweisung. Und je älter man wird, umso empfindlicher wird man.

Ich erlebte allerdings einmal einen Moment, der mich zuversichtlich machte. Das war, als ich im Zusammenhang mit einem Projekt die Volkswagenstiftung in Hannover besuchte. Im Gespräch mit dem für Geistes- und Sozialwissenschaften zuständigen Abteilungsleiter kam die Sprache auch auf das Kuratorium, also das höchste Stiftungsorgan, das letztlich über die Anträge entscheidet. Im Kuratorium sitzen ähnlich wie in den Rundfunkräten Vertreter der Politik, der Wirtschaft, der Gewerkschaften, der Wissenschaft. Ich fragte, ob es möglich sei, den Raum zu sehen, in dem diese Entscheidungen fallen. Es war möglich.

Und ich erhielt sogar eine Antwort auf meine nächste

Frage: ob er, der als Abteilungsleiter in den Sitzungen ja stets anwesend war, irgendein Muster oder eine Eigentümlichkeit im Entscheidungsprozess beobachtet habe. Seine Antwort: Geisteswissenschaftliche Projekte jenseits des Üblichen würden von den geisteswissenschaftlichen Kuratoriumsmitgliedern prinzipiell mit großem Misstrauen betrachtet und im Zweifelsfall abgelehnt. Ganz anders die Naturwissenschaftler. Die seien offen für Experimente auch außerhalb der bekannten Programme und Methoden.

Mein Gesprächspartner erklärte das damit, dass das Experiment in den Naturwissenschaften die Basis schlechthin und der Ausgangspunkt für alles Weitere ist. Ich hatte noch einen anderen Verdacht, nämlich den, dass die Zurückhaltung der Geisteswissenschaftler sich vielleicht durch ihr mangelndes Selbstbewusstsein gegenüber den Naturwissenschaften erklärt.

Frankfurter Intellektuelle

Lassen Sie uns über die Produktionsphase sprechen, die mit dem Buch «Intellektuellendämmerung» beginnt. Damit wurde ja die Spur gewechselt. Sie begannen mit Studien zur materiellen Kultur: Eisenbahn, Genussmittel, künstliche Beleuchtung. Nun plötzlich geistes- oder, wie es jetzt heißt: ideengeschichtliche Fragen. Was ist da passiert?

Für mich waren die 70er Jahre ein wichtiges Jahrzehnt. Die Zeit, in der das gute Amerika, das die Welt vom Bösen des Faschismus befreit hatte, seine Seele verlor. Dass es die Verkörperung des Guten nur für meine ziemlich ahnungslose Generation war, merkten wir erst mit großer Verspätung. Die inneramerikanische Opposition gegen den Vietnamkrieg verdeckte die Einsicht, dass der amerikanische Imperialismus nicht ein Betriebsunfall der Nation war, sondern nur das letzte Glied in einer langen Kette von Aggressionen im Innern wie nach außen. Es gibt einige interessante Studien darüber, wie im Vietnamkrieg bestimmte Praktiken der Indianerkriege des 19. Jahrhunderts wiederauftauchten. Dass ich die amerikanische Antikriegsbewegung in ihren letzten Ausläufern Anfang der 70er Jahren noch erleben konnte, erscheint mir heute als wichtiger Baustein meiner persönlichen Amerikageschichte, gerade im Unterschied zu der öffentlichen Apathie, die 30 Jahre später herrschte, als die Bush-Regierung den Irakkrieg vom Zaun brach, einen reinen Aggressionskrieg.

Als Mitte der 70er Jahre der Vietnamkrieg zu Ende ging, begann die mit den Namen Agnew – den heute niemand mehr kennt –, Ford und Carter verbundene Periode des Interregnums. Nixon war dem Impeachment wegen der Watergate-Affäre nur durch seinen erzwungen-freiwilligen Rücktritt entgangen. Sein Vizepräsident, der eigentlich Nachfolger hätte werden müssen, der eben erwähnte Spiro Agnew, war wegen schwerer Korruptionsvorwürfe bereits zurückgetreten. Ihm folgte als Vizepräsident im Herbst 1973 Gerald Ford, der im Sommer 1974, als Nixon zurücktrat, Präsident wurde. Er ist in die Geschichte eingegangen als der Mann, der beim Verlassen des Flugzeugs zu einem Staatsbesuch in Österreich über die eigenen Beine stolperte und vor den versammelten Honoratioren der Länge lang hinfiel. Wiedergewählt wurde er nach zwei Jahren Amtszeit nicht.

Nicht besser erging es Jimmy Carter, der ebenfalls nach nur einer Amtszeit im November 1980 abgewählt wurde. Mit der Norm, bei auch nur einigermaßen ordentlicher Amtsführung wiedergewählt zu werden, war es vorbei. Mich erinnerte dieser ungewöhnliche Zustand an das Drei-Kaiser-Jahr 1888, als im Deutschen Reich innerhalb von 99 Tagen die Thronfolge vom Großvater auf den Enkel überging.

Amerika bot das Bild eines torkelnden Riesen. Nachdem das Land im Vietnamkrieg die zwar erfolglose, aber auch in der Aggression unbestrittene Supermacht gewesen war, bot es nun zunehmend ein Bild der Orientierungs- und Hilflosigkeit. In dieser Zeit begann die Verdauung des Brockens Vietnam. Nachdem der Krieg zu Ende gegangen war, und auch dafür gab es wieder ein eindrucksvolles Sinnbild: die Flucht per Hubschrauber vom Dach der Botschaft in Saigon – per Hubschrauber wohlgemerkt!, denn der Hubschrauber war die den Vietnamkrieg charakterisierende Waffe, wie es der Panzer für den Zweiten Weltkrieg gewesen war –, nachdem also der Vietnamkrieg zu Ende gegangen war, begann für Amerika eine Kette von Demütigungen. Der Sturz des Präsidenten Ford auf Staatsbesuch war nur eine der zahlreichen Peinlichkeiten dieses etwas ungeschickten Mannes. Aber er wurde registriert. Dann kam die Besetzung der amerikanischen Botschaft in Teheran durch antiamerikanische Studenten im November 1979. So etwas, die planmäßige Verletzung der Unantastbarkeit der Gesandten, hatte es noch nie gegeben. Und nun die Botschaft der Weltmacht Amerika, ungehindert, ungestraft! Das zog sich über mehr als 14 Monate hin, 444 Tage! Im Fernsehen die täglichen Bilder des Botschaftspersonals, das der Öffentlichkeit vorgeführt wurde, so wie zu Zeiten des Vietnamkriegs die tägliche Berichterstattung aus Vietnam. Eine Inszenierung der Ohnmacht und Hilflosigkeit des eben noch Mächtigen. Schließlich der Höhepunkt, als Carter sich zur Befreiung der Geiseln mit einer Hubschrauber-Aktion entschloss. Schon wieder Hubschrauber! Es war wie eine Nemesis des verlorenen Krieges, als dieses Kommando wegen Maschinenschadens in der Wüste weit entfernt von seinem Ziel scheiterte. Eine zusätzliche Demütigung bestand darin, dass die Minimächte Israel und Deutschland kurz zuvor ähnliche Geiselbefreiungsaktionen mit vollem Erfolg durchgeführt hatten.

Wie haben Sie das denn erlebt? Wie reagierten Ihre Freunde und Bekannten? Wurde das auf der Straße diskutiert?

An einem meiner damaligen Gesprächspartner, Michael Shulan, der später eine Rolle in der Erinnerungskultur zum 11. September spielen sollte, habe ich das gespürt. Er war der Typ des in Harvard sozialisierten amerikanischen Sunnyboys, der während des Vietnamkriegs noch zu jung für ernsthaften politischen Protest war und den ich als permanenten Ironiker kennengelernt hatte. Er hätte sich wahrscheinlich in dem zynischen Intellektuellenmilieu im Berlin der 20er Jahre wohlgefühlt. Der zeigte sich nun ernsthaft betroffen. Eine andere Szene erlebte ich in der Tiefebene der U-Bahn-Station am Times Square. Eine Szene, die nicht direkt mit der politischen Demütigung Amerikas zu tun hatte, sondern eher mit dem damals fortgeschrittenen Niedergang der Stadt New York. Aber beides gehörte zusammen. Diese Tiefebene, «Concourse» genannt, war der Hauptknotenpunkt des New Yorker Fußgänger- und U-Bahn-Benutzerverkehrs. Tagtäglich und allnächtlich ein ständiges Strömen und Wimmeln. Die Szene, die ich nicht vergessen werde, spielte sich um zwei Uhr nachts ab. Da war der Verkehr zwar weniger stark als tagsüber, aber man spürte die Weltstadt. Und dann geschah dies: Einer der hier sich wärmenden *bums*, also Obdachlosen, zog ruhig seine Hose herunter, begab sich in Hockstellung und defäkierte. Zwei junge Frauen, die wie ich vorbeigingen, empörten sich nicht, sondern riefen fast fröhlich, die Melodie des Schlagers intonierend: «New York! New York!»

Aber zurück zum Teheraner «Geiseldrama», wie es damals hieß. Es kostete Jimmy Carter seine Wiederwahl und brachte Ronald Reagan die Präsidentschaft ein. Carters

Pech wurde Reagans Glück. Denn irgendwie, ich erinnere mich nicht mehr an die Einzelheiten, ließ das Regime Khomeinis die Geiseln von sich aus frei. Wahrscheinlich wurde das als Gnadenakt bezeichnet. Und der Rest der Welt sah das auch so.

Die Amerikaner aber, die diesen Gnadenerweis nach den vorangegangenen Demütigungen eigentlich als den Tiefpunkt der nationalen Ehre hätten empfinden müssen, reagierten, als sei nichts geschehen. Mehr noch, sie taten, als sei die vom Gegner gnädig gewährte Freilassung der Geiseln ein Sieg. Ich konnte es nicht fassen, dass die berühmte Konfettiparade über den Broadway, mit der nach dem Ersten und Zweiten Weltkrieg die Heimkehr der siegreichen Truppen gefeiert wurde, nun den mit eingezogenem Schwanz zurückkehrenden Geiseln dargebracht wurde. Eine Niederlage als Triumph zu inszenieren, diese Verkehrung der Wirklichkeit in ihr Gegenteil, lange vor der späteren Wende hin zu den Fake News, war mir völlig unbegreiflich.

Sie haben das als pathologische Wirklichkeitsverkennung wahrgenommen?

Soweit ich es mitbekam, bemerkten die Amerikaner das überhaupt nicht. Sie befanden sich in einem Zustand der Trance. Einem «Traumland», wie Ernst Troeltsch Deutschland in den ersten Wochen nach dem Waffenstillstand 1918 beschrieben hat. Und wie im Jahre 1945 die Deutschen den amerikanischen Soldaten erschienen sind. Wankende Gestalten, als hätten sie gerade einen Schlag auf den Kopf bekommen. Ich glaube, dieses Bild stammt von Walter Benjamin, der damit den Zustand Charlie Chaplins nach einem derartigen Schlag beschrieben hat.

Vielleicht auch die Assoziation Richard III., der auf dem Schlachtfeld herumirrt und in seiner Hilflosigkeit sein Königreich für ein Pferd bietet?

Exakt. Der Moment, in dem der Tyrann fällt, bringt im Zuschauer den Umschwung von Furcht und Hass zu Mitleid und fast sogar Empathie. Empathie mit dem geblendeten Polyphem, der nach seiner Niederlage nicht mehr weiterweiß.

War es ein Epochenwechsel, den Sie als solchen gleich wahrgenommen haben? Zum Epochenwechsel gehört doch, dass er erst aus der Rückschau in seiner Bedeutung zu erkennen ist.

Nicht so schlagartig jedenfalls wie beim Anschlag auf das World Trade Center. Das war ein Moment, in dem jedem sofort klar war: Hier passiert etwas, das nicht vergessen werden wird und von dem eine neue Epoche der Weltgeschichte ausgeht. Das Teheraner Geiseldrama zog sich als tägliche nationale Demütigung über Wochen und Monate hin. Der Unterschied zum 11. September war der zwischen dem langsamen Sterben im Krankenhaus, das es allen Beteiligten ermöglicht, sich auf die neue Lage einzustellen, und einem völlig unerwarteten Unfalltod.

Der Traumlandzustand Amerikas wurde dann mit der Präsidentschaft Ronald Reagans beendet. Wobei ich zur Vermeidung eines Missverständnisses hinzufügen muss, dass Ernst Troeltsch mit dem «Traumland» der Jahreswende 1918/19 den damals auf die Zukunft gerichteten Optimismus meinte, während die Stimmung nach Vietnam und der Teheraner Botschaftsbesetzung eher eine kollektive Traumatisierung war.

Als Reagan die Präsidentschaftswahl gewann, war das für den linksliberalen Teil der Gesellschaft ein neues Trauma. Sozusagen ein klassenspezifisches Trauma. Das konnte ich aus nächster Nähe beobachten, weil mein Freundes- und Bekanntenkreis ausschließlich aus Linksliberalen bestand.

Für sie wie übrigens auch für mich war Reagan der rechtsextreme Buhmann. Der Cowboy im Weißen Haus, dem man zutraute, den Kalten Krieg in einen Heißen zu verwandeln. Man hatte echte Angst vor ihm. Ich vermute, dass die Wahl Nixons zehn Jahre zuvor ähnlich erlebt worden war. Aber dann geschah, wie wir jetzt wissen, nichts dergleichen. Seiner großen Ankündigung, dem Reich des Bösen, also Russland, den Garaus zu machen, folgte die Invasion des winzigen karibischen Inselstaats Grenada im Oktober 1982, in dem irgendein linker Politiker an die Macht gekommen war. Das war reine Symbolik, ähnlich wie die Konfettiparade zum Empfang der «befreiten» Geiseln wenige Monate zuvor. Aber wie sich bald zeigte, stabilisierte diese Aktion das angeschlagene amerikanische Selbstbewusstsein. Es bedurfte dann nur noch des realen Superaufrüstungsprogramms, das vom Kongress ohne Widerstand gebilligt wurde, sowie der neoliberalen Wirtschaftsreformen, und Amerika stand wieder da, als habe es das Vietnamdesaster nicht gegeben. Inzwischen gilt Reagan auch unter den Liberalen, die ihn anfangs für die Inkarnation des Bösen hielten, als großer Präsident.

Jetzt haben wir uns von der Ausgangsfrage sehr weit entfernt. Es ging um den «Spurwechsel» in Ihrer Arbeit. Sie hatten drei Bücher über das, was man materielle Kultur nennt, geschrieben, über die Eisenbahn, über Genussmittel und künstliche

Beleuchtung. Das waren keine Sachbücher im traditionellen Sinn des Gegenstands, sondern Darstellungen, wie diese Dinge den Menschen und die Kultur verändert haben. Bei den nächsten Büchern standen nicht mehr ein Ding, handfeste materielle Gegenstände im Mittelpunkt, sondern der Mensch und sein Erleben. Auf die einfachste Formel gebracht, wechselten Sie von der Dingwelt zur Menschenwelt oder, wenn Sie das Wort vorziehen: zur Geisteswelt, im Sinn der klassischen Geistesgeschichte. Was ist da passiert?

Mir liegt auf der Zunge zu antworten, dass ich mich nach den drei Büchern zur materiellen Kultur in einer ähnlichen seelischen Disposition befand wie Amerika nach dem Vietnamkrieg. Nämlich einem Zustand der Orientierungs- oder Richtungslosigkeit.

Vielleicht war es dieser Zustand, der mir die Anfrage der Hessischen Landesregierung so willkommen machte: ein Buch über die Frankfurter Intellektuellen in den 20er Jahren zu schreiben. Ein Buch über Intellektuelle, auf diese Idee wäre ich von mir aus nie gekommen. Denn das war ja eine Rückkehr zur universitären Literatur- und Geistesgeschichte, vor der ich mich in die Geschichte der Dinge geflüchtet hatte. Aber es wurde eine Rückkehr unter völlig anderen Umständen. Mit dem Eintauchen in die Dinggeschichte hatte ich das geistesgeschichtliche Ich in mir erfolgreich ertränkt. Wie jede symbolische Ertränkung eine Läuterung und den Wechsel in ein anderes Dasein bedeutet, so lebte ich in meinen materialgeschichtlichen Büchern dieses Bedürfnis nach Konkretion aus. Unweigerlich kam dann aber der Punkt der Sättigung und der Revision. Mitzuerleben, wie die Supermacht Amerika ins Straucheln geriet, das war eine existenzielle Lektion ersten Ranges.

Macht und Geist stehen offenbar in einem umgekehrt proportionalen Verhältnis zueinander. Solange die Macht unangefochten ist, bleibt dem Geist nur die Rolle des Hofnarren. Aber wenn die Macht in die Krise gerät, verkehren sich die Rollen. Dann wird aus dem kleinen, hässlichen und ohnmächtigen Geist plötzlich die souveräne Instanz, der gegenüber die strauchelnde Macht eine klägliche Figur abgibt.

Das spielt sich alles nur in der Einbildung der Intellektuellen ab. Aber für deren labiles Selbstbewusstsein sind solche Phasen in der Geschichte der reine Balsam. Und schließlich finden sich diese Rochaden ja auch in jeder Revolution der realen Welt. Etwa wenn eine von Intellektuellen geführte Guerillabewegung wie die von Ho Chi Minh in Vietnam, Fidel Castro in Kuba oder Lenins Bolschewiki die Revolution, die sie zuvor im Kopf formuliert haben, in die Wirklichkeit hineintragen. Auch der Ajatollah Chomeini, der Amerika aus dem Iran warf, lebte zuvor als namenloser Exilant in Paris. Der gewöhnliche Intellektuelle wird nur selten ein Revolutionär und noch seltener ein erfolgreicher. Aber wenn die Macht, unter der er lebt, fällt, ist das für ihn ein eigentümlicher Triumph. Man kann das als Schadenfreude abtun. Ich ziehe es vor, darin eine Kompensation für die vorausgegangene Missachtung zu sehen.

Das wäre also Ihre persönliche Position zum Verhältnis von Macht und Geist. Aber in Ihren Büchern geht es mehr um Personen. Darum, wie die Intellektuellen mit der ihnen fremden Realität zurechtkommen. Brecht benutzt irgendwo das Bild vom Intellektuellen und dem Brotkorb, der sich hebt und senkt, und den dieser Bewegung folgenden, d. h. sich an passenden Argumenten des Intellektuellen. Das ist reine marxistische Basis-Überbau-Theorie, die Sie in Berlin in den 60er Jahren gelernt, aber dann auch dort zurückgelassen hatten. Hat Sie das nach Ihrer dinggeschichtlichen Phase etwa wieder eingeholt?

Vielleicht war es eher so, dass ich das, was die Dinggeschichte mich gelehrt hatte, nun in die Geistesgeschichte hinübertrug. Also die Strategie, Gott im Detail zu suchen. Das hatte ich bei Szondi lernen können und habe es vielleicht auch von ihm gelernt. Aber in der dünnen Luft der Literaturwissenschaft und Philosophie wurde das für mich nicht fruchtbar. Weshalb ich ja auch die Flucht ergriff und in der konkreteren Welt der Technikgeschichte Fuß zu fassen suchte. Was im ersten Anlauf, wenn ich der Rezeption trauen kann, auch gelungen schien. Aber was ich nicht erkannte: Ich war ein typischer Novize darin, meine Neuentdeckung so leidenschaftlich und ausschließlich zu umarmen, dass ich darüber vergaß, dass ich die Eisenbahn und die Glühbirne ja gar nicht technikgeschichtlich behandelte, sondern kultur- und geisteswissenschaftlich.

Meine Aversion gegen die Literaturwissenschaft hatte also nur dazu geführt, den Gegenstand zu wechseln. Die Methode war offenbar davon nicht betroffen. Jedenfalls war ich vollkommen überrascht, von den Leuten in der Hessischen Staatskanzlei zu hören, sie seien durch mein Eisenbahnbuch auf die Idee gekommen, mich mit einem Buch zur Geschichte der Frankfurter Intellektuellen zu beauftragen.

Statt Maschinengeschichte Menschengeschichte, das ist ja unbestreitbar etwas ganz anderes.

Ich habe ja eben von meinem Missverständnis, dem Selbstmissverständnis gesprochen, meine ersten Bücher für Technikgeschichte und Materialgeschichte gehalten zu haben, während sie in Wirklichkeit doch Menschengeschichte waren. Nur eben Menschengeschichte in einer technisierten Welt. Meine Quellen waren die Fachliteratur der verschiedenen Disziplinen: Ökonomie, Ingenieurwissenschaften, Medizin, Psychologie. Dazu persönliche Zeugnisse in Tagebüchern, Briefen, journalistischen Texten aller Art. Und schließlich, wo es sich anbot, auch die sogenannte schöne Literatur. All das in gedruckter Form. Das war für diese Zwecke eine vollkommen ausreichende Quellenbasis, da mich ja nicht bestimmte Personen und ihre Schicksale interessierten, sondern die Gattung des *Homo industrialis*. Das änderte sich nun mit dem Wechsel von der Ebene des Einflusses der Technik auf den Menschen auf die Ebene des Einflusses der Menschen aufeinander. Letzteres ist bekanntlich identisch mit dem vorhin angedeuteten Verhältnis von Macht und Geist.

Wie hat sich dieser Wechsel der Ebenen oder vielleicht besser: das Betreten des neuen Territoriums, auf Ihre Arbeitsweise ausgewirkt? Wenn Ihre Art der Technikgeschichte immer schon auch Menschengeschichte war, dann hätten Sie doch eigentlich wie gehabt mit gedruckt vorliegendem Quellenmaterial arbeiten können. Aber so war es ja wohl nicht.

Meine Arbeits- und Erlebniswelt für die ersten Bücher waren die Bibliotheken. Nun tat sich die ganz andere Welt der

Originaldokumente auf. Das war für mich ein Sesam-öffne-dich-Moment. Jeder ordentliche Historiker lernt gleich zu Beginn seines Studiums, wie man nüchtern und wissenschaftlich mit Originaldokumenten umgeht. Das wird ihm bald zur Routine. Für mich als Späteinsteiger und Anfänger wurde die erste Begegnung mit einem Originaldokument zu einem einschneidenden Ereignis. Ich übertreibe nicht: Ich erlebte das als die Begegnung mit einem Stück auferstandener Vergangenheit. Der Wiederkehr oder Wiederbelebung des vergangenen Moments, den das Dokument in seiner Materialität aufgenommen und bewahrt hatte und den es nun an mich persönlich weiterreichte.

Das kann ich nicht oft genug wiederholen. Nicht als Archivmaus erlebte ich die Schriftstücke in den Archiven, sondern als persönliche Teilhabe an dem Moment vergangener Gegenwart, den sie in sich aufgenommen und bewahrt hatten. Das vermittelte mir ein Gefühl der Überlegenheit über die damals Handelnden. Denn die waren ja inzwischen schon lange tot. Ich aber schaute ihnen in diesem Moment gleichsam über die Schulter zu, also eigentlich auf sie herab. Den historischen Moment noch einmal erleben und zugleich ein Leben weiter sein als die damals Handelnden. In solchen Archivmomenten empfand ich mich den Mächtigen der Vergangenheit gegenüber ähnlich souverän und sogar überlegen wie der Intellektuelle, wenn er die Macht in Auflösung erlebt, wie es mir nach dem Ende des Vietnamkriegs und der Besetzung der amerikanischen Botschaft in Teheran geschah.

Originaldokumente in Archiven waren nur die Hälfte des für Sie neuen Quellenmaterials. Die andere Hälfte, die Sie auch ausdrücklich im Vorwort des Intellektuellenbuchs aufführen, waren die Zeitzeugen. Die haben sie persönlich aufgesucht, einen großen Teil von ihnen in Amerika. Was bedeutete diese direkte, nicht nur über Bücher vermittelte Begegnung mit der Geschichte für Sie?

Zunächst einmal: Auch hier war ich ein Spätankömmling. Ich bekam nur den jüngsten Teil der Generation der 20er Jahre zu Gesicht. Von den bestimmenden Köpfen der Frankfurter Schule war keiner mehr am Leben. Was aber für mich nicht so schlimm war, denn mein Interesse galt ja seit je weniger dem Zentrum als der Peripherie. Ich hätte wahrscheinlich, wenn Adorno noch gelebt hätte, ihm gegenüber den Mund so wenig aufgetan wie in meiner Studentenzeit in seinem Hauptseminar. Mein Verfahren unter diesen Umständen glich dem, was man in der Landwirtschaft die Nachlese nennt: das Einsammeln des bei der Haupternte Übersehenen oder sonstwie Zurückgelassenen. Und dann natürlich das Sichten und Interpretieren des Eingesammelten. Das entsprach eigentlich meinen Neigungen mehr, als wenn ich die ganze Fülle von Hauptpersonen hätte befragen können. Da ist dann das Problem die Qual der Auswahl. Es läuft also letztlich auf ähnlich große Anstrengungen hinaus. Entweder man hat eine solche Fülle von Material oder Zeitzeugen, dass die Mühe in der Auswahl liegt. Oder das Material ist so begrenzt, dass der Geist die Leerstellen kompensieren muss.

Können Sie ein paar Namen von Zeitzeugen nennen und was Sie von ihnen erfahren haben?

Leo Löwenthal gehörte als Jüngster der Originalhierarchie der Frankfurter Schule nicht zur ersten Reihe. Aber jetzt war er der prominenteste Überlebende und entsprechend gefragt als Interviewpartner. Die jüngeren Historiker, die sich in jenen Jahren der Geschichte der Kritischen Theorie annahmen, müssen sich in der Zeit, als ich ihn aufsuchte, seine Türklinke in die Hand gegeben haben. Und ich vermute, dass die Gespräche ebendarum kreisten: Theorie. Als er merkte, dass ich nicht so sehr an der Kritischen Theorie als Theorie, sondern mehr an dem gesellschaftlichen Verhältnis interessiert war, in dem ihre Vertreter zum Frankfurter Groß- und Bildungsbürgertum standen, kühlte er merklich ab. Das war nicht seine Welt. Es wurde deutlich, dass er meine Neugierde für wissenschaftlich nicht seriös hielt. Ich habe das damals so interpretiert, dass ihm, der im Unterschied zu Adorno und Horkheimer aus kleinbürgerlichen Verhältnissen kam, die großbürgerlichen Salons des alten Frankfurt eher fremd waren.

Das genaue Gegenteil von Löwenthal erlebte ich in der Person einer dieser Salondamen der Frankfurter jüdischen Gesellschaft. Der Name Gabriele Oppenheim-Errera taucht bei Adorno immer wieder auf als von ihm frequentierte gesellschaftliche Institution im Frankfurter jüdischen Bildungsbürgertum. Mein Besuch bei ihr in Princeton wurde dann auch mehr eine locker entspannte Plauderei als angestrengtes Ausfragen. In ihrem Haus verkehrte während seiner Zeit am Institute for Advanced Studies in den 40er und 50er Jahren auch Albert Einstein. Es war eines der in Grün gebetteten weißen Professorenhäuser, die den Charakter der Stadt prägen. Vornehm-einfach wie sie selber. Im Salon hing ein echter Monet. Das gab mir einen Eindruck davon, wie sie 50 Jahre zuvor in Frankfurt gelebt haben mochte.

Weitere Personen und Begegnungen?

In Washington D.C. besuchte ich den Sohn des Gründers des Instituts für Sozialforschung. Der Vater Felix Weil war schon lange tot. Aber ich hatte das Glück, den Sohn Frank zu einem Zeitpunkt zu erwischen, als er noch das Manuskript der Memoiren seines Vaters in seiner Wohnung aufbewahrte. Er holte es aus einer cognacfarbenen Aktentasche seines Vaters und gab es mir, der ihm ja ein völlig Unbekannter war, vertrauensvoll mit auf den Weg zum Kopierladen. Dort kopierte ich die für die 20er Jahre wesentlichen Seiten und brachte es ihm zurück. Die Aktentasche des Begründers des Instituts für Sozialforschung: Ich gestehe, dass mich ein Gefühl überkam wie bei der Begegnung mit einer Reliquie. Später übergab ich die Kopien, die ich gemacht hatte, dem Stadtarchiv Frankfurt. Und noch später hörte ich von verschiedenen Historikern der Frankfurter Schule, dass diese Aktentasche und ihr Inhalt noch eine kleine Odyssee durchmachten, bis ihre Spur sich verlor. Bei dieser Gelegenheit ein Apropos zu Vätern und Söhnen: Felix Weil gründete das Frankfurter Institut bekanntlich mit dem Geld seines Vaters Herrmann Weil. Der hatte sein Millionenvermögen im Weizenhandel in Argentinien gemacht und sich dann um 1900 in den Altersruhestand (und zur Behandlung seiner Syphilis durch Paul Ehrlich) nach Frankfurt zurückgezogen. In der Überlieferung der Frankfurter Schule erscheint er nie als mehr denn als reicher Geldgeber. Mir schien er immer eine interessantere Figur als sein Sohn Felix. Vielleicht begann meine Faszination mit der Erzählung, die Brecht im kalifornischen Exil vom Ursprung der Frankfurter Schule gab. Bei ihm erscheint der alte Weil als der Reiche, der am Ende seines Lebens sein Geld zur Verfügung stellt, um die

Ursachen für das Böse in der Welt zu erforschen. Später las ich irgendwo, er habe im Ersten Weltkrieg Wilhelm II. angeboten, seine Verbindungen im Welt-Weizenhandel spielen zu lassen, um das Deutsche Reich vor der Aushungerung durch die alliierte Blockade zu bewahren.

Wir haben jetzt einen Blick auf die Frankfurter Intellektuellen im amerikanischen Exil geworfen, in das sie durch die Nazis vertrieben wurden. Für Sie, der Sie damals selber in Amerika lebten, war es selbstverständlich, die Überlebenden gewissermaßen vor Ort aufzusuchen. Aber es gab ja noch das andere «vor Ort», Frankfurt selber. Die Stadt war durch Drittes Reich und Zweiten Weltkrieg geistig und physisch weitgehend zerstört. Aber es gab sie noch, und Sie hatten in Ihrer Kindheit und Jugend dort gewohnt. Wie erlebten Sie nun nach Ihrer amerikanischen Erfahrung und nach den Begegnungen mit den Ex-Frankfurtern die Stadt, in der Sie zur Schule gegangen und die Universität besucht hatten? Wer waren die nichtemigrierten Frankfurter Intellektuellen, und wie unterschieden sie sich von den Emigranten? Bemerkten Sie Ressentiments? Oder konnten Sie sich ohne Problem vorstellen, dass die beiden nun so unterschiedlichen Welten einmal zusammen eine Art von Ur-Frankfurt gebildet hatten?

Das sind so viele Fragen auf einmal, dass ich mir ein Beispiel herausgreife, das mich damals sehr bewegte. Ich meine Dolf Sternberger, Professor der Politischen Wissenschaft in Heidelberg (und 1958 einer der Prüfer im Doktorexamen Helmut Kohls – von diesem übrigens nicht sehr geschätzt). In den 50er Jahren hatte er im Hessischen Rundfunk seinen täglichen – oder war es wöchentlichen? – Sendeplatz, eine Art Radiokolumne unter dem Titel «Vom

Geist der Zeit». Als Teenager hörte ich ihn regelmäßig. Seine etwas näselnde und leicht hessisch eingefärbte Stimme ist mir noch im Ohr. Am Ende der Weimarer Republik war er, Jahrgang 1907, einer der Jüngeren, die am Beginn ihrer Karriere standen. Zur Frankfurter Schule gehörte er nicht. Wohl aber war er Doktorand bei Paul Tillich, als Adorno sich bei diesem mit einer Arbeit über Kierkegaard habilitierte. Ein paar Jahre bevor ich ihn in seinem Haus in Darmstadt aufsuchte, tauchte sein Name in einem damals publik gewordenen Text Walter Benjamins aus den 30er Jahren auf. Es war keine gute Erwähnung. Denn Benjamin klagte, Sternberger habe für sein Buch «Panorama oder Ansichten vom 19. Jahrhundert» einige seiner – Benjamins – Ideen gestohlen. Diesen Vorwurf wiederholte er in einem Brief an Sternberger selber, den er dann allerdings nicht abschickte, der in den 70er Jahren aber veröffentlicht wurde. Darin fielen die Worte, die damals die inzwischen weltweite Gemeinde der Benjamin-Verehrer empörten. Er, Sternberger, habe dem Kaiser – also Hitler – gegeben, was des Kaisers ist, und dem Verbannten genommen, was er gebrauchen konnte.

Das war für alle Benjamin-Jünger, zu denen auch ich damals zählte, ein moralisches Verdikt, das nicht schlimmer hätte sein können. Und es entsprach der damals unter den 68ern herrschenden Verachtung oder gar Feindseligkeit gegenüber den in der NS-Zeit in Deutschland Gebliebenen. Der sogenannten inneren Emigration gegenüber galt der Generalverdacht der Angepasstheit, der Feigheit, Mitläuferschaft. Die damaligen Helden waren die wirklichen, d.h. äußeren Emigranten, die die Konsequenz gezogen hatten, Deutschland zu verlassen. Und mit ihnen identifizierten wir uns. Es war natürlich eine billige Identifikation. Denn die Emigranten gehörten 1945 zu den Siegern. Aber so weit dachte meine Generation damals nicht.

Die Begegnung mit Dolf Sternberger war für mich jedenfalls ein erstes Signal dafür, dass die Sortierung in Täter und Opfer so einfach nicht war. Bei unserem Gespräch war auch seine jüdische Ehefrau, eine geborene Rothschild, anwesend. Sie hatte das Dritte Reich überlebt, weil sie untergetaucht war. Wie genau, das habe ich nie erfahren, da ihr Mann, Dolf Sternberger, ja weiterhin seine bürgerliche Existenz führen konnte. Gerüchteweise hatte sie Zuflucht in einem Schloss der Prinzessin von Hessen gefunden, mit der Sternberger befreundet war. Ich könnte mir auch vorstellen, dass es noch andere Helfer und Unterstützer gab, vielleicht bis in die lokale NS-Hierarchie hinein. Jedenfalls aber eine differenziertere Mischung, als wir 68er-Komfort-Rebellen gegen die Vätergeneration uns vorzustellen vermochten.

Die Stadt, in der Sie in den 50er Jahren Kindheit und Jugend verbracht hatten, war ja nicht mehr das Frankfurt der 20er Jahre. Man stellt sich vor, wie Sie in New York und Kalifornien mit den damaligen Frankfurtern sprachen und wie dabei ein Ihnen unbekanntes Frankfurt gegenwärtig wurde. Und wie Sie dann die gleiche und eben doch nicht gleiche Stadt wieder besuchten, 20 Jahre, nachdem auch Sie sie verlassen hatten und ein wiederum neues Frankfurt entstanden war. Also mehrere Orte desselben Namens aufeinandergeschichtet. Eine Archäologie dreier Städte und ihrer jeweiligen Bevölkerung?

Ich vermute, Sie meinten eben «Archäologie» im übertragenen Sinne wie bei Foucault. Ich möchte aber über die tatsächliche materielle, über die architektonische Archäologie sprechen, die ich in Frankfurt erlebte. Oder eine

Nummer kleiner: über die Gebäude, die den Bombenkrieg überstanden hatten und nun für mich Zeitzeugen der Vergangenheit wurden wie die überlebenden Menschen. Es gab Gebäude, die vollkommen verschwunden waren. Das Gründerzeit-Gebäude der alten *Frankfurter Zeitung* in der Großen Eschenheimer Straße. Und das Haus des Instituts für Sozialforschung in der Senckenberganlage im Westend. Und es gab Gebäude, die vollkommen erhalten geblieben waren. Das Café Laumer im Westend gehörte dazu und das IG-Farben-Haus am Rande des Grüneburgparks, ebenfalls im Westend. Da meine Familie am Rothschildpark gewohnt hatte, ebenfalls Westend, ging ich täglich an ihnen vorbei, ohne etwas von ihrer Geschichte zu wissen. Im Fall des Cafés Laumer war es die Geschichte als Treffpunkt und Stammtisch der Kritischen Theorie. Im Fall des IG Farbengebäudes die Geschichte, wie die IG Farben kurz vor dem Ende der Weimarer Republik die Mehrheitsanteile der *Frankfurter Zeitung* kaufte und im Gefolge einige wichtige Veränderungen im Personal einleitete. An erster Stelle die Entlassung des für den Wirtschaftsteil verantwortlichen Redakteurs. Nachzulesen in Siegfried Kracauers Frankfurt-Roman «Georg».

Die erhalten gebliebenen Häuser, in denen sich in den 20er Jahren das intellektuelle Leben in Frankfurt abgespielt hatte, und die in Amerika verstreuten jüdischen Emigranten, das waren die beiden Gruppen von Zeitzeugen, aus denen ich mein, soll ich sagen: Mosaik? zusammensetzte. Auch in dieser Rolle empfand ich etwas von der Unabhängigkeit oder sogar Überlegenheit des macht- und bedeutungslosen historischen Beobachters über die Mächtigen der Vergangenheit.

Wie waren die Reaktionen aus Frankfurt auf Ihr Buch?

Eine krachende Widerlegung dessen, was ich eben über die Überlegenheit des Historikers über die Mächtigen sagte. Das gegenwärtige Frankfurt, vertreten in seiner Presse, ignorierte das Buch vollkommen. Dabei hatte die Hessische Staatskanzlei den hübschen Einfall gehabt, eine Pressevorstellung im historischen Café Laumer zu veranstalten. Wir saßen da – ich glaube, zu viert, drei Mann von der Staatskanzlei und ich –, und dann kam ein einziger Lokaljournalist.

Und was passierte dann?

Erst mal gar nichts, außer einer Notiz im Lokalteil der FAZ, die wahrscheinlich nicht einmal von dem ins Café Laumer gekommenen Journalisten war. Später gab es dann eine Notiz in der *Zeit*, die das Buch als «Studie im besten Benjamin'schen Geist» bezeichnete. Aber sonst keine Reaktion. Das fand ich persönlich zwar etwas enttäuschend. Aber dann doch eher ermutigend, denn es zeigte, dass ein so offen von der Regierung finanziertes Buch vom Kulturbetrieb nicht ernst genommen, ja nicht einmal wahrgenommen wurde. Das Ganze spielte sich in der Grauzone staatlicher Kulturförderung und privater Wirtschaft ab. Eine Regierungspublikation (es war ja die Hessische Staatskanzlei, die die «Hessenbibliothek» herausgab) in einem angesehenen Verlag mit großer Tradition: Das war eine etwas halbseidene Konstruktion und ließ mich die Zurückhaltung der Frankfurter Presse nicht nur verstehen, sondern fast als moralisch angebracht schätzen. Nach diesem etwas peinlichen Fehlstart ging es dann aber bald aufwärts. Siegfried Unseld, der mit dem Suhrkamp Verlag auch den Insel Verlag leitete, war offenbar so angetan von dem Buch, dass er mich zu einem persönlichen Gespräch in seinem Büro empfing und den Vorschlag machte, das Buch als Suhrkamp-Taschenbuch erscheinen zu lassen. Was dann auch geschah. Im Lauf der Jahre scheint das Buch dann seinen Weg gefunden zu haben. Jedenfalls stieß ich immer wieder auf Erwähnungen und Hinweise. Also das Gegenteil des üblichen Bücherschicksals, beim Erscheinen besprochen und dann vergessen zu werden. Und der Titel scheint von einer gewissen Attraktivität gewesen zu sein. Jedenfalls sind im Lauf der letzten 40 Jahre einige Bücher unter dem Titel «Intellektuellendämmerung» veröffentlicht worden. Dazu passt, dass ich mich seinerzeit selber von dem Titel «Dämmerung» inspirieren ließ. Den hatte Max Horkheimer in den 30er Jahren für eine Sammlung seiner Essays benutzt, allerdings unter dem Pseudonym Heinrich Regius, was in den eingeweihten Kreisen natürlich bekannt war.

Versailler Vertrag Artikel 247

Die «Intellektuellendämmerung» wies den Weg in das neue Interessengebiet «Geist», das Sie betraten, nachdem Sie die Wiese der Materialgeschichte abgegrast hatten. Kann man das so salopp sagen?

Vielleicht mit der Ergänzung um das Wort «Macht». Also Geist und Macht. Das ist eine alte Dichotomie, die vor allem die Denker in Deutschland beschäftigt hat. Auch ein alter Hut: die deutsche Machtlosigkeit, während Engländer und Franzosen die Welt eroberten und so ihr geradezu natürliches nationales Selbstbewusstsein entwickelten. Auf diese geglückte Nationenbildung antwortete der deutsche Neid, und das Resultat war: entweder krankhafter Hypernationalismus oder ein so pausenlos wie eindringlich beteuerter Antinationalismus oder Internationalismus, die auch schon wieder aufhorchen lassen.

Die 68er-Bewegung bestand ja zum guten Teil darin, den Großkomplex Hypernationalismus, Nationalsozialismus, Judenvernichtung, kurz: die ungeheure Schuld der Deutschen, abzuarbeiten. Das war die nächste Etappe der Politisierung nach den Vietnamdemonstrationen und der anschließenden Aufsplitterung der Bewegung in die diversen linken Sekten. Die deutsche Schuldkultur, die damals entstand, war für mich eine Selbstverständlichkeit. Und jedes Buch, das die deutschen Verbrechen bzw. die Neigung dazu über die NS-Zeit hinaus in der Vergangenheit nachwies, begrüßte ich als Erleuchtung. Fritz Fischers «Griff nach der Weltmacht» lag auf dieser Linie. Ich bin ein verlässlicher Spätzünder und las das Buch 20 Jahre nach seinem Erscheinen. Seine These, dass Deutschland schon den Ersten Weltkrieg von langer Hand geplant und mit ähnlicher Zielsetzung der Versklavung des Ostens geführt hatte wie später die Nazis, überzeugte mich. Es dauerte ziemlich lange, bis ich aufhörte, die Fischer-These für der Weisheit letzten Schluss zu halten. Die Bibliothek von Löwen half mir dabei. Sie brachte aus der Rückschau gesehen einen Stein ins Rollen.

Aber wie kamen Sie nach dem Buch über die Frankfurter Intelligenz der 20er Jahre auf die Bibliothek von Löwen? Eine historische Verbindung liegt ja offenkundig nicht vor.

Doch, verdeckt schon. Das Frankfurt-Buch endet mit der Liquidation der Bibliothek des Instituts für Sozialforschung im Jahre 1933 durch die Nazis. Also ein weiterer Akt der deutschen Barbarei, zu deren nachträglicher Bewältigung meinen Teil zu liefern ich mir vorgenommen hatte. Damals las ich mit ähnlicher Verspätung wie den «Griff nach der Weltmacht» das Buch «August 1914» («The Guns of August») von Barbara Tuchman. Es schildert die Anfangsphase des Ersten Weltkriegs, bevor dieser im Stellungskrieg erstarrte. Am erschütterndsten fand ich die Schilderung der Massaker an Zivilisten, die die Deutschen bei ihrem Einmarsch in das neutrale Belgien begingen. Davon hatte ich nie zuvor gehört. Es war für mich die Bestätigung der Fischer-These am Einzelfall: Lange vor Hitler hatten die Deutschen in Europa mörderisch gewütet.

Und wie kamen Sie von den Massakern an der belgischen Zivilbevölkerung zur Löwener Bibliothek? Sie hätten ja auch das Massaker an der Löwener Bevölkerung schildern können, dem, wie Sie in Ihrem Buch erwähnen, 209 Menschen zum Opfer fielen. Warum der Blick auf Bücher statt auf Menschen?

Die alte Geschichte, die zum ersten Mal Herodot erzählt: Massenhaftes Unglück stumpft ab, individuelles erschüttert. Bei Herodot bewahrt der König, der alles verloren hat, die Fassung – bis er hört, dass einer seiner Lieblingssklaven tot ist. An diesem Punkt bricht er in Tränen aus. An der Löwener Bibliothek interessierte mich, dass ihre Zerstörung die Öffentlichkeit tiefer ergriff als die Verluste an Menschenleben. Das geschah ganz zu Beginn des Krieges. Es herrschte noch die Kultursensibilität von 100 Jahren Frieden in Europa. Niemand konnte sich vorstellen, was in den nächsten vier Jahren geschehen würde. Löwen war ein letzter Nachhall dieser Friedenssensibilität.

Die Zerstörung der Löwener Bibliothek wird im Versailler Vertrag in einem eigenen Artikel erwähnt, der Deutschland zur Wiederherstellung, also Reparation, verpflichtete.

Das war der Ausgangspunkt für das Buch. Eine Bibliothek als Teil eines Friedensvertrags – wahrscheinlich des wichtigsten Friedensvertrags in der Geschichte –, das war für mich das Aufeinandertreffen von Geist und Macht in der reinstmöglichen Form. Später lernte ich, dass Friedensverträge nicht nur die ganz großen Fragen behandeln, sondern auch Einzelheiten. Dass das Deutsche Reich beispielsweise den Schädel eines afrikanischen Häuptlings zurückgeben musste. Nun fürchteten die deutschen Bibliotheken, dass sie zum Ersatz für die in Löwen verbrannten Bücher und Handschriften herangezogen würden.

Dieser Kelch ging zu ihrer großen Erleichterung an den deutschen Bibliothekaren vorüber. Statt das Reparationsmaterial aus den deutschen Bibliotheken zu holen, wurde es auf dem Antiquariatsmarkt beschafft. Wobei ich gestehen muss, dass mich das ein wenig enttäuschte. Denn die Aussicht, Dramen der deutschen Bibliothekswelt infolge des Artikels 243 zu schildern, hatte mir schon das Wasser im Munde zusammenlaufen lassen.

Zur Beschaffung der Reparationsbücher wurde ein Unternehmen gegründet, die «Einkaufsgesellschaft Löwen GmbH», die das Material auf dem Antiquariatsmarkt beschaffen sollte. Wie geschah das in der Praxis?

Nüchtern-geschäftsmäßig. Die Einkaufsgesellschaft hatte ihre Geschäftsräume in Leipzig. Dort wurden Listen der in Löwen gewünschten Titel aufgestellt und an den deutschen Antiquariatsbuchhandel versandt. Die Bezahlung erfolgte durch das für Reparationen zuständige Ministerium.

Ein Förderprogramm für deutsche Antiquariate?

Das war für mich die am wenigsten interessante Seite der Löwener Angelegenheit. Mich interessierten mehr die Personen. Und vor allem eine. Das war der Mann, der zum «Staatskommissar für die Wiederherstellung der Universitätsbibliothek Löwen» – so lautete sein vollständiger Titel – berufen wurde. Sein Name war Richard Oehler, und ich war ihm schon einmal in einem anderen Zusammenhang begegnet. In der «Intellektuellendämmerung» tritt er im letzten Kapitel auf als der Chef der Frankfurter Universitätsbibliothek, der 1933 die Liquidation der Bibliothek des Instituts für Sozialforschung persönlich organisierte. Im Klartext: Derselbe Mann, der nach dem Ersten Weltkrieg die deutschen Bibliotheken vor der Plünderung durch den Versailler Vertrag zu bewahren suchte, plünderte 25 Jahre später im Namen des NS-Regimes die Bibliothek des Instituts für Sozialforschung.

Wie würden Sie den Mann charakterisieren?

Als Edelnazi. Inklusive der Sentimentalität. Er schrieb Gedichte darüber, wie man kleine zitternde Vögel schützend in die Hand nimmt. Außerdem war er ein Cousin Friedrich Nietzsches, gehörte zum engeren Kreis um die Nietzsche-Schwester und Nazisse Elisabeth Förster-Nietzsche und arbeitete als Nietzsche-Herausgeber. Bücher waren jedenfalls nicht sein Brotberuf, sondern seine Leidenschaft. Ich bin sicher, dass er 1933 die von seinen Parteigenossen veranstalteten Bücherverbrennungen aus tiefstem Herzen verabscheute. Da mich dieser Typ des nationalsozialistischen Intellektuellen schon damals interessierte, versuchte ich, seinen Nachlass zu finden. Ich machte auch einen Sohn in Essen ausfindig. Der erzählte mir von einem Koffer seines Vaters, den er im Keller aufbewahre und der möglicherweise persönliche Papiere enthalte. Ich fuhr also nach Essen. Übernachtete in einem Hotel und rief, bevor ich mich auf den Weg zu Oehler jun. machte, noch einmal an, um mir den Weg beschreiben zu lassen. Da teilte er mir dann mit, den Weg könne ich mir sparen. Denn er habe inzwischen den Koffer geöffnet und festgestellt, dass er nur alte Wäsche enthielt. Das war eine meiner entwaffnendsten Erfahrungen überhaupt.

Bleiben wir noch etwas beim Persönlichen. Sie sagten, dass Sie am Schicksal der Löwener Bibliothek nicht so sehr die Organisation der Reparation und ihre verwaltungstechnischen Abläufe interessierten als vielmehr die Menschen, die das machten. Für das Frankfurt-Buch konnten Sie noch eine ganze Anzahl überlebender Zeitzeugen befragen. Im Löwen-Buch findet sich kein einziger, obwohl es dasselbe Jahrzehnt ist, die 20er Jahre. Wie lässt sich das erklären?

Die überlebenden Frankfurter Zeitzeugen waren zur Zeit des Geschehens alle sehr jung, um 1900 herum geboren. Sie waren keine zentralen Figuren, eher Zaungäste des Geschehens: Zaunzeitzeugen. Die für die Löwener Reparation Verantwortlichen waren eine Generation älter, in den 70er und 80er Jahren des 19. Jahrhunderts geboren. Als ich für das Buch Anfang der 80er Jahre recherchierte, lebten sie alle nicht mehr.

Mir blieb daher nichts anderes als die Archivarbeit. Was die für mich bedeutete, haben wir ja schon angetippt. Mein Verhältnis zum Archivmaterial kann ich nur als naiv oder vielleicht besser noch als magisch beschreiben. Magisch im Sinne des vorwissenschaftlichen Denkens, wie es Gaston Bachelard mit offenkundiger Empathie dargestellt hat. Deshalb eigne ich mich herzlich wenig dazu, historische Dokumente lediglich als Informationsträger zu benutzen. Sie sind für mich bis heute die direkten Boten aus dem Geschehen und der Zeit, die gewissermaßen die materiellen Bestandteile dieses Geschehens und dieser Zeit an mich herantragen.

Ich erinnere mich noch ziemlich genau an die erste Begegnung mit einem solchen Boten-Dokument. Es war ein Privatbrief, in dem einer der Kollegen Oehlers seiner Frau von der ersten Reise nach Belgien berichtete. Er schrieb, wie er in Brüssel eine Schachtel Pralinen als Mitbringsel gekauft habe. Ein absoluter Luxus in der damaligen Misere. Und ich nahm das genauso ernst als Schilderung eines persönlichen Zeitmoments wie die Reparationsangelegenheit. Unwillkürlich fühlte ich mich verpflichtet, diese Pralinen als Teil des Lebens dieses Bibliothekars und damit Teil des Reparationsgeschehens zu verstehen. Wenn ich mich heute daran erinnere, wie viel Zeit und Mühe es mich kostete, all diese mit Mühe zusammengetragenen Nebensächlichkeiten wieder aus meinem Rohmanuskript zu entfernen, schaudert es mich. Und mit jedem Buch, wenn auch nicht so radikal wie beim ersten Mal, ergeht es mir ähnlich. Jedes Mal komme ich mir vor wie ein Detailmörder, der pulsierendes Leben totschlägt. Den Pralinenbrief fand ich übrigens im Nachlass eines Bibliothekars namens Leidinger von der Bayerischen Staatsbibliothek in München, der mit Oehler für die Einkaufsgesellschaft Löwen tätig war.

Der liebe Gott im Detail, und der Aufwand, das wichtige Detail aus der Masse des Unwichtigen herauszufischen – das wäre ein eigenes Thema und ein eigenes Buch. Bleiben wir bei der Löwener Bibliothek. Im Buch erzählen Sie nicht nur die Geschichte der Reparation, sondern in einer Art von Epilog auch die Folgegeschichte. Denn dieselbe Bibliothek wurde zu

Beginn des Zweiten Weltkriegs, am 16. Mai 1940, erneut zerstört. Und erneut wurde sie Objekt einer groß angelegten kulturpropagandistischen Unternehmung. Es gibt ein Bild, auf dem Goebbels zu sehen ist, wie er der Ruine einen demonstrativen Besuch abstattet.

Für die Deutschen wurde die zweite Zerstörung eine willkommene Gelegenheit zur Revanche. Sie behaupteten, die Engländer seien dafür verantwortlich. In den vier Jahren, von 1940 bis 1944, in denen sie die Herren in Belgien waren, drehten sie den Spieß der Reparation um. Pläne für den künftigen Friedensvertrag wurden entworfen, in denen England die Rolle des Reparationspflichtigen zugeteilt wurde. Und auch Oehler wurde reaktiviert. Nun in der Rolle dessen, der die englische Reparation überwachen würde. Eine gespenstische Geschichte, reines Wiedergängertum, das mit der erneuten Niederlage Deutschlands 1945 natürlich endete.

Aber eine Geschichte, in der Oehler noch einmal eine ziemlich gute Figur machte als Bücherliebhaber und loyaler Bibliothekarskollege. In der deutschen Verwaltungsbürokratie setzte er sich immer wieder für die Interessen der Löwener Kollegen ein. Ein Fall von professioneller Solidarität über die politischen und militärischen Frontlinien hinweg wie bei der ersten Löwener Reparation. Aber nun eben mit vertauschten Rollen. Nach 1945 kehrte sich das Verhältnis erneut um. Eine belgische Untersuchungskommission stellte fest, dass auch die zweite Zerstörung aufs deutsche Konto ging. Laut Protokoll erinnerte sich ein Dorfbewohner aus der Umgebung daran, dass der kommandierende Offizier einer deutschen Artillerieeinheit sich bei ihm nach der genauen Lage der Bibliothek erkundigte, auf der sich die antideutsche Inschrift *Furore Teutonico Diruta* («durch deutsche Raserei zerstört») befand.

Dass nach 1945 das Sieger-Verlierer-Verhältnis sich erneut umkehrte, ändert nichts daran, dass ein Mann wie Richard Oehler nicht so eindimensional ist, wie das Wort «Nazi» es nahezulegen scheint. Mir fällt in solchen Fällen immer die Hegel'sche Definition des abstrakten Denkens ein: Abstrakt denkt, wer einen schönen Mörder nicht schön finden kann. Was im Umkehrschluss heißt, dass konkretes Denken auch das Schöne im Bösen zu erkennen vermag.

Kommen wir zum dritten Teil der Geschichte der Bibliothek von Löwen. Sie behandeln ihn im Buch in einem eigenen Kapitel unter der Überschrift «Ein amerikanisches Geschenk». Was die Amerikaner für die Löwener Bibliothek taten, stellen Sie als eine Art Kontrastprogramm oder Parallelaktion zur deutschen Reparation dar. Hier der Verlierer, der den von ihm verursachten Schaden wiedergutmachen muss. Dort der Sieger, der seine Großzügigkeit vor aller Welt mit einem gewaltigen Geschenk demonstriert. Das Geschenk bestand aus einem neuen Bibliotheksgebäude. Ein ganz uneigennütziges Geschenk war es aber nicht.

Amerika war ja allgemein anerkannt der eigentliche Sieger im Ersten Weltkrieg. Ohne die Vereinigten Staaten hätten England und Frankreich im Jahre 1918 wahrscheinlich verloren. Sie waren nicht wirkliche Sieger, sondern Mit-Sieger, gewissermaßen an den Rockschößen der neuen Weltmacht Amerika. Dieser neuen Weltmacht, die Europa 1918 wie eine Dampfwalze überrollte, fehlte jedoch das kulturelle Prestige, das zu einer seriösen Großmacht ebenso gehört wie das industrielle und militärische Potenzial. Gegenüber den alten europäischen Kulturnationen war Amerika so unsicher wie der Neureiche in Molières «Der Bürger als Edelmann».

Die Situation, in der die Amerikaner sich im Jahre 1918 befanden, lässt sich anhand einer Fotografie verdeutlichen, die damals in jeder Illustrierten der Siegermächte abgebildet war. Sie zeigt die Ruine der Löwener Bibliothek und an ihrer Außenseite angebracht ein Transparent mit den Worten: *Ici Finit la Culture Allemande.* Das war die Formel, mit der Deutschland der Titel der führenden Kulturnation, den es bis zum Ersten Weltkrieg inoffiziell getragen hatte, offiziell aberkannt wurde. Diese Position war nun also frei. Wenn es nach den Amerikanern gegangen wäre, dann hätte ein neues Transparent angebracht werden müssen mit der Aufschrift: *Ici Commence la Culture Américaine.*

Wie das geschah und wie sich dabei diverse Hahnenkämpfe, Intrigen, Eifersüchteleien und Konkurrenzen entwickelten, haben Sie im Buch erzählt. Dabei dominiert eine Person das Geschehen, Nicholas Murray Butler. Wer war das, und welche Rolle spielte er beim Zustandekommen des «amerikanischen Geschenks»?

Vielleicht erst noch mal ein Blick auf die Gesamtszene, in der er agierte. Damit meine ich die offizielle Kulturelite in den Siegerländern, die nun antrat, mit Hilfe der Löwener Bibliotheksruine die kulturelle Überlegenheit der Alliierten über die deutsche Barbarei zu demonstrieren. Ein interalliierter Konkurrenzkampf begann, weil jeder als besonders generös hervorzustechen suchte. Dabei kam es zu den von Ihnen angesprochenen Hahnenkämpfen. Das ergab eine kultursatirische Materialmasse, deren angemessene Darstellung eigentlich einen Robert Musil erfordert hätte: ein Kakanien im internationalen Maßstab. Und das reizte mich.

Nicholas Murray Butler passte genau in dieses Bild. Er war die amerikanische Variante des akademischen Mandarins, wie er eigentlich nur in Europa heimisch war. Er war der Präsident der New Yorker Columbia University, also eher ein Wissenschaftsmanager, jedenfalls nicht der Typ des introvertierten Gelehrten. Einem Studentenscherz zufolge hatte er in seiner Wohnung eine Feuerwehrstange, die es ihm ermöglichte, Einladungen zu Vorträgen schnellstmöglich zu folgen. Für ihn war der Kriegsausbruch 1914 insofern ein biographischer Einschnitt, als er sich plötzlich auf der falschen Seite befand. All die Jahre vor 1914 war er ein prominenter Freund Deutschlands und Bewunderer der deutschen Kultur gewesen. Seine Universität hatte er nach dem preußisch-deutschen Modell organisiert. Jeden Sommer reiste er nach Deutschland, und mehrere Male war er persönlicher Gast Kaiser Wilhelms II.

Mit dem Kriegsausbruch und vor allem mit dem deutschen Einmarsch in das neutrale Belgien galt das alles nichts mehr. Plötzlich stand Deutschland als Barbar und Verbrecher da. Und Nicholas Murray Butler stand vor der Aufgabe, sich neu zu positionieren. Da kam der Brand von Löwen wie gerufen. Genauer war es das Hilfsunternehmen für die Löwener Bibliothek, das «Oeuvre international de Louvain», sofort nach dem Brand in Paris gegründet, das ihm einen optimalen Rahmen bot, sich der neuen Situation anzupassen. Hier war die kulturelle Prominenz der Entente versammelt. Akademien, Universitäten, Honoratioren wie Butler selber. Und bald wurde er primus inter pares. Die hier versammelten Vertreter der verarmten europäischen Geistesaristokratie erhofften sich offensichtlich einen großzügigen Beitrag für ihr Löwener Unternehmen.

Der wurde geleistet durch die Finanzierung eines komplett neuen Bibliotheksgebäudes. Um ein Mehrfaches größer als das zerstörte alte, in einem historischen Stilmischmasch von waltdisney-hafter Unbekümmertheit. Also amerikanisch auch im Sinne europäischer Amerika-Vorurteile. Das haben Sie im Buch mit offenkundigem Vergnügen bis ins Einzelne beschrieben. Waren da vielleicht auch Ihre persönliche Amerika-Erfahrung und Amerika-Wahrnehmung mit im Spiel? Hätten Sie das Löwen-Buch anders geschrieben, wenn Sie es nicht in New York, sondern in Berlin geschrieben hätten?

In Berlin hätte ich wahrscheinlich überhaupt kein Buch über die Löwener Bibliothek geschrieben. So wenig wie das Buch über die Frankfurter Intellektuellen in den 20er Jahren. In Deutschland hätte mir die Distanz gefehlt, ohne die man als Deutscher von der übergroßen deutschen Schuld des 20. Jahrhunderts unweigerlich überwältigt wird. Der Blick von Amerika hat da eine ausgesprochen befreiende Wirkung. Ich meine den deutschen Blick aus Amerika, nicht den amerikanischen. Noch deutlicher: meinen Blick, den ich aus Deutschland mitgenommen hatte und den ich nun zurück auf die deutsche Geschichte warf. Es war aber natürlich nicht nur die von mir mitgeführte deutsche Optik, sondern deren Anreicherung durch die amerikanische. Dazu später mehr. Ein Zwischen- oder Schwebezustand jedenfalls, in dem die beiden Welten simultan erschienen und den ich über die Jahrzehnte hin kultivierte durch das halbjährliche Hin und Her zwischen New York und Berlin.

Die Bibliothek von Löwen spielte in diesem Verhältnis eine besondere Rolle, weil sie weder zu Berlin noch zu New York gehörte. Für mich war sie ein wichtiger «lieu de mémoire», weil sich hier der deutsche Sonderweg und die amerikanische Erlösung von ihm in modellhafter Vereinfachung kreuzten.

Kalter Krater Berlin

Im Gespräch über die Frankfurter Intellektuellen erzählten Sie, wie sich Ihr Interesse für das Thema «Macht und Geist» aus dem historischen Gezeitenwechsel in den USA entwickelte. Stichworte waren die Niederlage im Vietnamkrieg und die Demütigung durch die Besetzung der amerikanischen Botschaft in Teheran im Jahre 1978/79. Wie haben die Intellektuellen, mit denen Sie damals zu tun hatten, das reflektiert?

In meinen letzten Jahren in Amerika habe ich einen Stimmungswandel bemerkt. Einen Pendelschwung von der früheren moralisch-politischen Selbstsicherheit hin zu fast so etwas wie kollektiver Scham angesichts dessen, was die Bush-Regierung im amerikanischen Namen tat, als die USA im Irak, wie gesagt, ihren ersten unverhüllten Aggressionskrieg führten. Das ging sogar so weit, dass ich mir vorstellte, wie die deutschen Intellektuellen der inneren Emigration im Dritten Reich sich angesichts der im deutschen Namen begangenen Untaten gefühlt haben mögen. Umgekehrt habe ich mich immer gefragt, ob die deutschen Emigranten in Amerika im Zweiten Weltkrieg nicht doch etwas von der amerikanischen Abneigung gegen die Nazis zu spüren bekamen. Das alte Problem des Exils im Feindesland. Siehe Coriolan. Aber unser Thema ist ja gerade das Berlin der Jahre unmittelbar nach dem Zweiten Weltkrieg.

Bevor wir über Berlin sprechen, lassen Sie uns noch einmal auf die Intellektuellen zurückkommen: Was für Intellektuelle brachten die beiden Weltkriege in Deutschland hervor? Wie sieht Ihre Generation, die 68er, die deutsche Geschichte im 20. Jahrhundert?

Wir waren die perfekten Mitspieler in der amerikanischen Moralerzählung. Dazu nur zwei Erinnerungen. Einmal an die amerikanische Fernsehserie «Holocaust» Ende der 70er Jahre, die in Deutschland einen enormen Erfolg hatte und die ganze deutsche Erinnerungskultur auslöste. Und zum Zweiten an das Buch von Daniel Jonah Goldhagen «Hitlers willige Vollstrecker», das die längst überwunden geglaubte Kollektivschuldthese wiederbelebte, zugleich aber den Nachkriegs(west)deutschen ein günstiges Zeugnis ausstellte. Beide Male amerikanische Äußerungen, die das historische Gewissen artikulierten, das den Deutschen offenbar fehlte. Und Deutschland erwies sich als der dankbare Empfänger dieser amerikanischen Gabe.

Der triumphale Empfang, der Goldhagen bei seiner Deutschlandreise 1996 vom breiten Publikum bereitet wurde, hatte etwas von einem religiösen Erweckungserlebnis. Endlich kam in der Gestalt Goldhagens ein Prophet, der dem gegenwärtigen Deutschland bestätigte, mit dem gleichnamigen Reich des Bösen nichts mehr zu tun zu haben.

Das deutsche Schuldbekenntnis – Stichwort Auschwitz – ist, wie ich finde, zu Recht als Gründungsmythos und Ersatzreligion der Bundesrepublik bezeichnet worden. Gründungsmythen und Religionen sind etwas, das nicht in Frage gestellt werden darf. Meine beiden Bücher über die Frankfurter Intellektuellen und die Löwener Bibliothek schrieb ich in der festen Überzeugung von der übergroßen deutschen Schuld. Die Fischer-These von der deutschen Alleinschuld am Ersten Weltkrieg übernahm ich voll und ganz. Erst später wurde mir klar, dass Fritz Fischer in seinem «Griff nach der Weltmacht» eigentlich nichts anderes getan hatte, als die Alleinschuldthese der Alliierten im Versailler Vertrag zu übernehmen. Ein ziemliches Unding für einen Historiker. Und ein Gradmesser für die Extremschwankungen der deutschen Seele. Churchill hat einmal von den Deutschen gesagt: «Either they are at your feet or at your throat.» Interessanterweise war es ein englischsprachiger Historiker, der die Fischer-These zurechtrückte: Christopher Clark mit seinen «Schlafwandlern».

Aber nehmen wir nun Ihr Buch über das Berlin der Nachkriegsjahre in den Blick, «Vor dem Vorhang. Das geistige Berlin 1945–48». Nach 1945, das heißt zunächst und vor allem: nach der deutschen Katastrophe oder sogar noch weiter zurück: nach der Beendigung des verhängnisvollen «deutschen Sonderwegs». Zunächst aber das Nächstliegende: Berlin als Schauplatz. Das war die Stadt, in der Sie lebten, bevor Sie nach Amerika umzogen. Und bevor Sie nach Berlin übersiedelten, hatten Sie in Frankfurt gelebt. Sehen Sie da rückblickend einen Zusammenhang der Wohnorte und der Themen Ihrer Bücher?

Das Frankfurt, das ich als Kind und Jugendlicher in den 50er und 60er Jahren erlebte, war ein vollkommen anderes als das der 20er Jahre, gewissermaßen das Resultat eines Städteaustauschs, initiiert durch (Bomben-)Krieg und Vertreibung.

Da ich die 20er Jahre nicht aus eigener Anschauung kannte, waren sie für mich bloßes Bücherwissen.

In Berlin waren der Raum und die Zeit überschaubarer und kontinuierlicher. Zwar hatte ich das Berlin von 1945 auch nicht selber erlebt. Aber es war sehr viel präsenter als die 20er Jahre in Frankfurt. Nicht nur, was die Ruinen betraf, sondern auch die Zeitkontinuität. In den 60er Jahren, als ich an der FU studierte, war das Viermächtestatut im Alltag noch vollkommen präsent. Man konnte zum Beispiel während einer mittelhochdeutschen Vorlesung an der Freien Universität im Hörsaal A des Henry-Ford-Baus aus nächster Nähe die Amerikaner vom benachbarten Offiziersklub beim Tennisspielen beobachten. Übrigens mit ähnlichen Empfindungen wie seinerzeit im Frankfurter Freibad, als wir Jungen die GIs anstaunten. Ein Blick in eine andere Welt.

Sie zogen zum Studium nach Berlin, weil die geteilte Stadt Ihnen als Modell der Teilung der Welt im Kalten Krieg erschien. Der Titel «Vor dem Vorhang» bezieht sich wohl auf die historische Situation vor dem Ausbruch des Kalten Kriegs, als Berlin noch eine Zeitlang nicht physisch durch Stacheldraht und Mauer geteilt war, sondern sich in einer Art Schwebezustand zwischen heißem und kaltem Krieg befand.

«Vor dem Vorhang», das war für mich der Moment im Theater, wenn ein Schauspieler vor Beginn der Vorführung einen Prolog spricht oder einen Zwischenakt ankündigt. Jedenfalls etwas, was außerhalb des eigentlichen Stücks stattfindet. In diesem Fall vor dem Eisernen Vorhang des Kalten Kriegs. Für die englische Ausgabe wählte ich einen anderen Titel: «In a Cold Crater». Also Berlin als erkalteter Vulkan. Das schien mir ein treffendes Bild zu sein für die Stadt nach dem Inferno des Bombenkriegs und dem Endkampf mit Barrikaden, Panzern und allen Mitteln der Vernichtung.

Wie kamen Sie darauf, sich jetzt mit diesem Zeitraum zu beschäftigen?

Das war schon eine Weile herangereift. Und zwar in verschiedenen Etagen. Einmal die weltgeschichtliche. Berlin als Hauptstadt der deutschen Dämonie und des Weltbürgerkriegs, der hier als Götterdämmerung endete. Dann der unter Berliner Intellektuellen beliebte Topos, Berlin mit New York zu vergleichen. Das war zu West-Berliner Zeiten ein willkommener Trick, sich in die Liga der Weltstädte zu schummeln. In meiner Generation gab es schon immer diesen Traum, eigentlich sei Berlin ja doch irgendwie New York, ein europäisches New York, gewesen. Anders als die altmodischen europäischen Metropolen wie Paris und London sei Berlin immer schon eine Stadtmaschine, ein Labor der Moderne gewesen. Nicht große Architektur, aber dafür ungeheurer geistiger Aufbruch, Experimentierlust, große innovative Energien.

Als dann in den 80er Jahren New York als Modeziel Paris und London überholte, konnte Berlin sich in den neuen Trend einklinken. Der neue Trend war ganz einfach: Amerika. Und der Geburtshelfer dieses Trends war, wie ich behaupten möchte, das Ende des Vietnamkriegs. Aber das ist jetzt ein zu weites Feld. Vielleicht sollten wir später noch einmal darauf zurückkommen. Jedenfalls erlebte ich den Vergleich New York-Berlin aufgrund meiner beiden Wohnsitze sehr persönlich. Wenn ich jetzt darüber nachdenke, dann sehe ich auch eine direkte Linie, die von meinem Pendelverkehr zwischen West- und Ost-Berlin in den 60er Jahren zu dem späteren Pendeln zwischen New York und Berlin führt. Wahrscheinlich gibt es da einen Zusammenhang zwischen meiner Vorliebe für das Vergleichen historischer Ereignisse, Schauplätze und Personen in meinen Forschungsprojekten und dem Wechsel der Wohnsitze. Wechsel der Wohnsitze allerdings nicht im Sinn des kosmopolitischen Stadtnomaden, sondern im einfachen Wechsel zwischen zwei Orten. Mir war immer wichtig, die Schlüssel zu meinen zwei vertrauten Wohnungen in Berlin und in Manhattan zu haben und mir von dort aus die zugehörigen Städte mit jedem Aufenthalt ein Stückchen mehr zu erschließen. Ein Einpendeln der Verschiedenheiten. Eine Salamitaktik der Stadtaneignung. Oder eine Art Doppelpräsenz wie in der Fotografie die Doppelbelichtung.

Mir fällt dazu die sogenannte Dreistaaten-Theorie ein. Sie war der Versuch der DDR, West-Berlin als, wie es hieß, selbständige politische Einheit aus der Bundesrepublik herauszulösen und auf längere Sicht sich einzuverleiben. Ein durchschaubares Manöver im Kalten Krieg. Aber mit einem Körnchen Realität. Denn in West-Berlin hatte sich im Lauf der Jahre tatsächlich ein Gefühl entwickelt, nicht wirklich zu Westdeutschland zu gehören. Mit dem Osten wollten die West-Berliner natürlich nichts zu tun haben. Aber Frankfurt, Düsseldorf und München waren ihnen auf andere Weise fremd. Von West-Berlin aus erschien Westdeutschland als politisch ahnungsloses Glitzerding. Nicht ganz unähnlich, wie heute die neuen Bundesländer die alten und die osteuropäischen die westeuropäischen Länder sehen. Die West-Berliner sprachen nie von der Bundesrepublik, sondern hartnäckig von Westdeutschland und den Westdeutschen.

Den Unterschied bemerkte man auch am Zustand der Gebäude. Sie zerfielen in West-Berlin zwar nicht so schlimm wie im Osten, aber sie hinkten dem westdeutschen Instandhaltungsniveau hoffnungslos hinterher. Die «Verschweizerung» der Bundesrepublik, von der man in den 70er Jahren sprach, ging an West-Berlin spurlos vorüber. Und West-Berlin war das Terrain, auf dem die 68er-Bewegung begann. Dazu gehörte, dass der dortige SDS (Sozialistische Deutsche Studentenbund) seinen westdeutschen Genossen gegenüber eine gewisse Arroganz nicht unterdrücken konnte. Das kam nicht offen raus. Aber dass man den Münchner Genossen ihren Schwabinger Lebensstil nicht als ernsten sozialistischen Klassenkampf abnahm, war allen Beteiligten klar.

Jetzt sind wir etwas abgeirrt vom Thema Berlin 1945. Was zuvor als Reich des Bösen die Welt bedrohte, ist nun das ohnmächtige Objekt der Sieger. Es ist ja ein bekannter Mechanismus in der Geschichte: Eine Macht, die fällt, wird plötzlich für den Geist interessant. Sie erwähnten en passant, dass Amerika in dem Moment, als es den Krieg in Vietnam verlor, plötzlich für die europäischen Intellektuellen interessant wurde. In Ihrem Berlin-Buch zitieren Sie häufig Texte von Besuchern aus den Siegerländern, die tief beeindruckt, ja fast bewegt sind vom Anblick der zerschlagenen Macht – so beginnt auch Billy Wilders «Eine auswärtige Affäre» («A Foreign Affair»). Es klingt fast so, als habe Albert Speer das in seiner Theorie des Ruinenwerts vorausgesehen.

Ich habe eine persönliche Ruinenerfahrung, ich wuchs als Kind und Jugendlicher in ihnen auf. Sie bildeten den allgegenwärtigen Hintergrund. Als sie in den 50er und 60er Jahren allmählich im Wiederaufbau verschwanden und von Neubauten ersetzt wurden, war das ein bewusst gar nicht wahrgenommener Szenenwechsel. Erst viel später wachte man oder wachte ich auf und entdeckte, dass es praktisch keine Ruinen mehr gab, nur Neubauten. Fast wie ein Machtwechsel war das. Gestern noch herrschte die Ruinenwelt. Heute war sie schon verdrängt von der modernen Schuhkartonarchitektur. Aber das war, wie gesagt, die westdeutsche Erfahrung. Das Verschwinden der Ruinen erlebte ich in Frankfurt. Als ich Mitte der 60er Jahre nach Berlin ging, fand ich mich in einer Welt, die mindestens zehn Jahre der westdeutschen hinterherhinkte. Die Zehn-Jahre-Verzögerung gilt bekanntlich auch für den Unterschied zwischen Bundesrepublik und Amerika.

Es dauerte dann noch eine ganze Weile, bis ich meinen persönlichen Geschmack für die Ruinen-Ästhetik des 20. Jahrhunderts entwickelte. Und das Berlin nach 1945 wurde das Paradigma. Mich faszinierten die zeitgenössischen Beschreibungen. Einmal der Vergleich mit den Monumentalruinen der Antike. Berlin wurde mit dem alten Rom in den Abbildungen Piranesis verglichen. Speers Ruinentheorie fand volle Bestätigung darin, dass ausgerechnet die alliierten Besucher sich von der zerstörten Neuen Reichskanzlei beeindruckt zeigten. Ein ganz anderer Topos war der Surrealismus der durch die Bomben aufgerissenen Interieurs der Häuser. Da hingen die Bilder noch an den Wänden. Badewannen und Klaviere schwebten im leeren Raum wie das berühmte tote Pferd auf der Klappbrücke in Eisensteins «Oktober». Was mich aber am stärksten beeindruckte, war wieder mal ein Vergleich: der Vergleich des Berliner Alltags im April 1945 mit dem während der Straßenkämpfe im Januar 1919. Da gab es erstaunliche Analogien. Zum Beispiel die Schilderung Harry Graf Kesslers, dass man in den Revolutionstagen in einer Straße wie im tiefsten Frieden im Café saß, um in der nächsten Straße in ein Feuergefecht zu geraten. Das gleiche Bild im April 1945: Während die Russen bereits die Außenbezirke unter ihrer Kontrolle hatten, verzehrte man am Ku'damm noch Schwarzwälder Kirschtorte.

Kommen wir von den Ruinen zu den Menschen. Sie verzichten in Ihrem Buch ganz auf die Darstellung des Lebens und Leidens der Überlebenden, das in den meisten Berlin-Geschichten der unmittelbaren Nachkriegszeit das Hauptthema ist. Die Zuteilung von Lebensmittelmarken an Künstler und Intellektuelle, ihre ungeheizten Wohnungen und ihr zäher Kampf, unter den ungünstigsten Bedingungen ihr Werk fortzuführen, das scheint Sie wenig interessiert zu haben.

Tatsächlich interessierte mich etwas anderes. Der Philosoph Gert H. Theunissen, damals an der Berliner Universität, beschrieb das Leben in Berlin aus der Sicht des damals gerade aus Paris in Deutschland angekommenen Existenzialismus. Er fand, dass die in dieser Zeit entstandenen geistigen und künstlerischen Werke wenig originell waren, bloß Mitttelmaß. Dagegen die Realität – Theunissen sagt: «die Situation» –, in der sie entstanden: jedem Versuch ihrer Darstellung unendlich überlegen. Das von den Alliierten besetzte und gemeinsam regierte Berlin wurde für einige Jahre zur «Welthauptstadt», in einem ganz anderen als dem von den Nazis angestrebten Sinn. Isaac Deutscher verglich Berlin mit dem Wien des Wiener Kongresses nach dem Fall

Napoleons. Dass Frankreich damals fast ungeschoren davonkam, hatte es dem politischen Geschick Talleyrands zu verdanken. Isaac Deutscher bezeichnete Berlin nun als «kollektiven Talleyrand». Der spätere Erfolgsautor Curt Riess schrieb über einen Five-o'-clock-Tee in einer halb zerbombten ungeheizten Grunewaldvilla: «Es waren Männer und Frauen, die sich genau so in Paris, London oder Washington hätten treffen können, die sich auch sicher schon hier oder dort getroffen hatten, vielleicht in Kairo, in Rom oder Hongkong. Für diese Leute gab es keine Sieger und Besiegte, und daß der Gastgeber im Augenblick nicht einmal in der Lage war, sich ein Pfund Butter zu leisten, geschweige denn nach New York oder auch nur nach Paris zu reisen, spielte dabei gar keine Rolle.»

Berlin im Jahre 1945 und später interessierte mich vor allem als das Finale des bis dahin von Deutschland verkörperten Weltbösen. Die Frage: Was passiert, wenn der bisherige *Public Enemy*, auf den sich alle geeinigt hatten und der alle zusammenhielt, plötzlich nicht mehr ist? Wie wird er nun gesehen und behandelt? Und vor allem: Was geschieht in der Koalition, die ihn zur Strecke brachte? Wer ist als Nächster an der Reihe, zur Verkörperung des Bösen zu werden?

Alle diese Fragen beantwortete natürlich der Kalte Krieg. In der Wahrnehmung der Welt wurde Berlin seine Hauptstadt. Die nun erst wirklich voll entfaltete Hauptstadt des Weltbürgerkriegs.

Damit sind wir bei einer bestimmenden Frage des 20. Jahrhunderts, der nach der Moralität der Politik (die doch im 19. und 18. Jahrhundert eine weit geringere Rolle spielte), und jedenfalls der bestimmenden Frage der deutschen Geschichte dieser Zeit. Gibt es Verbindungen zu Ihren vorangegangenen Büchern? Wiederkehrende Motive? Variationen von Themen? Fortsetzungen?

Aus der Rückschau sehe ich die Bibliothek von Löwen als eine Art Vorläufer, Berlin gewissermaßen im Miniaturformat. Beides Orte, an denen sich Sieger und Besiegte nach Beendigung der Kampfhandlungen treffen. Von den eigentlichen Machtzentralen entfernte Orte. Orte, an denen die große Politik die kleine vor Ort zwar letztlich bestimmt, aber die kleine Politik sich dennoch bis zu einem gewissen Grad frei bewegen kann. Es ist das alte Verhältnis von Generalstab und Front. Mich interessiert daran, dass sich das Verhältnis von Macht und Geist hier umkehrt. Geist stellen wir uns ja gerne als Überblick über das Ganze vor, so wie es sich aus der Generalstabsperspektive darstellt. Das ist allerdings nicht die Art von Geist, die mich anzieht. So wenig, wie ich in den gelehrten Institutionen meine Art von Geist erkenne. Für mich ist Geist eher das, was bei Hegel die List ist. Das an sich Machtlose, das aber wie Odysseus fähig ist, die rohen Gewalten sich aneinander abkämpfen und wechselseitig außer Gefecht setzen zu lassen.

Die deutschen und belgischen Bibliothekare, die nach dem Ersten Weltkrieg die Bestände der Bibliothek von Löwen wiederherstellten, sehe ich auf der gleichen Ebene agieren wie die alliierten Kulturoffiziere, die nach 1945 in Berlin den kulturellen Wiederaufbau organisierten. Sie waren *Professionals*, die über die nationalen und politischen Gräben hinweg einander näherstanden als ihren Chefs und Auftraggebern in den fernen Machtzentralen Washington und Moskau. Das ging noch eine ganze Zeitlang gut. So lange, wie die

Anti-Hitler-Koalition in den Köpfen noch fortbestand. Und sie bestand in Berlin länger fort als in Washington und Moskau. Ich habe die alliierten Kulturoffiziere – vor allem Amerikaner und Russen – in diesem Prozess der Lagerbildung als «Lost Patrols» im Niemandsland zwischen den Fronten bezeichnet. Lost Patrols, das bedeutete zunächst ja nur «verirrte», im Gelände herumirrende Truppen. Für mich waren die Kulturoffiziere aber auch Verlierer im existenziell-politischen Sinn, den ich mir zurechtgelegt hatte und an dem ich festhalten möchte. Ihr Schicksal lag auf derselben Linie wie das der deutschen Intellektuellen, die in diesen Jahren ein unabhängiges Geistesleben aufbauen wollten. Vielleicht könnte man den Zerfall der alliierten Einheit und ihre Ablösung durch den Kalten Krieg als Modell nehmen für das, was wir seit 2015 erleben: das Ende der alten BRD-Harmonie und ihr Zerfall in die neue, als hässlich und hasserfüllt erlebte Polarität von linksliberalem Weiter-so und Populismus als dem Nachfolger des jeweiligen Weltbösen im Kalten Krieg.

Dazu fällt mir als eine hintergründige Illustration das Gemälde «Yalta» des russischen Maler-Duos Komar & Melamid ein. Sie erinnern sich vielleicht: Die beiden spielen mit der Tradition des Sozialistischen Realismus, indem sie aus dessen Versatzstücken einen phantastischen surrealistischen Realismus hervorbringen. Das «Yalta»-Gemälde gibt das berühmte Gruppenfoto mit Roosevelt, Churchill und Stalin wieder. Churchill, der erste Vorkämpfer gegen Hitler, fehlt; Roosevelt identifiziert man nur noch an seinem Mantel, er trägt einen Schildkrötenkopf wie ET, der Extraterrestrische. Aber Stalin ist sofort erkennbar präsent. Und Hitler, die Gestalt des Urbösen, ist anwesend. Unter einem Zelt oder Baldachin beugt er sich aus dem Hintergrund über die Schultern von Roosevelt und Stalin und hält dabei schelmisch lächelnd den Zeigefinger vor seinen Mund: Psst! Schenkt mir nur keine Beachtung. Bündiger hat noch niemand den Ausgang des Zweiten Weltkriegs kommentiert.

Ressentiment der Verlierer

In der «Kultur der Niederlage», 2001 erschienen, laufen Ihre Arbeiten zum Thema «Geist und Macht» auf einen Höhepunkt zu. Gehen wir zum Anfang Ihrer Biographie zurück: Sie sind 1941 geboren, mitten im Zweiten Weltkrieg. Ist die Niederlage Ihr Ur-Thema?

Als Dreijähriger habe ich da nicht viel mitbekommen, aber die Deutschen waren natürlich Spezialisten im Verlieren. Nachdem sie zunächst ihren späten Erfolg hatten – die Reichsgründung von 1871 –, ging es nur noch mit Niederlagen weiter. In zwei Weltkriegen wurde aus dem friedlichen provinziellen Deutschland der Madame de Staël der Weltstörenfried. Der Versuch, Weltmacht zu werden, ist beide Male schiefgegangen. Es gibt Länder, die auf das Verlieren abonniert zu sein scheinen, zum Beispiel Polen oder Serbien, die ihre historischen Niederlagen geradezu zelebrieren. In Deutschland gab es die Vorstellung vom Platz an der Sonne, den die etablierten Großmächte der verspäteten Nation vorenthielten und den diese sich nun erobern müsse. Das war nicht böse gemeint, sondern wurde als legitimer Anspruch des zu Unrecht Benachteiligten verstanden.

Wer zu spät kommt, hat das Nachsehen, bei der Aufteilung der Welt in Märkte wie in Imperien. Da scheint es keine Empathie der Altbesitzer für die Neuankömmlinge zu geben.

Mich erinnert das an die Erfahrungen der neuen Mitglieder der EU in Osteuropa, die von den alten im Westen als nicht ganz ebenbürtig behandelt werden, sondern etwas von oben herab. So entstehen Ressentiments. Das Ressentiment wird immer vom Benachteiligten gegenüber dem Mächtigeren empfunden. Wenn es nicht aus dem Weg geräumt wird, kann es leicht umschlagen in Arroganz. Arroganz nicht der Macht, sondern der Ohnmacht. Oder Kompensation der tatsächlichen Ohnmacht durch eingebildete moralische oder geistige Überlegenheit. So jedenfalls erkläre ich mir die Mentalität der Deutschen, nachdem sie den ersehnten Platz an der Sonne erreicht hatten und die alten Mächte sie dort nicht akzeptierten.

Als sie dann im Versailler Vertrag auch noch als Weltbösewicht geächtet wurden, war das Maß voll. Der Verliererkomplex kippte um in Triumphalismus. Diese deutsche Pathologie tobte sich im Dritten Reich aus und endete mit der zweiten Niederlage 1945. Das Ergebnis ist die bundesdeutsche Friedfertigkeit von heute. Statt von Friedfertigkeit möchte ich allerdings manchmal von Zahnlosigkeit und Beißunfähigkeit, also Konfliktunfähigkeit, sprechen. Konflikte werden bei uns meist nur undeutlich angesprochen, selten wirklich benannt oder ausgetragen. Es herrscht eine Scheu, die Dinge bei ihrem nackten Namen zu nennen.

Mir scheint, dass die Nachkriegsdeutschen, genauer: die Nachkriegswestdeutschen, bei ihrer Mimikry an den Sieger Amerika nur die halbe Lektion gelernt haben. Demokratie als Sonntagsrede, nicht als das harte Austragen von Interessenkonflikten wie in Amerika und England.

Bedeutet Ihre Sympathie für Niederlagen und Verlierer eine Sympathie für harte, d. h. nichts beschönigende und nichts besänftigende Entscheidungen? Und wenn ja, war das schon immer so? In unserem ersten Gespräch taucht Hannibal kurz als Ihr Jugendheld auf.

Damals war Rom mein Liebling. Kein einzelner römischer Held, sondern Rom als Republik. Die römischen Porträts fand ich wegen ihres herben Realismus immer schon interessanter als ihre für mich eher langweiligen griechischen Pendants in ihrer Idealität. Der Aufstieg der Bauernrepublik zur Weltmacht gegen alle möglichen Übermächte hielt mich in Bann. Aber dann kam der Klimawechsel. Rom gewann den ersten Punischen Krieg gegen Karthago. Das ging für mich auch noch in Ordnung. Sie kennen Brechts Wort über Karthago und die drei Punischen Kriege: Nach dem ersten war es noch mächtig. Nach dem zweiten existierte es noch. Nach dem dritten suchte man es vergeblich auf der Landkarte. Hannibal war der Feldherr, der im zweiten Punischen Krieg Rom fast besiegte. Ein militärisches Genie, dem aber die Begabung fehlte, seine Siege politisch umzusetzen. Vor allem aber ein großer Einzelgänger, der in der Kaufmannsrepublik Karthago nicht den notwendigen Rückhalt fand. Hätte er statt Karthago Rom als Vaterstadt gehabt, er wäre unschlagbar gewesen. So aber irrte er nach seinen Siegen in Italien ziellos im Lande umher. Mehr als zehn Jahre, bis er nach Karthago zurückkehrte und dort bei Zama 202 die entscheidende Schlacht verlor. Von seiner Vaterstadt auf römischen Druck hin fallengelassen, flüchtete er und wurde von einem seiner Asylgeber ermordet.

Sie hätten auch die Durchhaltekraft Ihres alten Kollektivhelden Rom bewundern können. Nach der vernichtenden Niederlage von Cannae sich wieder hochzukämpfen, war ja eine wirkliche Heldentat.

Wie die Großbritanniens im Zweiten Weltkrieg nach dem Desaster von Dünkirchen. Aber mir verdirbt der Triumph am Ende den Genuss des Tragischen. Rom nach Cannae fand ich gut. Rom nach Zama fand ich bestenfalls platt. Um die Parallele um noch ein Stück zu verlängern: Das Pendant Hannibals im Zweiten Weltkrieg wäre Rommel. Der gewann auch, bis eine Übermacht ihn überwältigte, und er kehrte als Geschlagener zurück, um am Ende ermordet zu werden.

Für Rom begann ich mich erst wieder zu interessieren, als sein Untergang begann. Zuerst der Untergang der Republik mit den tragischen Helden Brutus und Cassius, den Cäsar-Mördern. Dann der Untergang des Kaiserreichs. Den Triumph des Christentums fand ich, lange bevor ich von Edward Gibbons Römischer Geschichte auch nur hörte, eher abstoßend und jedenfalls unheroisch. Der Kaiser Julian Apostata, ein Intellektueller, der gegen das triumphierende Christentum das antike Heidentum wieder auferstehen lassen wollte, wurde für mich der letzte große Vorkämpfer Roms, er scheiterte natürlich. Ähnlich ging es mir mit den Helden des Trojanischen Kriegs. Achill war für mich eine seelenlose Kampfmaschine. Hektor dagegen eine tragische Figur, ein Krieger mit bürgerlichen, privat-familiären Zügen.

Aus der Hannibal-Verehrung, die zunächst mit Karthago kaum zu tun hatte, wurde am Ende für mich aber auch Karthago zur tragischen Figur. Wie die Römer im Dritten Punischen Krieg mit dem Feind umgingen, hatte nichts mehr von einem fairen Krieg, sondern war eine reine Abschlachtung wie im Zweiten Weltkrieg die Auslöschung Warschaus durch die Deutschen. Oder wie der Untergang Trojas nach Vergils «Aeneis». Karthago und Troja verschmolzen für mich in eins. Das ging so weit, dass ich mir als 15-Jähriger vorstellte, der neue Heinrich Schliemann für Karthago zu werden. Dass eine Weltstadt spurlos vom Erdboden verschwunden sein sollte, konnte ich nicht akzeptieren.

Die Figur Hannibals war für Sie ein Ideal. Könnte man von einem geistigen oder seelischen Erwachen sprechen, das damit in Ihnen ausgelöst wurde? Kommen wir noch einmal auf die Sieger Ihrer Gegenwart zurück. Sie haben von den Begegnungen mit den amerikanischen GIs im Frankfurter Freibad gesprochen. Ihnen waren die Anmut und Leichtigkeit der Amerikaner im Vergleich zu den deutschen Männern aufgefallen. Das war doch ein ganz anderer Blick auf die Sieger als der des Knaben Wolfgang Schivelbusch auf die Römer.

Die amerikanischen GIs im Frankfurter Freibad waren nur wenige Jahre älter als wir, in ihren frühen Zwanzigern, gewissermaßen ältere Brüder. Privilegiert, glücklich, reich – in dieser Reihenfolge. Strahlende, fast griechische Jünglingsfiguren, denen wir im Schwarm folgten. Das Erinnerungsbild ist das eines athletischen 20-jährigen GI und in seinem Kielwasser wir Zehnjährigen, die entweder Kaugummi wollten oder einfach nur in seiner Nähe sein. Also nichts von Verlierer-Empathie. Die kam sehr viel später. Wie in der Phantasie die Identifikation mit dem edlen Verlierer, dem Vorläufer des edlen Wilden der Aufklärung, zustande kam, daran kann ich mich nicht mehr erinnern. Jedenfalls schloss sie nicht aus, die offenkundige Überlegenheit der Sieger zu bewundern. Wahrscheinlich spielte sich das auf zwei nicht säuberlich getrennten, sondern einander überlagernden Ebenen ab. Und wahrscheinlich war das, was ich an den edlen Verlierern bewunderte, eine klassisch freudianische Übertragung vom Sieger auf den Verlierer.

An eine Szene erinnere ich mich besonders deutlich. Wir wohnten am Stadtrand, nahe dem Frankfurter Stadtwald, in dem ab und zu Manöver der Amerikaner stattfanden. Da kam einmal ein Armeelastwagen mit zehn oder zwanzig GIs drauf, und einer von denen winkte mich heran und sagte: «Wurst! Wurst!» – ich sagte: «Da ist ein Gasthaus! Da gibt es Wurst!» Dann holte er eine Handvoll Münzen aus der Hosentasche, und zwar für mich viel Geld, Ein- bis Fünf-Mark-Stücke, und drückte sie mir in die Hand. Erstaunt über das Vertrauen holte ich ihm die Wurst und gab ihm das genaue Wechselgeld zurück. Ein Trinkgeld gab er nicht. Wahrscheinlich hat er gar nicht mitbekommen, was für ein Schlüsselerlebnis dieses Herumwerfen mit Geld für einen deutschen Jungen war. Und wahrscheinlich hatte er auch noch nicht die Erfahrung gemacht, dass ein anderer Junge mit der Handvoll Münzen keine Wurst apportiert hätte, sondern um die nächste Ecke verschwunden wäre. Es war ein Zusammentreffen von zwei Ahnungslosen.

Nach Hannibal, dem edlen Verlierer, haben Sie unbekümmerte Sieger, die GIs, kennengelernt. Haben Sie das schon damals so gesehen, dass es Sieger und Verlierer gibt?

Nicht als Unterschied von Sieger und Verlierer, sondern nur als bevorzugt und benachteiligt. Auch die Ruinen, in denen wir spielten, sahen wir ja nicht als Resultat einer gewaltigen Zerstörung, sondern als immer schon da gewesen.

Versuchen wir herauszufinden, was die Wurzeln sind für Ihr großes Buch «Die Kultur der Niederlage». Da ist der Moment, als die Amerikaner Ihnen das erste Mal begegneten, schon interessant. Jetzt weiter auf dieser Spur. Wir haben zuletzt über die in Ihren Büchern behandelten Menschen- oder Kulturwelten gesprochen, die Frankfurter Intellektuellen, die Bibliothekare, die sich um den Wiederaufbau in Löwen kümmerten, und die Intellektuellen nach dem Krieg in Berlin. Gibt es in den früheren Büchern über die Ding-Welten – Eisenbahn, Genussmittel, Beleuchtung – irgendeine Entsprechung?

Absolut. Ich habe mit den Dingen der Technik angefangen. Mein Interesse war: Was passiert eigentlich, wenn eine neue Technik auftritt, die die vorangehende alte ablöst? Sie «schlägt» und vertreibt sie. Sie geht aus dem Zusammentreffen hervor als der Sieger, was ich ursprünglich nicht so gesehen habe. Darauf brachte mich Alexander Kluge in einem seiner Fernsehgespräche. Er nannte die jeweils neuen Techniken, die ich in meinen ersten Büchern darstellte, Siege und die alten, überwundenen Technikverfahren Niederlagen.

Was passiert also, wenn das technisch Neue das Alte

überwindet? Es ist eine Verdrängung aus der Macht, die das Alte bis dahin ausübte. Als breiter Hintern sitzt die alte Macht über allem. Alles zudeckend, kontrollierend, beherrschend. Nun kommt das Neue. Es ist sehr viel leichter, schneller, beweglicher. Es ist jedoch keine unbefleckt empfangene Leichtigkeit und Schnelligkeit, sondern das Ergebnis genauester Kalkulation der Naturkräfte, -stoffe und -gesetze. Mit einem Wort: gesteigerte Unerbittlichkeit gegenüber der Natur. Die alte Technik ist wie der alte Herrscher: aus Altersschwäche nachsichtig, nur mit Mühe sich fortbewegend. Zugleich launisch und ungerecht, aber auch altmodisch großzügig. Mit einem anderen Bild wäre die alte Technik der Rentner oder der Pensionär, der nicht mehr im Rattenrennen mitmacht, sich zurücklehnt und die Sache aus der Entfernung souveräner betrachtet als die noch strampelnden Jüngeren.

Das war meine Frage: Wie klar ist Ihnen das gewesen, während Sie diese Bücher schrieben?

Als ich das Eisenbahnbuch schrieb, war ich allein am Triumphzug der neuen Technik interessiert. Postkutsche, Pferde usw. habe ich dabei immer nur mitleidig als von der Geschichte abgeschrieben belächelt.

Einfach abgeschrieben?

Total abgeschrieben. Ich war auf der Seite des Fortschritts und jedes Mal überrascht, wenn die originellsten und überzeugendsten Beschreibungen der Welt- und der Wahrnehmungsveränderung durch die Technik von Leuten kamen, mit denen ich weltanschaulich überhaupt nichts am Hut hatte. Nämlich von Konservativen. Ruskin war, glaube ich, der Erste, dessen Beschreibungen der Zermalmung der alten Welt durch die Eisenbahn mich in Bann schlugen. Das war Anfang der 70er Jahre in der Library of Congress, in der Rotunde des Hauptlesesaals. Ich bestellte die zigbändige Ausgabe seiner gesammelten Werke und arbeitete sie anhand des Registerbands durch. Meinen ersten Durchbruch verdankte ich also einem für den fortschrittsgläubigen Normalverbraucher politisch absolut inkorrekten Autor. An die inneren Widerstände, die ich dabei in mir selber überwinden musste, erinnere ich mich noch lebhaft.

Liegt es nicht in der Natur der Sache, das gerade Entstehende viel weniger präzis beschreiben zu können als das schon lang Bekannte?

Präzision ist hier ja nicht die Aufgabe. Die Eisenbahn als Maschine lässt sich präzise im Sinn der Ingenieurwissenschaften beschreiben. Wie die maschinell produzierte Geschwindigkeit vom Menschen erlebt wird, ist etwas anderes. Für die Nahtstelle zwischen Alt und Neu, wo sich der Kampf abspielt, haben die Fortschrittsliberalen des 19. Jahrhunderts kein Sensorium. Da werden sie platt und banal. Die romantische Mühle am rauschenden Bach als die Gegenrealität der Turbine hat bei ihnen keine Chance. Ich habe lange gebraucht, bis ich entdeckte, dass die Romantik der Konservativen am Ende auch in der Turbinentechnik Qualitäten zu erkennen vermag, die über die Nützlichkeit oder Profitabilität hinaus weitere und tiefere Dimensionen eröffnen. Aber das haben Leute wie Karl Mannheim schon früher so gesehen. Und selbst Karl Marx entwirft ein Bild der zukünftigen kommunistischen Gesellschaft, das mehr einem romantischen Ideal gleicht als einer futuristischen Vision. Man denke an die Sätze, wo er den Menschen im vollendeten Kommunismus als jemanden beschreibt, der morgens jagt, nachmittags fischt, abends Vieh züchtet und nach dem Essen kritisiert.

Als Sie zum ersten Mal gemerkt haben, dass die konservativ-romantischen Technik-Beschreibungen Sie faszinieren, hat Sie das schockiert?

Ja. Es hat mich schockiert, dass die falschen Leute die neue Realität besser beschrieben als meine bekannten Gewährsleute des Fortschritts. Ignorieren konnte ich diese Beschreibungen nicht. Dafür waren sie zu schön und treffend. Ich benutzte sie mit dem schlechten Gewissen und dem Genuss am Verbotenen.

Wurde das Konservative durch diese frühen Eisenbahnbeschreibungen für Sie zum eigenen Thema?

Noch nicht als das Konservative, sondern erst mal als Romantisch-Konservatives. Romantisch-konservativ, diese zwei Worte stehen ja für die gleiche Sache, nämlich die Sehnsucht nach der Vergangenheit, nach dem Vergangenen, das nicht mehr ist. Das Wort «konservativ» habe ich bis vor relativ kurzem nicht auf mich angewandt. Es klang mir zu sehr nach Arbeitgeberverband, Muff von tausend Jahren und dergleichen. Seitdem der Konservatismus jetzt, wie früher einmal die Linke, aus dem Mainstream verbannt ist, sehe ich es anders. Jetzt habe ich sogar eine gewisse Lust am Reaktionären als dem einzig verbliebenen

Bürgerschreck in unserem intellektuell verödeten Justemilieu.

Bleiben wir beim romantischen Motiv. Was für eine Rolle spielt es in Ihrer Arbeit? Wann kam es auf?

Romantisch ist ein Begriff, den ich damals vermieden habe, weil er mir zu nahe an der Literatur lag. Stattdessen verwendete ich das Wort nostalgisch. Das ist ein Begriff, den ich noch in Berlin, vor der «Geschichte der Eisenbahnreise», kennenlernte. Damals kam aus Amerika eine neue Filmmode. Als nostalgisch wurden Filme bezeichnet, die in der Art ihrer Inszenierung und Ausstattung, der Mode, der Automodelle und der gesamten Alltagsästhetik das Flair der 40er und 50er Jahre nachempfanden. Es begann mit einem Kinofilm, den ein junger Regisseur, Peter Bogdanovich, 1971 außerhalb des Studiosystems gedreht hatte. Er hieß «Die letzte Vorstellung» («The Last Picture Show») und bezog sich auf das Ende der Kinokultur durch das Fernsehen. In melancholischem Schwarzweiß gedreht, gab der Film die Stimmung eines Amerikas wieder, das seine Unschuld noch nicht verloren hatte. Die letzte Szene zeigt den Abschied einiger junger Männer in Uniform zum Einsatz in Korea. In der Schlussphase des Vietnamkriegs wusste jeder Zuschauer, dass damit der Anfang vom Ende Amerikas als moralischer Macht gemeint war. Aber das war es nicht, was mich am Begriff der Nostalgie fesselte.

Mich interessierte diese Mode nicht als Verklärung der Vergangenheit, wie alle Zeitalter sie kannten und kennen. Sondern als Ausdruck dieser spezifischen Sehnsucht im Zeitalter der industriellen Massenproduktion und Massenkultur. Damals schrieb ich einen Aufsatz mit dem Titel «Das nostalgische Syndrom». Darin versuchte ich das Phänomen des Antiquarischen, also der Antiquität, das ja nur handwerklich-vorindustriellen Produkten zugestanden wird, einmal auf die Dinge der industriellen Massenproduktion anzuwenden. Meine Frage war: Wie altern die Produkte der industriellen Massenproduktion? Was geschieht, wenn ihre Allgegenwärtigkeit aufhört und sie so total von der Bildfläche verschwinden, als wären sie nie da gewesen? Genauer: Was geschieht, wenn nach einer Anzahl von Jahrzehnten das eine oder andere dieser verschollenen Exemplare wieder aus der Versenkung auftaucht? Es taucht dann als nostalgisches Objekt auf. Meine Definition des nostalgischen Objekts war damals, dass es eine große Ruhe ausstrahlt, weil es nicht mehr Teil des erbarmungslosen Konkurrenzkampfes des Marktes ist. Es hat jetzt so etwas wie die Würde der klassischen Antiquität.

«Die Würde der klassischen Antiquität»: Können Sie etwas genauer erklären, was Sie damit sagen wollen? Und dann auch noch gleich, was Sie mit der «Energie» und der «Präsenz» meinen, die in das nostalgische Objekt eingehen?

Für mich gehen diese Qualitäten – Energie, Präsenz, Würde – in die Dinge ein wie Wasser in einen Schwamm. Oder wie Nährstoffe in den Verdauungsapparat. Das Stichwort ist für mich: Assimilation. Die Aufnahme der äußeren Realität und ihre Umwandlung in das physische Ich. Aber das ist jetzt ein zu großer Sprung in ein anderes Thema, auf das wir später noch zu sprechen kommen werden. Nur noch schnell ein Wort zur «Würde». Die ist für mich ganz zentral, wenn es sich um die Herausbildung der Massenproduktion, der Massengesellschaft, der Massenkultur, kurz: der Masse schlechthin, handelt. Würde wurde immer nur dem Individuum zugesprochen. Egal ob es Mensch oder Gegenstand war. Wenn das Individuum in der Masse auf- oder untergeht, stellt sich mir die Frage, was mit seiner Würde – also Individualität – geschieht. Erhält sie sich? Verteilt oder verkleinert sie sich im Verhältnis zur Massenhaftigkeit?

Es geht um Mischzustände, Mischverhältnisse. Mich interessieren immer die Übergänge, wenn alte und neue Technik sich begegnen und vermischen. Mich hat an Walter Benjamins Aura-Theorie immer der Teil angezogen, wo er davon spricht, dass die Fotografie als Reproduktionstechnik den Dingen zwar die Aura ihrer Einzigartigkeit nimmt, aber dass in den ganz frühen Fotografien sich noch ein Rest davon erhalten hat. Ich würde sagen: ein Rest von Würde oder besser noch von Schwere und Ruhe. Die nostalgischen Objekte aus früheren Zeiten der Massenproduktion, wie Filme, Bekleidung oder Automodelle, haben noch ein größeres spezifisches Gewicht. Sie enthalten noch ein erkennbares und fühlbares «Surplus» an Material und an Subjektivität, das ihren Nachfolgern fehlt. Hier komme ich zurück auf das Bild des Rentners, der ja auch nicht mehr in die Zweckrationalität passt, die sich nach seiner Pensionierung konsequent und erbarmungslos weiterentwickelte und immer weiterentwickelt. Da gibt es kein Ende. Was im Vergleich zu seinem Vorgängerprodukt gesichtslos und gewichtslos erscheint, rückt unweigerlich, wenn seine Stunde schlägt, in die Position des vergleichsweise Substanziellen nach.

Ich würde nur noch hinzufügen, was mich zur Wiederentdeckung des Geistes in seiner materiellen Realität veranlasste. Denn nicht die reinen Geistesprodukte der Kunst,

Literatur und Philosophie interessierten mich, sondern das Leben des Geistes in der materiellen Realität. Ungefähr das, was man in meiner Studienzeit «Wissenssoziologie» und «Kultursoziologie» nannte. Dass ich den Geist und die Geistesgeschichte wiederentdeckte in der Verbindung mit der «deutschen Frage», der deutschen Dämonie, der deutschen Urschuld im 20. Jahrhundert, hatte wahrscheinlich schon zu tun mit der Verlegung meines Lebens aus Deutschland hinaus und der Sicht aus der Ferne, die das mit sich brachte. Dazu kam ergänzend, aber entscheidend ergänzend, meine Entdeckung des Teils von Amerika, der der deutschen Urschuld am nächsten kam. Das war der amerikanische Süden, belastet von der Schuld der Sklaverei. Am Beginn waren die Südstaaten für mich einfach ein Teil der Vereinigten Staaten, mit einer großen Literaturgeschichte und eben der noch größeren «part maudite» (um Georges Batailles schönen Ausdruck zu benutzen) der Sklaverei und ihrer Fortsetzung in der Rassendiskriminierung.

Als ich mich im «Niederlagen»-Buch intensiver mit der Geschichte der Südstaaten beschäftigte, entdeckte ich eine erstaunliche Parallele zur deutschen Geschichte. Denn wie Amerika seit dem Ersten Weltkrieg Deutschland als das Weltböse schlechthin und das spezifische Gegenbild der USA aufbaute, um daran die eigene Unschuld zu demonstrieren, so grenzte der Norden im Bürgerkrieg und noch lange danach bis in die 60er Jahre der Bürgerrechtsbewegung die Südstaaten als eigentlich nicht zur Nation gehöriges Monstrum aus. Was mich für den Süden und seine Seele einnahm, war, dass hier nicht der laute Optimismus den Ton angab, der einem zuweilen in Mainstream-Amerika auf die Nerven geht. Gerade unter Intellektuellen macht sich dieser Unterschied bemerkbar. Die oft schrille moralische und politische Korrektheit der Ostküsten-Intelligenz findet man im Süden weniger ausgeprägt. Ich würde die Mentalität und allgemeine Stimmungslage im Süden etwas kühn als elegisch bezeichnen. Elegisch fast im Sinne einer femininen Kultur. Die Figur der Southern Lady war ja schon immer ein Idealtypus für die gesamte Gesellschaft im Süden. Das kann man in zahllosen Hollywoodfilmen sehen. Am deutlichsten natürlich in der Gestalt der Scarlett O'Hara in «Vom Winde Verweht». Die Southern Lady ist feminin und kraftvoll zugleich, ohne dass man etwas von einer dahinterstehenden Theorie merkt. Mit einem Wort: natürliche Autorität im Unterschied zur nicht selten puritanisch-aktivistischen Variante des im Norden heimischen Feminismus. Aber jetzt schweige ich lieber, als mir den Mund zu verbrennen.

Schade. Das zentrale Thema der «Kultur der Niederlage» sind Mythen und Legenden, mit denen die Verlierer sich über das Trauma ihrer Niederlage trösten. Mit dem Begriff Freuds: die Trauerarbeit. Wie kamen Sie zu dieser Fragestellung?

Auch hier war wohl mein Ortswechsel hinaus aus der deutschen und europäischen Provinz am Werk. Mit einem Schlag erschienen Deutschland und Europa tatsächlich provinziell. Es war die gleiche Erweiterung der Perspektive, wie ich sie in den amerikanischen Bibliotheken erlebte: Die eigene Geschichte und Kultur war nun nicht mehr das Zentrum des Weltgeschehens, sondern eine unter anderen. Eine kopernikanische Wende. Dazu gehörte auch der deutsche Sonderweg, ein anderes Wort für Deutschland als das Weltböse. Aufgewachsen war ich mit dem Abscheu des Linksliberalen vor einer solch demagogischen Ungeheuerlichkeit wie der Dolchstoßlegende. Das machte mich neugierig, wie denn andere Nationen ihre großen Niederlagen verarbeiteten. Und das brachte mich auf den französischen Mythos der Revanche nach der Niederlage von 1871 und auf den der Lost Cause im amerikanischen Süden nach dem verlorenen Bürgerkrieg. Von allen gefiel mir die Lost Cause am besten. Sie machte keinen großen Lärm, sondern nannte die Sache einfach bei ihrem Namen. Sie war auch nicht aggressiv, sondern eher resignativ, fast elegisch im vorhin erwähnten Sinn. William Faulkner hat ihr die große literarische Form gegeben.

Wie Sie die Dolchstoßlegende und die Lost Cause beschreiben, stehen sie für sehr unterschiedliche, ja gegensätzliche Arten der Niederlagen-Verarbeitung. Einmal die glatte Leugnung der Niederlage («im Felde unbesiegt») und die Projektion von Schuld und Verantwortung auf den innenpolitischen Gegner. Das andere Mal das widerstandslose Sichabfinden mit den Tatsachen. Unter dem Strich käme dann aber doch wieder das alte Modell «deutscher Irrweg» versus «westliche Wahrheit» dabei heraus.

Nicht ganz. Denn in den Augen des siegreichen Nordens war die Lost Cause nichts anderes als ein Tarnnetz, unter dem der alte Süden seinen Rassismus der Sklavenhaltergesellschaft munter weiterlebte. Es geht mir bei meinen Vergleichen weniger um das genaue Abgleichen einzelner Positionen, sondern eher um so etwas wie chemische Verbindungen, die dieselben Elemente unter verschiedenen Bedingungen eingehen. Man kann es mit Goethe auch als Wahlverwandtschaften bezeichnen.

Das Verhältnis von Dolchstoß und Lost Cause sehe ich als eine Art Menuett, in dem die Tanzenden einander nähern und wieder entfernen. Ihre Positionen können deckungsgleich und bald darauf konträr werden. Nach dem Vietnamkrieg etwa bildete sich im rechten Spektrum der amerikanischen Geschichtsschreibung eine amerikanische Dolchstoßlegende, die allerdings im Unterschied zur deutschen Dolchstoßlegende politisch marginal blieb.

Eine ganz persönliche Frage: Sie sagten selbst, dass der Blick von Amerika zurück auf Deutschland und Europa Perspektiven eröffnete, die Sie sonst wohl nicht gehabt hätten. Könnte es sein, dass Ihre Ortsveränderung bewusst oder unbewusst mit diesem Ziel zu tun hatte? Und noch einen Schritt weiter: Sie erwähnen immer wieder fast leitmotivisch die deutsche Schuld im 20. Jahrhundert und setzen sie in Beziehung zu Ihrem Gastland Amerika. Das klingt so persönlich wie die Frage: Hat dieses Amerika für Sie vielleicht so etwas wie eine therapeutische Bedeutung gehabt?

Das habe ich mich häufig auch gefragt. Und Anlass zu dieser Frage gibt es ja mehr als genug. Es fängt damit an, dass ich in meinem ersten Buch über die Eisenbahn Deutschland nicht einmal erwähnte. Die industrielle Revolution in Deutschland jedenfalls in ihren Anfängen im frühen 19. Jahrhundert war mir einfach zu provinziell. England war die führende Industrienation und Frankreich der führende Kommentator. Das änderte sich im 20. Jahrhundert, als Deutschland seine Karriere als Weltbösewicht begann. Ich interessiere mich wohl immer nur für das Original eines Neuen, das in die Welt eintritt, nicht für die Kopien, selbst wenn diese, wie heute durch China, die alten Originale überholen. Und es sind ja bekanntlich allein die Originale, die mythenbildende Kraft haben.

Noch einmal zurück zur Ausgangsfrage. Immer wieder kommen Sie auf die deutsche Geschichte im 20. Jahrhundert als das Reich des Weltbösen und Amerika als den Vertreter des Weltguten zurück: Das ist aber offensichtlich nicht Ihre persönliche Überzeugung, sondern Sie beschreiben damit einen Aspekt des amerikanischen Selbstverständnisses. Und zwar mit einigem Sarkasmus.

Ihre ursprüngliche Frage war ja, ob Amerika für mich als Nachgeborenen des deutschen Weltbösen so etwas wie eine therapeutische Rolle spielte. Die Antwort lautet: Ja, natürlich. Und zwar auf mehreren Ebenen. Das Schicksal des amerikanischen Südens habe ich erwähnt. Es begann nicht erst mit der Niederlage im Bürgerkrieg. Die Südstaaten waren wie Deutschland so etwas wie eine verspätete Nation, die aber, bevor sie ins Hintertreffen geriet, Avantgarde war. So stammten die Gründerväter und die bedeutenden Staatsmänner Amerikas vor dem Bürgerkrieg meist aus dem Süden. Und lange bevor der Norden sich industrialisierte, war die Landwirtschaft des Südens eine ökonomische Erfolgsgeschichte. Dann wendete sich das Blatt. Wie das Heilige Römische Reich die Nationenbildung in Europa verpasste und sich marginalisierte, so verpasste der Süden die Abschaffung der Sklaverei und den Systemwechsel zur freien Lohnarbeit und geriet ins Abseits.

Nun kommt aber der mich faszinierende Teil dieser Parallelgeschichte. Denn wie der Norden nach dem Bürgerkrieg den Süden als moralisches Monstrum verurteilte, so taten es die Vereinigten Staaten im 20. Jahrhundert gegenüber dem Weltkriegsverlierer Deutschland, und dies zweimal. Mit teilweise fast wörtlich den gleichen Gründen.

Das haben Sie ja auch ausführlich in Ihrem «Niederlagen»-Buch dargestellt. Aber noch einmal: Wie kamen Sie von dieser Analogie- oder Parallelgeschichte darauf, Amerika eine für Sie persönlich therapeutische Rolle zuzuschreiben?

«Persönlich» natürlich nicht im individuell-autobiographischen Sinn. Wohl aber im kollektiv-historischen. Wer im Ausland lebend täglich unterschwellig mit der Kollektivschuld oder -scham seines Heimatlandes konfrontiert wird, sucht nach Normalisierung. Mein Weg der Normalisierung war, zu zeigen, dass die deutsche Erbsünde in den anderen Nationen des Westens – und allen voran in Amerika – durchaus Verwandtschaft hatte. Diese Entdeckung wäre mir unmöglich gewesen, wenn ich in Deutschland geblieben wäre. Es gibt Dinge, die man außerhalb der Höhle des Löwen nicht erlebt. Aus der Höhle des amerikanischen Imperiums heraus sieht die Welt anders aus als aus der Provinzperspektive Europas oder gar Deutschlands. Das Wort Macht hat im Zentrum einer Weltmacht einen anderen Klang als außerhalb. Dasselbe gilt für das Wort Moral, sachlicher, weniger sentimental. Das heutige Deutschland und Europa sind in ihrer sicheren Entfernung von der Macht Prachtbeispiele dafür, wie die Moral an die Stelle der Macht tritt.

Ein letztes Mal zum Begriff der Therapie. Nach dem, was Sie zuletzt sagten, bezieht sich die Therapie, die Amerika für Sie bedeutete, auf das deutsche Trauma des Weltbösen. Damit zu-

sammenhängend benutzten Sie das Wort Normalisierung. Ich brauche Sie nicht daran zu erinnern, dass dieses Wort, wenn es auf die deutsche Ur-Schuld angewandt wird, von vielen als Unwort abgelehnt wird.

Nicht von mir. Aber ich sehe schon, dass wir uns hier in der Nähe des Minengeländes der deutschen Tabuisierungen befinden.

Nehmen wir den Gesprächsfaden auf, wo wir ihn fallen ließen. Ich meine Ihre von Alexander Kluge übernommene Feststellung, dass das Zusammentreffen von alter und neuer Technik ein Kampf ist, in dem das Neue siegt und das Alte verliert. Also auch eine Kultur der Niederlage. Sie haben beide Typen der Niederlage beschrieben. Offenkundig ist die Niederlage einer Technik aber etwas anderes als die einer Nation. Sie begannen mit der Technik und kamen rund 25 Jahre später zur Nation. Das sind sehr unterschiedliche Welten, mit sehr unterschiedlichen Materialien und Quellen. Wie wirkte sich das in Ihrer Arbeit aus?

Als ich mir das Eisenbahnthema vornahm, hatte ich ein freies Feld vor mir liegen. Niemand in der Literaturwissenschaft interessierte sich für Technik, ausgenommen natürlich die von Walter Benjamin & Co. in die Literatur, die Ästhetik, die Psychologie, Philosophie etc. übersetzte Technik. Technik an sich war Sache der Technikgeschichte, und die lag vollkommen außerhalb der geisteswissenschaftlichen Territorien. Ich konnte auf dem von niemandem sonst beanspruchten Gebiet also schalten und walten, wie ich wollte. Unbekümmert um etwa geltende Regeln und skrupellos wie ein spanischer Conquistador im Reich der Azteken und Inkas oder ein Ethnologe in einem unentdeckten Stamm. Ob es sich um Texte von Eisenbahningenieuren, Ärzten, Journalisten, Politikern, berühmten Schriftstellern oder wem auch immer handelte, ich bestimmte, wie sie anzubringen und einzusetzen waren.

Mein großer Vorteil war dabei natürlich, dass ich die Sichtweisen, die ich in den Geisteswissenschaften angenommen hatte, nun auf das ganz andere Material der Technik richten konnte. Das gab mir, oder vielmehr: Ich nahm mir eine Art Narrenfreiheit im Verhältnis zu den Disziplinen Literaturgeschichte und Technikgeschichte mit ihren strengen Regeln.

Irgendjemand – ich glaube Sigfried Giedion – hat die Geschichte der Technik einmal als «anonyme» Geschichte bezeichnet, im Unterschied zur Geschichte der großen Namen. Noch einmal die Frage: Wie wirkte sich Ihr Wechsel von der Geschichte der anonymen Dinge zur Geschichte der großen Namen in Ihrer Arbeitsweise aus?

Zunächst als Souveränitätsverlust. In den Dinggeschichten hatte ich den Ton angegeben. Es war egal, ob ich einen Eisenbahningenieur, Heinrich Heine oder John Ruskin zitierte. Sie alle traten auf als die von mir versammelten Gewährsleute für die Sache, die allein in meine Kompetenz fiel. Das war mit dem «Niederlagen»-Buch etwas ganz anderes. Die Sache, um die es jetzt ging, war die Nation. Mehr noch: die Nation in einer existenziellen Krise. Etwas Gewichtigeres und Größeres war nicht vorstellbar. Und so waren es denn auch die Geistesgrößen ihrer Nation, die sich zum Trauma der Niederlage äußerten, und zwar in Worten, denen meist nichts hinzuzufügen war. In dieser

Gesellschaft der Wortmächtigen fühlte ich mich als Autor ziemlich wortunmächtig und klein. Jedenfalls alles andere als souverän.

Ihr «Niederlagen»-Buch erschien in Amerika im Frühjahr 2003, just zum Zeitpunkt der amerikanischen Invasion im Irak. Wir alle erinnern uns an den amerikanischen Triumph mit dem Slogan «Mission Accomplished». Das war ja für einen kurzen historischen Moment das genaue Gegenteil einer Niederlage. Gab es eine Reaktion?

Ich möchte es umgekehrt ausdrücken. Es gab vielleicht so etwas wie eine Vorahnung, dass der Triumph kurz sein und bald in etwas ganz anderes übergehen würde. Anders kann ich mir die gedrückte Stimmung nicht allein in meinem Bekanntenkreis, sondern in der Breite der Bevölkerung im April 2003 nicht erklären. Sie erinnerte mich an die oft geschilderte Stimmung in Deutschland beim Ausbruch des Zweiten Weltkriegs, die so ganz anders war als im August 1914. 1914 Jubel, 1939 allgemeine Niedergeschlagenheit. Jedenfalls überraschte es mich, dass der Blitzsieg im Irak zur gleichen Zeit offizielle Triumphgesten und reale Niedergeschlagenheit auslöste.

Vielleicht war es ein Indikator für diese Stimmung, dass der für die Op-ed-Seite der *New York Times* zuständige Redakteur mich anrief und fragte, ob ich einen Kommentar zur Irakinvasion schreiben könne. Man bedenke: Die NYT fordert den unbekannten Autor eines gerade erschienenen Buchs über die Kultur der Niederlage auf, den gerade errungenen Blitzsieg zu kommentieren. Ziemlich verkehrte Welt. Oder?

Und? Was schrieben Sie?

Ich kommentierte nicht den Sieg, sondern das Titelbild der *New York Times* vom 17. April 2003. Es zeigte die siegreichen amerikanischen Generäle an einem Prunktisch in einem der Paläste Saddam Husseins sitzend. Mir schien das kommentierenswert, weil es doch in die ikonographische Tradition der Unterzeichnung von Kapitulationen und Friedensverträgen gehörte. Da ist stets ein langer Tisch, mit den Siegern auf der einen, den Verlierern auf der anderen Seite, die das Dokument unterzeichnen. In meinem Kommentar erläuterte ich die Bedeutung dieses Rituals: Der Besiegte erkennt seine Niederlage an, und der Sieger nimmt diese Anerkennung entgegen. Selbst die Zeremonien der bedingungslosen Kapitulationen Deutschlands und Japans 1945 wahrten diese Form. Dass die besiegten Staaten anschließend von den Siegern aufgelöst und deren Vertreter, die die Kapitulation unterzeichnet hatten, als Kriegsverbrecher gehängt wurden, änderte nichts an dem völkerrechtlichen Grundsatz, dass die Unterwerfung in wechselseitiger Anerkennung geschehen musste.

Diese traditionelle Gemeinschaft von Siegern und Besiegten fehlte in dem Tableau an Saddam Husseins Tisch. Daher der Titel meines Kommentars: «The Loneliest Victors» – am besten zu übersetzen mit «Die Einsamkeit der Sieger».

Es fehlte darüber hinaus aber auch noch der letzte Satz. Er lautete – und ich zitiere aus der Zeitschrift *Cabinet*, in die ich ihn wenig später hinüberrettete, weil er mir zu wichtig war, um durch die Streichung eines Redakteurs verlorenzugehen. Der Satz lautete: «Eine letzte Ironie der

Geschichte könnte sein, dass anstelle der angeblichen Massenvernichtungswaffen, derentwegen der Krieg begonnen wurde und die sich immer mehr in Luft auflösten, nun die wirkliche Gefahr für Amerika darin besteht, dass die ebenso angeblich spurlos verschwundene irakische Armee möglicherweise nur in den Untergrund gegangen ist.»

Ich hatte natürlich keine Ahnung, dass die wie vom Erdboden verschluckte irakische Armee zehn Jahre später als der Islamische Staat wiederkehren würde. Aber genau das geschah ja, wie wir inzwischen wissen: Der Islamische Staat wurde ein Sammelbecken für die nur scheinbar verschwundene irakische Armee und die übrigen Restbestände des Saddam-Hussein-Regimes. Dass das, was ich leichthin als reine Spekulation formuliert hatte, so brutale Wirklichkeit werden sollte, hat mich selber erschüttert.

Lassen Sie uns von Ihrer jahrzehntelangen Wahlheimat Amerika zurückkehren nach Europa und Deutschland. Zumal Sie 2014 ja selber aus der Neuen Welt in die Alte zurückgekehrt sind. Die Bundesrepublik, in die Sie zurückkehrten, war aber nicht die, die Sie 40 Jahre zuvor verlassen hatten. Inzwischen waren die beiden deutschen Staaten wiedervereinigt, und zwar als Folge des Zusammenbruchs des sozialistischen Lagers. Der Zusammenbruch der Sowjetunion wird gewöhnlich als Resultat der Volkserhebungen in Osteuropa gesehen. Das war auch die Initialzündung. Aber was dann geschah, war eher eine Machtübernahme als die Vereinigung von ebenbürtigen Partnern. So jedenfalls stellte es sich für viele im ehemaligen sowjetischen Einzugsbereich dar. War das, was 1989/90 geschah, am Ende also doch eine nur not-

dürftig verbrämte und schöngeredete Niederlage des zweiten deutschen Staates DDR?

Ja. Und zwar mit gleich zwei historischen Paten. Erstens erinnerte mich das Aufgehen der DDR in der Bundesrepublik an das Ende des amerikanischen Bürgerkriegs. Zwar wurde der zweite deutsche Staat vom ersten nicht nach einer militärischen Niederlage annektiert, sondern er schloss sich nach einer demokratischen Wahlentscheidung an. Aber alles, was folgte, lief auf eine ziemlich unverhüllte Okkupation hinaus. Und hier zeigt sich die zweite historische Patenschaft. Die Besetzung Deutschlands 1945 durch die Alliierten. Für die Westdeutschen waren die klaren Sieger und neuen Machthaber die Amerikaner. Deren Re-Education-Programm stieß mittelfristig jedenfalls auf eine regelrechte Willkommenskultur. Was sicher nicht geschehen wäre, wenn Amerika so unattraktiv wie Russland und so machtlos wie Frankreich und England gewesen wäre. Es war aber das Erfolgsmodell schlechthin. Die Westdeutschen mussten nicht überzeugt und umerzogen werden. Sie taten das begeistert von sich aus. Als ein halbes Jahrhundert später die DDR von der Bundesrepublik geschluckt wurde, wiederholte sich das Geschehen von 1945 mit einem Unterschied. Es fehlte die begeisterte Zustimmung zum Siegermodell. Oder wenn sie vorhanden war, dann nur für einen Moment. Nach der ersten Begeisterung verflog sie schnell und machte dem Ressentiment Platz. Ressentiment, wir erinnern uns, ist der Vorbehalt des Schwächeren gegenüber dem Starken. Aber das war nur die eine Seite. Denn die Westdeutschen als die nunmehrigen Sieger schlüpften nun behende in die Rolle, die 1945 die Amerikaner gespielt hatten. Wie sie selber einmal nach der amerikanischen Pfeife getanzt hatten, so genossen sie es nun offenbar, als «neue Amerikaner» ihre von der Geschichte weniger beglückten ostdeutschen Landsleute nach ihrer Pfeife tanzen zu lassen.

New York: Die persönliche Topographie

Über New York sprachen wir einmal. Im Sommer 1970 landeten Sie dort zu Ihrem ersten Amerikabesuch und erlebten Ihren amerikanischen Kulturschock. New York war damals für Sie der erste Eindruck Amerikas, Amerika schlechthin. Lassen Sie uns jetzt über Ihre persönliche Topographie der Stadt sprechen, wo und wie Sie dort lebten. Nach den vier Monaten im Sommer 1970 kehrten Sie nach Berlin zurück. Dort schrieben Sie Ihre Doktorarbeit und kehrten dann im Herbst 1973 wieder zurück nach New York mit einem Stipendium und der festen Absicht, das Projekt «Geschichte der Eisenbahnreise» anzugehen.

Die Rückkehr erfolgte nicht direkt, sondern über den Umweg Washington D.C. Dort hatte ich im Sommer 1970 die Library of Congress für mich entdeckt und entschieden, dass dies der Ort für meine künftige Arbeit werden müsse. Was ich nicht bedacht hatte, war, dass die Library of Congress zwar als die größte Universalbibliothek der Welt alle meine Materialbedürfnisse erfüllte, dass sie aber in einer geistigen Einöde lag. Es gab zwar zwei Universitäten, aber keine Spur eines nichtakademischen intellektuellen Lebens, wie ich es von Berlin gewohnt war und auch bei meinem ersten Aufenthalt in New York auf Anhieb vorfand. Nach ein paar Wochen geistiger Aushungerung in Washington fuhr ich also nach New York. Ich überzeugte mich davon, dass dort noch die gleiche intellektuelle Atmosphäre wie beim ersten Besuch herrschte, und siedelte über, nachdem ich sichergestellt hatte, dass das für Washington gewährte Stipendium auch in New York abgearbeitet werden konnte. Vielleicht sollte ich noch erwähnen, dass ich den Militärputsch in Chile gegen Allende im September 1973 in Washington erlebte. Das war wohl die größte Entfremdungserfahrung meines Lebens. Denn es gab keinen Menschen in meinem Umkreis, mit dem ich darüber sprechen konnte. Ich hätte dieses politische Trauma ebenso gut auf dem Mond erleben können. Diese totale Isolation in einem existenziellen Moment war wahrscheinlich der letzte Sargnagel für meinen Plan, dauerhaft in Washington zu bleiben. Später reiste ich natürlich immer wieder zu Forschungsaufenthalten dorthin. Wegen der Unerschöpflichkeit der Library of Congress und der National Library of Medicine.

Die New Yorker Gemeinschaftswohnung vom Sommer 1970 stand drei Jahre später vermutlich nicht mehr zur Verfügung. Wo logierten Sie sich ein?

Bevor wir zur Wohnsituation kommen, muss ich noch ein Wort zur Rückkehr aus Washington nach New York sagen. Es war die Rückkehr aus geistiger Kälte in eine Wärmezone. Ich fühlte mich erinnert an die Vergangenheit meiner Ortswechsel zwischen West- und Ost-Berlin. Leben auf der einen, kaltes Grau-in-Grau auf der anderen Seite.

Aber nun zur Wohnsituation. Ich landete auf der Lower East Side. Zehnte Straße, Ecke First Avenue. Es war die erste amerikanische Wohnung, in die ich mit eigenem Mietvertrag und ohne Mitbewohner einzog. Das Haus war einige Stockwerke höher als die umliegenden. Entscheidend waren für mich die Helligkeit und der Blick über die niedriger gelegene Umgebung. Zu den Bewohnern gehörten zwei ältere puerto-ricanische Huren, die sich vollkommen unskandalös in die kleinbürgerliche Umgebung fügten. Eine Situation wie aus John Steinbecks «Straße der Ölsardinen». Beim Verlassen des Hauses am Morgen und der abendlichen Rückkehr aus der Public Library passierte ich sie wie eine doppelte Schildwache.

Können Sie den Charakter Ihres Viertels genauer schildern? John Steinbecks «Straße der Ölsardinen» lag ja an der Westküste, in Kalifornien.

Für die Westküste ist Asien der Bezugspunkt, für die Ostküste Europa. Das East Village war das traditionelle Wohnviertel für die aus Europa gerade angekommenen Einwanderer. Die erste Station nach der Ankunft auf Ellis Island. Hier wurden, während ich hier wohnte, die Straßenszenen von Francis Ford Coppolas Film «Der Pate» gedreht, der erste Teil. Tatsächlich hatte sich die bauliche Substanz seit 1900 kaum verändert.

Und nicht nur die Häuser, auch das alte Milieu war in den frühen 70er Jahren noch in erstaunlichem Maße erhalten geblieben. Nicht so folkloristisch rein wie in den orthodoxen jüdischen Vierteln von Brooklyn. Aber es war ein eindeutig osteuropäisch-jüdisches Gemisch. Was für ein starker, bis heute mir gegenwärtiger Eindruck die von drei älteren vollbärtigen Brüdern geführte Bäckerei war, habe ich ja schon erwähnt. An Sonntagvormittagen drängte sich das Publikum in den «Deli» genannten Lebensmittelläden, um fürs

Frühstück ihre Kombination von Bagel, Cream Cheese und Räucherlachs zu kaufen. Ich war nicht der einzige im East Village lebende Deutsche meiner Generation, der diese Rituale inbrünstig mitmachte. Heute würde ich fast von einer Art Wallfahrtsstimmung sprechen, die mich und meine Generationsgenossen erfüllte. Wallfahrt in eine Welt, die in Europa längst untergegangen war und hier überlebt hatte.

Wie lange lebten Sie im East Village?

Wenn ich die eineinhalb Jahre abziehe, die ich zwischendurch in Berlin verbrachte, um meine Promotion abzuschließen, waren es eineinhalb Jahre.

Schließlich landeten Sie in der Wohnung, in der Sie die nächsten 40 Jahre verbringen würden. Die lag auf der Westseite Manhattans, Lower Manhattan, ziemlich genau gegenüber der Lower East Side. Wie würden Sie Ihre neue Umgebung im Unterschied zur Lower East Side charakterisieren?

Als das genaue Gegenüber. Fast im Sinne des Antipoden. Die Lower East Side war Ost-Mitteleuropa. Ein reines Wohngebiet mit großer Bevölkerungsdichte. Dabei in jeder Hinsicht kleinformatig, eine Art Bienenstockstruktur. Der Teil der Westseite, in den ich zog, war in allem das Gegenteil. Hier standen die Lagerhäuser des alten Hafenbezirks. Wie der aussah, daran erinnerte ich mich noch von Abbildungen im Büro meines Vaters in Frankfurt in den 50er Jahren. Von der Südspitze Manhattans bis weit nach Norden reihten sich Hunderte von Piers aneinander, an denen die Ozeanriesen lagen wie die Autos in den heutigen Parkhäfen.

Das alles war, als ich nach Tribeca zog (so wurde diese

Gegend inzwischen genannt: Triangle Below Canal Street), Vergangenheit. Die Lagerhäuser waren zwar noch nicht abgerissen. Aber sie standen zum großen Teil leer, und die ersten wurden bereits von einer neuen Population von Künstlern und anderen freischwebenden Existenzen in Ateliers und Wohnlofts umgewandelt. Nur in einigen Blocks lebte die alte Lagerhauswirtschaft fort. Das spürte man am Aroma, wenn man durch bestimmte Straßen ging. Das war wie das Durchqueren der verschiedenen Geruchszonen in Markthallen alten Typs, wie es sie noch im Mittelmeerraum gibt. Kaffee, Gewürze, Molkereiprodukte könnte ich, wenn ich mich konzentriere, noch heute mit bestimmten Blocks identifizieren.

Wo kamen Sie unter? In einem der umgewandelten Lofts?

Das wäre tatsächlich das Nächstliegende gewesen. Es gab aber noch eine andere Möglichkeit. Denn während Lower Manhattan in seiner alten Funktion als Hafen- und Lagerhausgegend verfiel, gab es erste Ansätze einer Erneuerung. Ein Masterplan war entwickelt worden, Lower Manhattan von Grund auf neu zu erfinden. Logistik und Handel mit materiellen Gütern sollten verschwinden und an ihre Stelle der Finanz- und Dienstleistungssektor treten. Das geschah dann zwar auch, aber wegen der Ölkrise der frühen 70er Jahre mit der Verspätung eines vollen Jahrzehnts. Das war für mich ein Glücksfall. Denn in der Erwartung des wirtschaftlichen Aufschwungs hatte man mitten in der Verfallslandschaft drei Hochhäuser mit Luxuswohnungen für künftige Führungskräfte errichtet. Die blieben nun aus. Dreimal 40 Etagen standen leer und mussten irgendwie gefüllt werden. Jemand kam auf die Idee, diese Wohnungen mit

Hilfe von Subventionen den unteren Einkommensklassen zugänglich zu machen. So kam ich zu meiner Wohnung im 25. Stock mit Balkon und panoramatischem Ausblick. Dieses Panorama umfasste alles, was Rang und Namen hatte: Midtown im Norden mit dem Empire State und Chrysler Building; im Osten zuerst das Woolworth Building, das der erste Wolkenkratzer der Welt war, und dahinter das namenlose Flachland von Queens und Brooklyn; im Süden die Wall-Street-Gegend, das World Trade Center, die Freiheitsstatue und Ellis Island; schließlich im Westen der Hudson mit einem Teil von New Jersey. Eine strategisch günstigere Position hätte ich mir nicht ausmalen können. Es war ein Logenplatz, vom dem ich das, was dann kommen sollte, in aller Gegenwärtigkeit verfolgen konnte. In der Anfangszeit entwickelte ich ein höchstpersönliches Ritual der Eingewöhnung. Ich trat dann spätabends mit einem Glas Wein und einer Zigarre auf den Balkon und ließ die erleuchtete Stadtkulisse auf mich wirken. Eigentlich inhalierte ich sie. Anfangs war es tatsächlich ein Blick wie auf eine entfernte Kulisse. Da Tribeca zu dieser Zeit kaum bewohnt und beleuchtet war, sah man nur die weiter entfernten hellstrahlenden Teile New Yorks. Aber in den folgenden Jahren begann auch die unmittelbare Umgebung sich zu beleben und zu erhellen. Schließlich wurde aus der Lichtkulisse ein Lichtozean, in dessen Mitte ich nun wohnte. Eine Art elektrischer Milchstraße, wie das Le Corbusier genannt hat. Dazu kam das zunehmende Verkehrsrauschen aus den Straßenschluchten. Eine Gesamtatmosphäre großstädtischen Lebens, eigentlich großstädtischer Elektrizität, wie ich sie in Europa nie erlebt hatte.

Später, als ich mich an dieses neue Universum als den neuen Alltag gewöhnt hatte, reduzierte ich mein Ritual der atmosphärischen Inhalation auf die Abende vor meiner Abreise nach Europa. Das Gleiche natürlich auch bei der Rückkehr von Europa. Das Wiedereintauchen in den New Yorker Stadt- und Lichtozean erforderte offenbar eine Art selbstauferlegter Äquatortaufe.

Ein Logenplatz auf das Stadtpanorama. Es klingt ein wenig so, als wenn damit für Sie jede Motivation entfallen wäre, sich in den Strudel der Stadt selbst zu begeben.

Tatsächlich beneidete mich in meinem damaligen amerikanischen Bekanntenkreis niemand um diese Wohnung. Sie entsprach nicht dem Zeitgeist der noch ziemlich vom Hippie-Denken erfüllten Neuen Linken. Die fühlte sich in den niedrigeren Häusern der Lower East Side wohler, geborgener. Das war damals die Entsprechung zur Berliner Vorliebe für Altbauwohnungen. Mit den Jahren änderte sich das. Wie auch mein Verhältnis zu meiner Wohnung sich änderte. Jahrelang zogen Freunde und Bekannte mich damit auf, dass ich in einer eigentlich leeren Wohnung hauste. Matratze, Schreibtisch, Küchen-Esstisch, Sessel zum Zeitunglesen, Sofa (für Besucher) und Bücherregale, das war's. Ich hatte auch kein Bedürfnis nach weiterem Mobiliar. Nur langsam ergänzte ich den Leerraum zum Wohnraum. Ich erkläre mir das so, dass in den ersten Jahren der Blick auf die Stadt mir reichte, weil er jede weitere Dekoration überflüssig erscheinen ließ.

Sie haben nun zwei Grundelemente Ihrer New Yorker Lebenssituation genannt: die Wohnung als Loge und von hier aus der Blick auf das Panorama der Stadt. Aber es fehlt ja noch einiges in dem Bild. Zum Beispiel: Wie würden Sie Ihre Wohnlage in

Beziehung setzen zu Ihrer Arbeit? Gab es so etwas wie einen Genius Loci? Sie haben wiederholt das Wort «Inhalieren» benutzt. Wie hat man sich das vorzustellen: eine Stadt oder den Anblick einer Stadt, ihre Atmosphäre und schließlich sogar ihre «Elektrizität» zu inhalieren?

Statt inhalieren hätte ich auch sagen können: assimilieren, oder noch einfacher: aufnehmen. Aber das würde die Schnur, an der wir uns in unseren Gesprächen entlanghangeln, verwickeln. Die Sache, um die es hier geht, nenne ich Konsumtion. Ich meine mit Konsumtion ganz primitiv, was zwischen dem Menschen und der Dingwelt, in der er lebt und die er benutzt, vorgeht. Und dafür fand ich schließlich den biologischen Begriff der Assimilation – wovon später noch ausführlicher die Rede sein wird – besonders geeignet. Wenn ich jetzt in Bezug auf New York nicht von Assimilation, sondern vom Inhalieren gesprochen habe, dann sollte das lediglich den falschen Eindruck vermeiden, ich sei der Meinung, man könne die Stadt New York wie einen Apfel essen und verdauen. Inhalation ist aber selbstverständlich eine Form der Assimilation, bei der der Organismus fremde Substanz aufnimmt und sich zu eigen macht.

Aber nun zu Ihrer Frage: welchen Einfluss der *Genius loci* New Yorks und meine Lebenssituation auf meine Arbeitsweise gehabt haben könnten. Ich glaube, dass ich in den Lesesälen der großen amerikanischen Bibliotheken mein Forschungsmaterial auf eine ähnliche Weise inhalierte wie in meiner Wohnung und auf meinem Balkon die Atmosphäre von New York. Darüber, wie ich in den amerikanischen Bibliotheken einen ganz anderen Zugang zum Forschungsmaterial entwickelte, als ich ihn aus Berlin kannte, habe ich schon gesprochen. Ich saugte es in mich hinein in der Erwartung, dass die einzelnen Teile sich schon miteinander arrangieren würden. Wenn ich mich bei meinen abendlichen Balkonaufenthalten dem Gesamteindruck der New Yorker Milchstraße und der sie begleitenden Geräusche öffnete, war das für mich eine ähnliche Erfahrung wie beim Aufnehmen der Materialmassen in der Public Library. Beide Erfahrungen waren meine größtmögliche Annäherung an das Ideal, die Dinge sich selber erzählen zu lassen. Aber wie sich das arrangiert hat, kann ich nicht genau sagen; so weit habe ich mich über mich selbst nicht aufklären können.

Mir fällt als Beispiel für das, was ich meine, die Wall Street ein, d.h. die Rolle, die sie in meiner Phantasmagorie von New York spielte. Wall Street, das war für mich das Weltfinanzzentrum, von dem alles ausging und abhing. Wenn ich auf dem Balkon stand oder aus dem Fenster schaute, wusste ich, wo sie lag. Sehen konnte ich sie natürlich nicht, da sie als Straßen-Canyon von den davorliegenden Hochhäusern verdeckt wurde. Ich suchte sie in all den Jahren auch nur ein paarmal auf, ohne irgendwie ergriffen zu sein. Keinerlei *Genius loci.* Was mich aber die ganzen Jahre, in denen ich mir ihrer physischen Nähe und Nachbarschaft bewusst war, elektrisierte, das war ebendies: die Nachbarschaft dieses Machtzentrums. Ähnlich ging es mir übrigens während meiner Arbeit am Eisenbahn-Buch. Da hatte ich ein paarmal das Gefühl, ich müsste mir in einem Technikmuseum die historischen Lokomotiven anschauen, von denen ich in meinen Quellen las, um einen authentischen Eindruck davon zu bekommen, was einmal gewesen war. Auch hier: Fehlanzeige. Die reale Materialität blieb steif und stumm. Sie konnte einfach nicht konkurrieren mit den lebendigen Beschreibungen, die die Zeitgenossen von ihren Eisenbahnfahrten gaben.

In Ihrer Beschreibung des Stadtpanoramas kommt auch das World Trade Center (WTC) vor. Das verschwand durch den Angriff am 11. September 2001 aus dem Stadtbild. Bis dahin aber waren die Doppeltürme nicht nur ein Erkennungszeichen unter anderen, sondern sie dominierten die Stadtsilhouette. Wie manche Kritiker sagten, zerstörten sie sogar die klassische Skyline. Sie wohnten in unmittelbarer Nachbarschaft. Wie wirkten die Zwillingstürme auf Sie?

Das erste Mal sah ich sie im Sommer 1970. Da waren sie aber noch nicht fertig. Was ich sah, war eine Riesenbaustelle, aus der die ersten vielleicht zehn Stockwerke als zwei gigantische Stummel emporwuchsen. Als ich drei Jahre später wiederkam, waren sie vollendet. Als ich wiederum drei Jahre später in mein Apartment Nr. 25 C – also im 25. Stock – einzog, hatte ich sie ständig vor dem Fenster meiner Wohnküche. Aber ich sah von hier aus immer nur ihre mittleren Etagen. Ihre Basis war von den davorliegenden Gebäuden verdeckt. Und die oberen Geschosse lagen oberhalb meines Fensterrahmens. So existierte das World Trade Center aus der Position meiner Wohnung immer nur als Ausschnitt. Dazu kam noch der Eindruck der Fensterlosigkeit, fast der Bunkerhaftigkeit. Es gab zwar Fenster, sogar sehr viele, aber sie erschienen nicht als Fenster, sondern als Rasterung der Fläche. Das war der Eindruck tagsüber. Nachts allerdings das Gegenteil. Dann wirkte das WTC als Lichtfläche, durch die meine Wohnung zwangsweise mitbeleuchtet wurde. Ich musste dann die Jalousien herunterlassen, um die unerwünschte künstliche Helligkeit draußen zu halten.

Als 1977 der große Stromausfall ganz New York in Dunkel tauchte, begann das für mich mit dem unerwarteten Verlöschen, dem momentanen Wiederaufflackern und dann der anhaltenden Dunkelheit der Doppeltürme. Man muss einen totalen *Blackout* wie den von 1977 erlebt haben, um zu sehen, wie der plötzlich wieder sichtbar gewordene Sternenhimmel zwischen den Wolkenkratzern aufs Gemüt wirkt. Für mich wurde der *Blackout* von 1977 zum Symbol für die Fallhöhe der Technik. Fast ein den 11. September vorwegnehmendes Menetekel.

Und der 11. September selber? Sie waren an diesem Tag nicht in New York, sondern in Berlin. Und es ist so viel darüber gesagt und geschrieben worden, dass man sich scheut, noch mal danach zu fragen.

Vielleicht noch eine Erinnerung an den ersten Anschlag im Februar 1993. Die Attentäter hatten geplant, die beiden Türme durch eine in der Tiefgarage gelegte Sprengladung zu Fall zu bringen. Ich malte mir aus, dass die Türme, wenn sie in Richtung Norden wie gefällte Bäume niedergegangen wären (unwahrscheinlich, tatsächlich wären sie wohl eher zusammengesackt), mit ihrer Oberkante die Südseite meines Wohnblocks gestreift haben würden wie die Krone eines gefällten Baums den Stamm des Nachbarbaums.

Nun aber zum 11. September. Nach meiner Rückkehr aus Berlin einige Wochen später bestätigte mir mein Flurnachbar Harold, der den Anflug mit eigenen Augen verfolgt hatte, was inzwischen die Medien in die Welt posaunten. Nämlich, dass es wie im Film abgelaufen war. Harold hatte an dem Morgen Flugblätter für die Kommunalwahl verteilt. Plötzlich hörte er lautes Motorengeräusch und einen Knall wie beim Durchstoßen der Schallmauer. Das nächste, was er sah, war ein großes in die Fassade des Nordturms gerissenes Loch, den Querschnitt von Flugzeugrumpf und Tragflächen wie im Zeichentrickfim «Tom und Jerry», wenn der Kater Tom bei der Verfolgung der Maus Jerry mit Wucht gegen eine Wand rast und dort wie ausgestanzt seinen Umriss hinterlässt.

In Ihren Büchern spielen Begriff und realer Vorgang der Vernichtung eine wiederkehrende Rolle. Das beginnt in der Geschichte der Eisenbahnreise mit dem Gedanken der Vernichtung von Raum und Zeit und mit dem Kapitel über den Unfall und das damit verbundene Trauma. Später variieren Sie das Motiv in den Geschichten, wie die jeweils neue Technik die alte aus dem Weg räumt, also vernichtet. Schließlich führen Sie das Vernichtungsmotiv in Ihrem Essay über die Konsumtion als fast universales Motiv aus: Konsumtion erscheint dort als Vernichtung des konsumierten Gegenstands. Darauf werden wir später noch einmal zurückkommen. Jetzt nur die Frage: Welche Wirkung hatte die Vernichtung des World Trade Center auf Sie persönlich?

Solange es stand, war es für mich das Monument der Banalität einer Moderne, die ihren schöpferischen Gipfel schon lange überschritten hatte. Dass die beiden Türme das Schuhkartonprinzip der modernen Architektur noch verdoppelten, sollte vermutlich eine Bekräftigung ihres Triumphes sein. Für mich war es ein doppelter Grabstein.

Ich will aber nicht ungerecht sein. Denn auch die Banalität, wenn sie ins Monumentale überhöht wird, kann an dem teilhaben, was man Größe nennt. Monumentalität ist schließlich nichts anderes als Größe. Es gab Momente, in denen die schiere physische Masse des World Trade Centers in eine andere Dimension eintrat. Oder besser gesagt, in denen eine andere Dimension sich ihrer bemächtigte. Zum

Beispiel ein Gewitter. Das geschah nicht häufig, aber es geschah. Dann verwandelte sich das technische Monstrum in ein archaisches. Es war wie ein Kampf der Elemente der Mathematik und der Natur, Statik und Dynamik in höchster Steigerung. Ein Foto, das ich in den 80er Jahren machte, weil der Anblick der nebelumwaberten Masse mich wie ein Wagner'sches Bühnenbild ergriff, hängt als gerahmtes Memento in meinem Berliner Arbeitszimmer.

Noch einmal: Ich will nicht ungerecht sein. Es gab noch einen anderen Aspekt von Monumentalität, der sich dem World Trade Center verdankte. Das war der Blick zu ebener Erde über die weiträumige sogenannte Plaza zwischen den beiden Türmen hindurch. Wenn man am richtigen Punkt stand, eröffneten sie den Blick auf die Bay von New York. Von den Türmen wie von zwei Riesenpfeilern flankiert, sah man dann nichts als die Weite der Wasserfläche, mit der Freiheitsstatue und dem historischen Einwanderungsgebäude von Ellis Island als entfernten Miniaturen am unteren Bildrand. Als ich diesen Prospekt zum ersten Mal sah, fühlte ich mich spontan erinnert an den Blick, der mich auf einer Reise durch Süditalien in Bann schlug. Das war der Blick von Brindisi aufs Meer. Brindisi, das römische Brundisium, war der Ort, wo die Via Appia endete und die Reisenden mit dem Schiff nach Griechenland übersetzten. Dieser Wechsel vom Land aufs Meer, von der Straße zum Schiff wurde damals von zwei Säulen markiert, die heute noch stehen. Wie die Adria zwischen Italien und Griechenland die Verbindung zwischen den beiden Zentren der Antike war, so ist nun der Nordatlantik die Verbindung zwischen Europa und Amerika. Und wie einst die Säulen von Brundisium den antiken Transit markierten, so markierten die Türme des World Trade Center bis zu ihrem Verschwinden am 11. September 2001 die Nordatlantikstrecke. Mit dieser Assoziation im Hinterkopf gewann das World Trade Center für mich schlagartig eine neue Dimension historischer Tiefe und Größe.

Bei meinen späteren, fast täglichen Spaziergängen über die Promenade am Hudson ließ ich den Blick durch die beiden Turmsäulen des World Trade Center nur selten aus. Ich machte ihn zu einem meiner New-York-Rituale wie den Blick vom Balkon. Einige Jahre später wurde aber auch dieser Blick vernichtet. Die Ironie war, dass das Hotel, das ihn als eine Art von Querriegel zubaute, ausgerechnet den Namen «Vista» trug. Es ging dann am 11. September zusammen mit dem World Trade Center unter.

Auch hier also wieder Vernichtung als zentrales Motiv in Ihrer Arbeit. Es scheint fast so, als gewönnen die Dinge für Sie ihre wirkliche Bedeutung erst im Moment ihrer Vernichtung.

Die gesamte Geschichte des World Trade Center war eine Folge von Vernichtungen. Was ich in meinen Dinggeschichtsbüchern als die Vernichtung des jeweils bestehenden und vertrauten Alten durch das erbarmungslos modernisierende Neue beschrieb, das ereignete sich auch an dem Ort, auf dem das World Trade Center stand, in exemplarischer Abfolge.

Denn wie es am Ende selber einem gewalttätigen Vernichtungsakt zum Opfer fiel, so hatte das World Trade Center seinerseits durch sein Entstehen ein vitales städtisches Ensemble vernichtet. Das Areal, auf dem es entstand, hatte den informellen Namen «Radio Row» getragen. Hier hatte sich seit den 1920er Jahren ein Kleingewerbe angesiedelt, das man eine Art Silicon Valley der klassischen Radio- und

Fernsehkultur nennen könnte. Wer in der Zeit zwischen 1920 und 1960 in New York ein Radio- oder Fernsehgerät mit fachmännischer Beratung kaufen oder reparieren lassen wollte, ging dafür in einen der Läden der Radio Row. Dieses Eldorado für Elektronikfans, die damals noch nicht Nerds genannt wurden, stand dann aber der geplanten Umwandlung der Gegend in ein modernes Dienstleistungs- und Finanzzentrum im Wege. Erbarmungslos wurde es ausradiert. Oder wie ich mit Wolf Jobst Siedler sagen würde: Es wurde städtisch ermordet. Genau wie im 19. Jahrhundert die alten Pariser Quartiers, in denen Balzac und Victor Hugo ihre Romane hatten spielen lassen. Wenn man die Bilder dieser Zerstörung anschaut, egal ob aus dem Paris des 19. Jahrhunderts oder von der Radio Row in den 60er Jahren, versteht man, was man als Laie nie richtig verstehen wollte: welche echte Freude viele modernen Architekten darüber empfanden, dass der Bombenkrieg ihnen den ersten Teil ihrer Arbeit abgenommen hatte.

Die Mutter aller Vernichtung fand dann am 11. September 2001 statt. Das World Trade Center war für Sie kein großer architektonischer Eindruck. Aber ein wichtiger Bestandteil Ihres Lebens in New York war es doch.

Für mich markieren die 30 Jahre World Trade Center den Übergang vom alten Amerika, wie ich es aus den Hollywoodfilmen der 40er und 50er Jahre vor Augen und es bei meinem ersten Besuch im Sommer 1970 noch in seiner letzten Phase erlebt hatte, zum gegenwärtigen. Dieser Übergang begann mit der Präsidentschaft Reagans. Man muss sich erinnern, wie sehr die amerikanischen und die europäischen Liberalen damals Reagan fürchteten. Er galt nach seiner Zeit als Gouverneur von Kalifornien als Revolverheld und kalter Krieger, dem man zutraute, die mühselig erreichte friedliche Koexistenz im Kalten Krieg aufs Spiel zu setzen. Das war die eine, die politische Befürchtung. Dazu kam die andere: dass die mit Mühe eingerichtete Wirtschaftsordnung des Keynesianismus aufs höchste gefährdet wäre, wenn er seine neoliberalen Wirtschaftsideen – Stichwort Reaganomics – verwirklichen würde. Mit einem Wort, Reagan wurde von den Liberalen als Kalter Krieger und Zerstörer des großen Reformwerks Franklin D. Roosevelts gefürchtet. Dieses Schreckbild hat sich inzwischen fast in sein Gegenteil verkehrt. Seit dem Fall des Kommunismus und dem Triumph des Neoliberalismus ist Reagan ins informelle Pantheon der großen Präsidenten eingegangen. Ein ähnlicher Verlauf übrigens, wenn auch aus ganz anderen Gründen, wie bei Richard Nixon, der nach seinem durch Watergate erzwungenen Rücktritt und nach einer Anstandsfrist von einigen Jahren auch zum großen Präsidenten erklärt wurde. In beiden Fällen folgten auch die früheren Gegner diesem Konsens. Das ist der amerikanische Pragmatismus, das Gegenstück zur amerikanischen Ideologieanfälligkeit. Beide sind immer für überraschende und manchmal abenteuerliche Wendungen gut. Ob sich das auch einmal mit Trump wiederholen wird?

Aber während ich den Begriff Pragmatismus verwende, überlege ich, ob er das Richtige trifft. Ich habe mich oft gefragt, wie die amerikanische Flexibilität im Unterschied zur europäischen Tendenz des Beharrens auf kulturellen und ideologischen Positionen zu erklären ist. Besteht hier vielleicht eine ähnliche Differenz wie die zwischen der europäischen und der amerikanischen Demokratie? Einmal Demokratie als Resultat einer langen vormodernen Autoritätsgeschichte, gegen die sie sich in der Art der Echternacher Springprozession humpelnd durchsetzen musste? Und das andere Mal als klarer Neubeginn auf der *Tabula rasa* nach der Ausrottung der Urbevölkerung?

Mir scheint das Marx'sche Schema von der materiellen Basis und dem kulturellen Überbau eher auf Amerika zuzutreffen als auf Europa. So dauert es in Europa grundsätzlich länger, bis ein Irrweg oder eine Sackgasse erkannt und korrigiert wird. In den USA scheint die Interaktion einfacher. Der Geist reagiert unmittelbarer auf die Veränderungen der Basis.

Es ist dieselbe Leichtigkeit, mit der eine Reisebekanntschaft in Amerika schneller zum «friend» wird als in Europa. Was nicht heißt, dass die ideologische und moralische Rhetorik in Amerika schwächer ist. Sie ist in der Regel sogar lautstärker und expressiver. Aber zugleich flacher verankert. An den gestern mit Aplomb verkündeten Superlativ erinnert sich heute weder das Publikum noch der Verkünder.

Jetzt sind wir vom Schauplatz New York und dem Stadtteil Tribeca abgedriftet. Sie wollten beschreiben, wie der politische und ökonomische Gezeitenwechsel, der mit dem Namen Reagan verbunden ist, sich in Ihrer Lebenswelt auswirkte. Also in New York und Tribeca.

Darauf komme ich gleich zurück. Vorher möchte ich aber noch einmal hervorheben, was in Europa nie so klar erkannt wurde wie in Amerika. Nämlich dass Reagan dem Kapitalismus einen Impuls gab, von dem die Intellektuellen und die Sozialdemokraten aller Länder sich nie hätten vorstellen können, dass er so lange anhalten würde. Ich brauche mich nur in meinem Freundes- und Bekanntenkreis umzuschauen. Alle waren, als Reagan Präsident wurde, entsetzt. Aber als dann die fetten Jahre begannen und nicht aufhören wollten, hatten wir alle stillschweigend Anteil an dieser Wohlstandsexplosion. Die sogenannte Toskanafraktion der 80er Jahre – und das waren ja die Reagankritiker schlechthin – hätte sich ohne Reaganomics ihre italienischen Bauernhäuser, ihre Designmöbel und ihre Fernreisen auf die Seychellen nicht leisten können. Vom neuen Modeziel Amerika und insbesondere New York einmal ganz abgesehen. Niemand dachte im Traum daran, die unsichtbare Hand, die das austeilte, zu beißen. Und ohne die Toskana-Fraktion wäre die Liberalisierung – fast hätte ich jetzt gesagt: die Suhrkampisierung – der Bundesrepublik vermutlich nicht so zielstrebig verlaufen, wie es dann geschah, inklusive Jürgen Habermas als neuer Staatsphilosoph.

Wie formte diese unsichtbare Hand der Reaganomics denn New York und Tribeca?

Als ich im Sommer 1976 meine Wohnung in Tribeca bezog, war diese Gegend eine Geisterstadt, das habe ich ja schon angedeutet: der südliche Teil der alten Waterfront mit ihren ausgedehnten Hafenanlagen, den weit in den Hudson hinausragenden Piers und unzähligen Lagerhäusern. Ein ideales Set für die zahlreichen Film noirs, die hier in den 40er und 50er Jahren gedreht wurden wie zum Beispiel der Klassiker «Die Faust im Nacken» («On the Waterfront»), der Marlon Brando zum Weltstar machte. Der Name Tribeca wurde ja erst später erfunden. Das Vorbild war der nördlich anschließende Bezirk, der bis in die 50er Jahre von kleinindustriellem Gewerbe geprägt war. Das zog sich in den 60er Jahren zurück. Worauf die üblichen Verdächtigen – Künstler, Literaten und andere freischwebene Existenzen – dieses Gebiet als billigen Arbeits- und Wohnraum entdeckten. Jetzt setzte sich für dieses Gebiet der Name SoHo durch, der die Topographie beschrieb: South of Houston Street. Aber die Anspielung auf den gleichnamigen Londoner Stadtteil war natürlich einkalkuliert. Hier wiederholte sich, was 30 oder 40 Jahre zuvor im benachbarten Greenwich Village geschehen war, als dort die Preise in die Höhe gingen.

Kaum war SoHo als Künstlerviertel hip geworden, entdeckte die bessergestellte Mittelklasse das neue Terrain für sich und begann die weniger zahlungskräftigen Künstler zu verdrängen. Aus den Atelierlofts wurden Luxuswohnlofts. Die Preise stiegen. Nicht ganz so schnell und stark wie die Einkommen der neuen Investmentaristokratie im benachbarten Financial District, aber es reichte, um SoHo von Künstlern zu befreien. Als neue Frontier bot sich den Vertriebenen das vom Luxusloftmarkt noch nicht entdeckte Tribeca an. Aber nur für ein paar Jahre. Der Gentrifizierungsprozess von SoHo wiederholte sich, nun allerdings beschleunigt. Kaum hatten die Künstler Tribeca entdeckt, da rückten auch schon die großen Immobilienentwickler an.

Dass Tribeca binnen weniger Jahre von der Geisterstadt zum begehrtesten Viertel New Yorks avancierte, lag wahrscheinlich daran, dass hier zwei mächtige Ströme zusammentrafen: die vom entfesselten Finanzkapital hervorgebrachte Geldmenge und der Zeitgeist der Postmoderne. Eigentlich nichts Neues, wenn man an die enge Verbindung von Laisser-faire-Kapitalismus und historisierendem Eklektizismus im 19. Jahrhundert denkt. Offenbar geht mit dem

Drang nach grenzenloser Bereicherung ein gleichzeitiges Bedürfnis nach historischer Kostümierung einher: je nackter die Gier, umso stärker der Trieb, sie ästhetisch zu verhüllen.

Sie wollten beschreiben, wie die unsichtbare Hand des Kapitalismus Ihr Biotop Tribeca konkret veränderte.

Von symbolischer Bedeutung war für mich, dass der Aushub für die Baugrube des World Trade Center ungefähr so groß war wie die Materialmasse der Häuser der Radio Row, die zuvor für den Bau des World Trade Center zerstört worden waren. Der Aushub für diese gigantische Baugrube mitsamt dem Schutt der alten Radio Row wurde in den Hudson gekippt zu einer Aufschüttung (*landfill*), auf der dann der neue Stadtteil Battery Park City entstand. Mit anderen Worten, die alte Radio Row wurde in die neue Battery Park City verwandelt.

Aber bleiben wir noch etwas bei der Aufschüttung. Durch sie vergrößerte sich die Fläche von New York um einige Hektar. Es war eine weite und leere Sandfläche. Ein Zwischending von Marslandschaft, Wüste und Strand. Weil sie so einladend klang, setzte sich bald die informelle Bezeichnung «The Beach» durch. Und was sich im Lauf der Jahre hier entwickelte, war tatsächlich eine Art von Strand- und Freizeitareal.

Unbehelligt von behördlicher Aufsicht und Kontrolle, trafen sich hier einige Jahre lang die noch nicht weggentrifizierten Bewohner von Boheme-Tribeca. Es gab Picknickpartys, Kunstausstellungen und Happenings. «Art on the Beach» wurde ein Markenname. Ich habe nicht verfolgt, wie und über welchen Zeitraum hin das geschah. Aber irgendwann fand «Art on the Beach» Erwähnung in den New-York-Führern, die Sehenswürdigkeiten jenseits der traditionellen Touren aufzuzählen begannen. Eine zeitweilige Attraktion war die King-Kong-Attrappe aus dem Remake des gleichnamigen Klassikers, der Ende der 70er Jahre hier gedreht worden war. Statt vom Empire State Building war der Riesenaffe zeitgemäß von den Zwillingstürmen des World Trade Center gestürzt, und nun lag er zur Besichtigung ausgestreckt auf dem künstlichen Strand wie erlegtes Großwild.

Eine andere Attraktion in der Zeit des Interregnums, als Tribeca nicht mehr Ghosttown und noch nicht Gentrifizierungsgebiet war, war der stillgelegte Westside Highway. Als er noch in Betrieb war, stand diese Schnellstraße, die Manhattan von der Battery bis zur George Washington Bridge erschloss, auf eisernen Stützpfeilern. Eines Tages kollabierte ein Segment. Das führte zur Stilllegung und Inbesitznahme durch die lokalen Anwohner. Landfill-Beach und Jogger-Highway gingen eine Symbiose ein.

20 Jahre später war dieses Gebiet nicht wiederzuerkennen. Es hieß nun ganz offiziell Battery Park City, bestand aus neu angelegten Straßen und wurde sogar von einer Avenue durchquert. Die Bebauung war historisierend im Art-Deco-Stil gehalten. Keine standardisierten Glaskästen mehr, sondern Häuser vorzugsweise mit vorgeblendeter Ziegelsteinfassade. Die Straßenlaternen und die an den vielen begrünten Stellen aufgestellten Parkbänke waren Repliken des Mobiliars im Central Park. Das Ziel, ein beschaulicheres New York wiederherzustellen, wie es bestanden hatte, bevor die Moderne es aus den Fugen gerissen hatte, war deutlich.

Das zeigte sich vor allem im unmittelbaren Uferbereich.

Was seit Jahren von Stadtplanern gefordert worden war: die Wiedergewinnung des von Hafenanlagen und Highways versperrten Zugangs zum Wasser – hier in Gestalt der Uferpromenade war es verwirklicht. Die Begrenzung der Promenade zum Fluss hin war aus Schmiedeeisen und folgte wie die Laternen und die Parkbänke dem Vorbild des Central Park. An einem Abschnitt war darin mit Buchstaben aus Messing ein Textband eingearbeitet, das man im Vorbeispazieren lesen konnte. Es beschrieb im Stil einer Walt Whitman'schen Hymne, was die Benutzer dieses *locus amoenus* sehen und empfinden sollten. Ich habe den Text nicht mehr im Kopf und wohl auch nie länger als beim Vorbeigehen im Kopf behalten. Er besang irgendwie das Meer, den Himmel und den Wind, die hier zusammenkamen. Wenn man flüchtig hinschaute, meinte man, wie gesagt, einen Text Walt Whitmans vor sich zu haben. Bis es dann zu Sätzen kam wie dem, es sei doch eine wunderbare Sache, hier shoppen und Dinge kaufen zu können, die man sich schon immer gewünscht habe. Ich habe diese Worte leider nie aufgeschrieben. Sie verdienten es aber, einmal als Exponat in einem Museum zu landen. Für mich waren sie der erste Einblick in die Gefühlswelt des nun herrschenden Zeitgeists.

Auf der Promenade von Battery Park City war es nicht leicht, sich diesem Zeitgeist – oder soll ich sagen: diesem Sirenengesang – zu entziehen. Egal wie theoretisch-kritisch man ihn betrachtete und als falschen Frieden im Sinne Adornos zu durchschauen meinte. Es herrschte hier unmittelbar am Fluss und fernab vom Verkehrslärm des alten Ufers – also wo der Landfill begann und wo inzwischen der achtspurig ausgebaute neue Westway verlief – eine Ruhe, als sei man in die Zeit James Fenimore Coopers zurückversetzt.

Sogar das Plätschern des Wassers an der Kaimauer konnte man hören.

Ich nutzte die Promenade fast täglich für meinen Auslauf, auf dem ich mich bewegen, durchlüften, den Blick in die Weite schweifen und die Blockaden in meiner Arbeit, mit denen ich hierherkam, auflösen konnte. Erst jetzt viele Jahre später verstehe ich, dass der Text, der mit Whitman'schem Pathos zum Shoppen aufforderte, nur einer kleinen Änderung bedurfte, um für meine Bedürfnisse zu gelten: Statt «Shoppen» hätte es bloß heißen müssen: «Schreiben».

Diesem Ruhezustand war leider keine Dauer beschieden. Dann setzte die durch die Anschläge des 11. September nur unterbrochene Kommerzialisierung wieder mit voller Kraft ein.

Und was geschah in der Zwischenzeit, zwischen Traumatisierung und Wiederaufnahme von Geschäftsleben und Tourismus? Wie sahen die New Yorker den Teil ihrer Stadt, der sich als so verwundbar erwiesen hatte?

Es gab die nach solchen Ereignissen offenbar unvermeidliche Erwartung einer Wiederholung. Gerüchteweise hörte man von einer großen Anzahl von Familien, die die Stadt verlassen und aufs Land ziehen wollten. Die Polizei demonstrierte ihre Einsatzbereitschaft damit, dass sie ganze Kolonnen von Streifenwagen mit lautem Sirenengeheul und blinkenden Scheinwerfern ohne erkennbares Ziel durch die Straßen jagen ließ.

Über diese Art der nachträglichen Vorsicht habe ich mich immer amüsiert. Aber diesmal war es so extrem, dass man unwillkürlich über den konkreten Anlass hinausdachte. Ich erinnere mich an ein Gespräch darüber, was eigentlich wäre, wenn die Terroristen den Ort des World Trade Center systematisch ins Visier künftiger Angriffe nähmen. Angriff, Zerstörung, Wiederaufbau. Und erneuter Angriff, erneute Zerstörung, erneuter Wiederaufbau. In endloser Folge. Bis eine der beiden Seiten aufgeben und das Feld räumen würde. Ein solches Turnier auf dem Platz, an dem nach allgemeiner Übereinkunft das Kapital seinen physisch konkreten Sitz hat, das wäre der denkbar größte Kampf der politischen Symbolik geworden.

So kam es aber nicht, und so wird es wahrscheinlich auch nicht kommen. Also zurück zur Kommerzialisierung, zur Re-Kommerzialisierung Ihrer Neighborhood nach dem Schock des 11.September.

Kommerzialisierung hieß in diesem Fall «Touristifizierung». Sie bedeutete für Tribeca und nicht nur für Tribeca, sondern für die gesamte West Side, dass sie fortan den ganzen Tag über von Besichtigungshubschraubern überflogen wurde. Diese Geräuschkulisse kennt jeder, der Francis Ford Coppolas Vietnamfilm «Apocalypse Now» gesehen und gehört hat. Und wirklich gab es bald Leserzuschriften in der *New York Times*, nun leide die West Side unter dem gleichen Hubschrauberlärm wie 30 Jahre zuvor die Vietnamesen.

Mir vergällte dieser Lärm meine Ausflüge auf die Promenade. Es gab noch andere Gründe, aber an diesen erinnere ich mich als das letzte Ärgernis, das den Ausschlag gab, mich von meiner Heimat der letzten 40 Jahre zu lösen.

Kaum vorstellbar, dass der Verlust eines gewohnten Spazierwegs das Ende eines 40 Jahre langen Lebens in einer Stadt verursachen soll. Was waren die anderen Gründe?

Dieselben, die für den Hubschrauberlärm verantwortlich waren, die Touristifizierung. Das New York, das ich 1970 zum ersten Mal betrat und das mich in seinen Bann schlug, war eine Arbeitsstadt. Besser kann ich es nicht charakterisieren. Keine Arbeiterstadt im Sinn des Proletariats und des Marxismus. Aber eine Stadt, in der die Arbeit der Lebensinhalt und das Lebensziel aller ihrer Bewohner war. Die europäischen Besucher konnten sich im 19. Jahrhundert das hiesige Kaugummikauen nur so erklären, dass die Amerikaner in dauernder Bewegungsaktivität sein müssten, weil sie im Stillstand gewissermaßen implodiert wären. Kaugummikauen war Vergnügen und Arbeit in einem. Und in dieser Mischung das amerikanische Lebenselixier. Denselben Eindruck hat man ja auch von den besten Produktionen des amerikanischen Showbusiness. In Europa machen die Darbietungen von Sängern und Tänzern stets den Eindruck, als hole der Interpret nicht das Letzte aus sich heraus. Eine gewisse gewerkschaftlich abgesicherte Behäbigkeit, weil das Gehalt zwar niedriger, aber auch sicherer ist als in Amerika. In Amerika singt eine Judy Garland – und ihre heutigen Kolleginnen und Kollegen – mit ganzem physischem Einsatz, als hänge ihr Leben davon ab.

Diese Kultur der Arbeit beeindruckte mich das erste Mal, als ich entdeckte, dass die Feiertage hier auf ein Minimum beschränkt waren und nicht wie in Europa in ganze Feiertagsperioden auswucherten. Es gab und gibt keinen Zweiten Weihnachts-, Oster- und Pfingstfeiertag. Und auch sonst keine gesetzlichen Religionsfeiertage. So wenig, wie es vergleichbar ausgedehnte Urlaubsperioden gibt. Das festzustellen und gar noch als positiv hervorzuheben klingt vielleicht zynisch. Dem steht aber meine Beobachtung entgegen, dass die deutschen Amerika-Touristen ihre nach amerikanischen Verhältnissen paradiesische Urlaubszeit ausgerechnet dazu benutzen, die Arbeitskultur Amerikas zu genießen. Das ist jedenfalls meine Interpretation. Das Wort «genießen» klingt in diesem Zusammenhang unangebracht und bedarf der Erklärung. Denn es spielen noch andere Gründe mit. Wie das Fehlen der sozialstaatlichen Reglementierungen, positiv gesprochen: die amerikanische Anarchie als Kontrastprogramm zum extrem geregelten europäischen Kurpark. Jede Amerikareise ist für den Europäer die Fortsetzung des zuletzt gesehenen Western- oder Gangsterfilms. Gesucht wird die Freiheit, von der der Europäer aber vage ahnt, dass sie ohne Risiko nicht authentisch ist. Weshalb er die riskante Freiheit lieber touristisch in Amerika aufsucht, um dann in die europäische Sicherheitsgarantie zurückzukehren. Der Normaleuropäer besucht Amerika wie ein Wildwest-Reservat. Und ich schließe mich da nicht aus. Nur dauerte mein Aufenthalt etwas länger als eine Ferienreise. Ein Tourismus, der im Übrigen an den Russland-Tourismus der 20er und den Kuba-Tourismus der 60er Jahre erinnert. Also eine Luxuserfahrung. Die würde ich letzten Endes auch in der Loftkultur am Werk sehen und in jeder Retro- und Nostalgiemode bis hin zur Gentrifizierung der Arme-Leute-Nahrung in der Feinschmecker-Avantgarde.

Noch ein Wort über das vielleicht erfolgreichste Projekt der Gentrifizierung: die sogenannte High Line im ehemaligen Meatpacking District, nördlich von Tribeca, wo heute das neue Whitney-Museum ist. Die High Line war ursprünglich ein Schienenweg auf Stelzen, ausschließlich für den Gütertransport bestimmt. Die Anlage verfiel nach der Stilllegung zu einer Roststrecke. Bis Anfang der 2000er Jahre eine Architekturfirma mit der Idee kam, sie zu einer Grünanlage umzubauen. Heute gehört die High Line zu New Yorks Haupttouristenmagneten. Sie ist beliebter als der Battery Park (inzwischen The Battery), obwohl sie nicht direkt am Wasser verläuft wie dieser. Aber genau das macht offenbar ihre Attraktion aus. Der Battery City Park ist eine in sich geschlossene Neuschöpfung. Nichts erinnert mehr an das, was vorher war. Wer die High Line entlanggeht, bewegt sich dagegen durch eine Art historischer Collage. Man erkennt durch die restaurierten Teile hindurch die Reste des alten Schienenbetts und denkt, wenn man aus Berlin kommt, an die Collage aus Geschichte und Gegenwart, die David Chipperfield aus dem kriegsbeschädigten Neuen Museum machte. Wenn man wie ich aus Frankfurt kommt, hat man auch die Umwandlung der mittelalterlichen Befestigungen in Parkanlagen im 19. Jahrhundert im Kopf und fragt sich, ob die damals dort flanierenden Bürger ähnlich empfanden wie die heutigen Benutzer der High Line.

Vergleichen

In der Chronologie Ihrer Bücher folgt die «Entfernte Verwandtschaft» auf die «Kultur der Niederlage». Gibt es da eine Verbindung? Einen Zusammenhang? Eine Entwicklung?

Eigentlich handeln alle meine Bücher von Niederlagen, schon die dinggeschichtlichen Bücher. Als ich mich für das Aufkommen neuer Techniken zu interessieren begann, hatte ich keinen Blick für die alten, überholten Techniken übrig. Doch das änderte sich. Bald schon machte ich die entgegengesetzte Wahrnehmung: Fortschritt und Modernisierung als Verlusterfahrung. Das passte überhaupt nicht in mein jugendliches Weltbild damals. Aber es setzte sich im Laufe der Jahre in meinem Kopf immer mehr fest, bis zu dem Punkt, an dem das Thema Niederlage zum Buchthema wurde. Von da an sah ich die Machtergreifung jeder neuen Technik – ich benutze das aus anderem Zusammenhang vertraute Wort Machtergreifung hier ungeniert – als das Ergebnis eines vorangehenden Kampfes, in dem die alte Technik von der neuen besiegt wurde. Diese Kämpfe zwischen alter und neuer Technik kann man verstehen wie die zwischen alten und neuen Regimes in der Politik und eigentlich auf allen anderen Gebieten menschlicher Tätigkeit. Zum Beispiel in der Literatur, wo das ja zuerst entdeckt und reflektiert wurde.

Sie haben das Stichwort Kampf genannt. Man könnte auch auf ein anderes Wort oder besser: einen anderen Gedanken kommen, auf das Vergleichen. Es spielt in allen Ihren Büchern eine zentrale Rolle, aber die Einleitung in die «Entfernte Verwandtschaft» ist programmatisch betitelt: «Über das Vergleichen». Wir haben den Punkt schon berührt, als Sie über Peter Szondi sprachen. Ihre Bücher seit der Dissertation handeln nicht nur von einem einzelnen Gegenstand. In der Regel sind es drei Gegenstände, die Sie in Bezug zueinander setzen. Drei Dramatiker der DDR in der Dissertation. Drei Genussmittel im Genussmittelbuch. Drei nationale Eisenbahngeschichten im Eisenbahnbuch. Drei nationale Niederlagen-Traumata im Niederlagenbuch. Und so fort. Meist werden bei Vergleichsgeschichten zwei Gegenstände gegenübergestellt. Warum die Dreierregel bei Ihnen?

Das Vergleichen als literaturwissenschaftliche Methode habe ich im Studium bei Szondi gelernt. Das passte zu mir, mir ging und geht es um meine persönliche Unabhängigkeit. Wer sich auf ein einziges Thema konzentriert, wird leicht zu dessen Sklaven. Bei einem Zweiervergleich ist es nicht viel besser. Die Drei ist ja nicht ohne Grund eine magische Zahl in der Welt der Mythen und Märchen. Zum Beispiel im Paris-Urteil. Mit der Zwei ist die Handlungsfreiheit beschränkt auf die zur Verfügung stehende Alternative. Erst mit der Drei beginnt die freie Wahl und in ihrem Gefolge die Möglichkeit des *divide et impera*. Das Prinzip ist nicht bloße Machttechnik, nicht notwendig jedenfalls. Es hat für mich immer etwas Spielerisches oder vielmehr Spielerhaftes. Hat man genug vom ersten Partner-Gegner, wechselt man zum zweiten. Ein neues Spiel-Miteinander beginnt, bis man auch hier genug hat. Und dann kann man zum ersten Partnergegenstand zurückkehren, weil der in der Zwischenzeit ebenfalls eine Veränderung durchgemacht, d.h. sich erneuert hat.

Wenn Sie jetzt sagen, das sei doch eine recht mechanische und repetitive Angelegenheit, dann erwidere ich, dass ich mir meine Themen immer daraufhin aussuche, ob ich meine jeweilige biographische Situation damit erklären kann. Die Dissertation über die nachbrechtische DDR-Dramatik war für mich der Lebensabschnittbegleiter in Berlin, bevor ich nach Amerika ging. Sie half mir zu erklären, warum die schöne Theorie des Marxismus in der tristen Ost-Berliner Wirklichkeit nicht wiederzuerkennen war, sondern eher ins Gegenteil gekehrt schien.

Für die amerikanische Erfahrung wurde die Eisenbahn zum Ariadnefaden der Orientierung. Ich begann mit der Detailfrage, warum Amerika nicht das europäische Eisenbahnabteil übernahm, sondern einen ganz anderen Wagen- und Raumtyp hervorbrachte. Diesen Unterschied hatte ich schon in zahllosen Hollywoodfilmen bemerkt. Und nun erfuhr ich ihn bei meinen ersten amerikanischen Eisenbahnfahrten am eigenen Leib. Über dieses Detail erschloss ich mir in immer weiteren Kreisen die amerikanische Technik und die mit der Technik interagierende Psychologie und Kultur.

Auf das Vergleichen werden wir noch zurückkommen. Jetzt noch mal die Frage: Gab es einen Zusammenhang zwischen «Entfernter Verwandtschaft» und «Kultur der Niederlage»? Einen Weg aus dem einen Buch hinaus zum nächsten?

Im «Niederlagen»-Buch ging es mir um die Frage, wie andere Nationen ihre großen militärischen Niederlagen verarbeiteten. Ich kannte nur die Dolchstoßlegende, die uns in der Schule als besonders niederträchtiges Produkt der deutschen Fehlentwicklung beigebracht worden war. Das machte mich neugierig auf die Verlierermythen der anderen. Und ich wurde ja auch ziemlich fündig, wenn ich an den französischen Revanche-Mythos nach 1871 und die Lost Cause der amerikanischen Südstaaten denke. Vor allem das Schicksal der Südstaaten wurde für mich ein Aha-Erlebnis. Sie wurden vom Norden (das haben wir ja schon früher besprochen) nicht nur militärisch, sondern auch moralisch vernichtet. Als ich entdeckte, dass die amerikanische Propaganda gegen Deutschland im Ersten Weltkrieg eine fast wortwörtliche Wiederholung der Dämonisierung der Konföderation als des Weltbösen im Bürgerkrieg war und dass diese Dämonisierung im Kalten Krieg gegen Sowjetrussland weiter fortgesetzt wurde, wusste ich, dass dies ein neues Thema für mich war.

Dann als Nächstes der Vergleich von New Deal, Faschismus und Nationalsozialismus. Das war und ist ja heute noch kein einfacher Vergleich, es ist ein Ärgernis. Wenn es in den 30er und 40er Jahren Verwandtschaften gab, dann zwischen oder innerhalb der totalitären und der liberalen Systeme, nicht aber quer über die Grenzen der Systeme.

Mir war schon klar, dass dies der Konsens in der Geschichtswissenschaft war und weiterhin ist. Aber ich bekenne eine Vorliebe für jede Art der Konsensstörung. Sie muss nur fundiert sein, und der aufs Korn genommene Konsens muss in einem Stadium der Routine und Mattheit angelangt sein, die die Störung nicht nur rechtfertigen, sondern provozieren. Ein schönes Beispiel dafür ist die ja schon angesprochene Fischer-These über die deutsche Schuld am Ersten Weltkrieg, mit der ich groß wurde. Sie störte vor 60 Jahren den damaligen konservativen Konsens über die deutsche Unschuld und wurde von der Zunft empört zurückgewiesen. Allmählich aber wurde sie selber konsensuell nachgeplappert.

Den skandalösen Vergleich von New Deal, Faschismus und Nationalsozialismus habe im Übrigen nicht ich in die Welt gesetzt. Es gab Einzelgänger, die das lange vor mir wagten. Sie taten es allerdings stets mit der eifrig wiederholten Versicherung, Vergleichen sei nicht Gleichsetzen. Als wäre das nicht eine Selbstverständlichkeit! Ich habe diese salvatorische Formel in meinem Buch ein oder zweimal ebenfalls verwendet, ansonsten aber darauf gebaut, dass die Sache sich selber erklärt und nicht immer wieder eingehämmert werden muss. Mich erinnerten diese Versicherungen an die Formeln, die im real existierenden Sozialismus benutzt wurden, wenn jemand etwas sagen wollte, was ein kleines bisschen neben der Parteilinie lag.

Sie waren sich also bewusst, dass Sie vermintes Gelände betraten. Was passierte?

Das Erste, was noch vor der Veröffentlichung des Buchs passierte: Die Historikerin, die das Projekt einer deutschen Wissenschaftsstiftung zur Finanzierung vorgeschlagen hatte, bekam kalte Füße. Ich hatte es wohl versäumt, genügend oft zu beteuern, dass Vergleichen für mich nicht Gleichsetzen ist. Sie bat mich, deutlicher zu machen, dass der Nationalsozialismus totalitär und der New Deal demokratisch gewesen sei. Das lehnte ich ab mit der Begründung, genau das sei ja die herrschende Ansicht, und herrschende Ansichten zu wiederholen sei nicht meine Sache. Mir genüge der einmalige entsprechende Hinweis, da es mir nicht um die Wiederholung des Bekannten, sondern die Darstellung des weitgehend Unbekannten gehe. Das weitgehend Unbekannte aber war, dass der Zeitgeist der 30er Jahre den New Deal, den Faschismus und den Nationalsozialismus als vergleichbar betrachtete. Um diesen Zeitgeist ging es mir, genauer um die Archäologie dieses seit 1945 vollkommen verschütteten Zeitgeists. Was mir nie zuvor geschehen war, geschah nun. Die Historikerin bat mich, ihren Namen nicht in der Danksagung zu erwähnen.

Was machte für den Zeitgeist der 30er Jahre den New Deal, den Faschismus und den Nationalsozialismus vergleichbar? Was genau schien den Zeitgenossen ähnlich und begründete für sie die Vergleichbarkeit?

Ich bin ein schlechter Katalogisierer und Nacherzähler von dem, was ich ausführlich in einem Buch dargestellt habe. Ich könnte jetzt die Berührungs- und Vergleichspunkte noch einmal Revue passieren lassen: etwa die anscheinend so grundverschiedene Rhetorik Roosevelts und Hitlers: Roosevelt sprach in seinen im Radio übertragenen Fireside-Talks die Nation im Kammerton an. Jeder Hörer fühlte sich persönlich und individuell angesprochen. Nichts davon in Hitlers Großkundgebungen mit ihren wüsten cholerischen Ausfällen. Doch wie die Forschung inzwischen herausgefunden hat, war auch Hitlers Methode die Ergreifung des Einzelnen in der Masse. Er begann fast schüchtern als der namenlose Mann aus dem Volk, um sich im Lauf der Rede zur pathetischen Anklage zu steigern. Nach 1945 geriet dieser kunstvolle Aufbau in Vergessenheit. Gereinigt von den pastoralen Elementen, blieben von Hitlers Reden nur die wüsten Beschimpfungen übrig, von denen heute niemand mehr versteht, wie sie diese Wirkung gehabt haben sollen.

Ähnlich innovativ war in den drei Systemen die Rolle der Propaganda. Traditionelle Propaganda war nichts anderes gewesen als die Übertragung der Reklame auf die Politik. Propaganda im New Deal, im Faschismus und im Nationalsozialismus war weit mehr. Ihre wirkungsvollsten Taten waren die großen landschaftsverändernden Projekte der Autobahnen, der Staudämme der Tennessee Valley Authority und der Kultivierung der Pontinischen Sümpfe. Schließlich war ein ganz großes, vielleicht das zentrale Thema der Propaganda in den drei Systemen die Wiederentdeckung des Landes. Des Landes im wörtlichen Sinn als Erde. Denn die war im Zeitalter der Industrialisierung und der Faszination durch die maschinelle Massenproduktion vollkommen vernachlässigt worden.

Sehr schön, fast parabelhaft ist das in «Vom Winde Verweht» dargestellt. Das Epos über den Bürgerkrieg war in Wirklichkeit eine Parabel über den Zusammenbruch der Weltwirtschaft 1929 und des Wiederaufbaus in den 30er Jahren. Scarlett O'Hara erleidet alle Phasen des Absturzes aus dem einstigen Luxusleben. Am Ende findet sie den Weg zurück zum Ackerboden. Ihre Hände krallen sich in ihm fest. Und hier beginnt ihr neues Leben.

Der Weg von der gescheiterten Zivilisation zurück aufs Land war eine weitverbreitete Sehnsucht. Auch G. K. Chesterton glaubte in der Zwischenkriegszeit an die befreiende Wirkung der Ländlichkeit. In «The Outline of Sanity» predigte er die Abkehr von Kapitalismus («eine äußerst unangenehme Sache») und städtischem Leben («bin vollkommen einverstanden, wenn Schakale und Aasgeier in den Ruinen von Albert

Hall ihre Jungen großziehen») und warb dafür, jeder Familie einen kleinen Bauernhof zuzuteilen.

Und das war nicht neu. Beginnend mit Rousseau und eigentlich schon in der bukolischen Poesie der Antike schlägt jede zivilisationskritische Bewegung diesen Weg ein. Die Erde als Mittel der Regeneration für die vom Kapitalismus verwüstete Welt erreichte in den 30er Jahren eine fast schon religiöse Bedeutung. Und das galt auch für die Landwirtschaft. Eine erwähnenswerte Kuriosität ist, dass Henry Ford eine Verkoppelung von landwirtschaftlicher und industrieller Produktion anstrebte. Er überlegte, Autos nicht mehr aus Metall, sondern aus Sojabohnen herzustellen (*Soybean Car*). An diesem Punkt müsste man über die spezifisch amerikanische Version dieser Utopie sprechen. In der Politik heißt sie «Isolationismus». Das ist, seitdem Amerika Weltmacht wurde, ein verfemter Begriff. Aber ursprünglich war Isolationismus das amerikanische Ideal: die Befreiung aus dem europäischen Sumpf und der Aufbau einer vollkommen neuen Welt. Thomas Jefferson ist der bekannteste Vertreter dieses Ur-Isolationismus. Und da dieser Isolationismus die spezifisch amerikanische Form des verlorenen Goldenen Zeitalters ist, würde mich sein Comeback nicht wundern. Die großen nationalen Mythen sind zu tief verwurzelt, als dass sie nicht irgendwann in irgendeiner Form wiederkehrten. Und zwar unerwartet wie zuletzt im Fall Donald Trump, der nach der Ansicht von etwa 70 Millionen amerikanischen Wählern noch nicht als endgültig erledigt zu betrachten ist.

Kehren wir noch einmal zur Aufnahme des Buches zurück. Von der Historikerin, die in Ihrem Buch nicht genannt werden wollte, haben wir gehört. Was haben Sie darüber hinaus erlebt, vor allem in der Kritik? Das Buch erschien ja zuerst 2005 in Deutschland und ein Jahr später in Amerika. Gab es bemerkenswerte Unterschiede?

In Deutschland gab es Bedenken der Art, man könne das Unvergleichbare doch nicht vergleichen. Aber unterm Strich überwog das Interesse an einem neuen Blick auf die altbekannte Geschichte. Ganz anders in Amerika. Mein Buch fiel in die Rubrik «revisionistische Geschichtsschreibung», also das Infragestellen traditionell eingefahrener Ansichten. Das hat dort im liberalen Denken eine ehrwürdige Tradition. Meine amerikanische Lektorin bei Metropolitan Books / Henry Holt war fest davon überzeugt, dass das Buch in der liberalen Kritik mit ähnlichem oder noch größeren Interesse aufgenommen würde wie zuvor die «Culture of Defeat». Doch nichts dergleichen geschah. Nur eisiges Schweigen. Ein Freund, der selber New-Deal-Spezialist war, hatte mich allerdings schon gewarnt. Roosevelt in irgendeinen Zusammenhang mit Hitler und Mussolini zu bringen sei absolut unvorstellbar für den amerikanischen Durchschnittsliberalen. Es gab dann aber doch einigen Beifall. Allerdings von unerwarteter und mir damals absolut unerwünschter Seite. Es waren die Erzkonservativen, die Roosevelt und den New Deal nie akzeptiert hatten und die nun meinen Vergleich auf ihre Weise auslegten, so als hätte ich Roosevelt tatsächlich auf eine Stufe mit Hitler und Mussolini gestellt. Das war natürlich ein Missverständnis meiner Überlegungen, wie es gründlicher nicht sein konnte. Tödliches Schweigen von der Seite, der ich mich damals zugehörig fühlte, den Linksliberalen, und Beifall vom Feind auf der Rechten – das war für mich eine unerwartete neue Erfahrung. Inzwischen sehe ich das anders.

Wie nämlich?

Auf der Linie meiner zunehmenden Infragestellung der guten alten linksliberalen Gewissheiten. Der Weg vom jugendlichen Fortschrittsoptimismus zum Alterspessimismus scheint eine biologisch vorgegebene Linie zu sein. Also das Unoriginellste von der Welt.

Fast ebenso wenig originell ist das alte Bild für die politische Lagerbildung: das Hufeisen, dessen beide Enden – Rechts und Links – einander näher sind als die weiter entfernte Mitte. Verglichen mit dem Kraftfeld zwischen den einander nahen Extremen, ist die Mitte des Hufeisenmagneten schwach und unselbständig. Zwischen den Polen tut sich was. Das ist in der Politik ähnlich, wird aber von der politischen Mitte natürlich vehement verneint, mit der in der Geschichte immer wieder beobachteten Folge, dass die Mitte in Zeiten des Umbruchs nicht erregt und anregt, sondern langweilt.

Themenwechsel. Sie haben in einem unserer Gespräche einmal das Wort Schadenfreude benutzt. Nur halb im Ernst, wie Sie betonten. Aber doch genügend ernst, um jetzt noch einmal nachzufragen, was Sie damit meinten. Schadenfreude ist schließlich etwas, zu dem man sich nicht gerne bekennt. Was meinen Sie also damit?

Das war im Gespräch über Macht und Geist. Es gibt zwei Arten von Schadenfreude. Die ungute genießt das Unglück eines Schwächeren. Das ist Sadismus. Aber ganz anders empfinde ich die Schadenfreude des Schwachen gegenüber dem Mächtigen. Die ist eher die Befriedigung über den Ausgleich einer Ungerechtigkeit. Der Schwache erlebt den Starken als eine einzige Ungerechtigkeit. Nietzsche und Scheler haben das wunderbar als Gefühl des Ressentiments beschrieben. Ressentiment ist das Gefühl des Machtlosen gegenüber dem Mächtigen. Ich kam als Angehöriger der Nation, die nach 1945 als das Weltböse schlechthin galt, in das Land, das sich als die Verkörperung des Weltguten betrachtete. Das war ein Brocken, der schwer zu verdauen war. Mir stieß er immer wieder auf. Sogar jetzt, in fast jedem unserer Gespräche für dieses Buch. Es kommt mir so vor, als hätte ich mir selbst dieses Thema mit einer gewissen Besessenheit immer wieder neu aufgetischt. Jedenfalls beschäftigte es mich über die ganze Zeit meines amerikanischen Lebens hin. Immer wieder ertappte ich mich dabei, die Sünden Amerikas mit denen Nazi-Deutschlands zu vergleichen.

«Immer wieder neu aufgetischt», sagen Sie. Als Variationen eines Themas ließe es sich genauso bezeichnen. Das Amerika im «Niederlagen»-Buch und das Amerika der «Entfernten Verwandtschaft» sind doch zwei ganz unterschiedliche Geschichten. Im «Niederlagen»-Buch interessieren Sie sich für ein Amerika, das eben nicht auf dem Weg des triumphierenden Siegers war, sondern im Gegenteil das «andere» Amerika wurde: die Südstaaten. Sie haben schon davon gesprochen, dass die amerikanische Rhetorik gegen das deutsche Kaiserreich im Ersten Weltkrieg stark der Rhetorik des Nordens gegen den Süden im 19. Jahrhundert glich. Sehen Sie auch eine Verwandtschaft zwischen der Sklavenhaltung der Südstaaten

und dem deutschen Judenmord als ungeheuren Verbrechen, mit denen die Täter sich aus der Gemeinschaft der zivilisierten Nationen ausschlossen? So jedenfalls lässt sich das entsprechende Kapitel in der «Kultur der Niederlage» lesen.

Nicht ganz. Ich meinte damit nicht die Vergleichbarkeit von Sklaverei und Holocaust, sondern die Vergleichbarkeit des Schuld- und Schamgefühls der Nachgeborenen. Ganz persönlich, auf unheimliche Weise, erlebte ich das bei einem Dinner in New York im kleinen Kreis. Hauptsächlich jüdische Intellektuelle. Vielleicht zehn oder zwölf Leute. Das Gespräch kam auf das Thema Nazi-Deutschland. Alle bemühten sich, den deutschen Gast nichts von dem im Raum stehenden Elefanten spüren zu lassen. Mit Ausnahme einer attraktiven blonden Südstaatlerin. Sie fragte mich in die plötzlich herrschende Stille hinein, was ich als Deutscher zu den Naziverbrechen zu sagen hätte. Alle waren peinlich berührt, die Runde versuchte mir absolute Unverdächtigkeit zu bescheinigen. Das dauerte eine kleine Endlosigkeit. Ich machte dann noch den Versuch einer Erklärung in dem Sinne, dies sei vielleicht ein unglückliches Zusammentreffen von zwei Kollektivschuld-Traumatisierten. Der italienische Ehemann meiner Schuld- und Leidensgenossin beendete die Sache dann zur Erleichterung aller durch vorzeitigen Aufbruch.

Jetzt haben wir uns vom Thema der Verwandtschaft zwischen New Deal und Nationalsozialismus in den 30er Jahren ziemlich weit entfernt. Mit dem Ergebnis, dass wir es plötzlich nicht mehr mit dem einen Amerika, der Weltmacht USA, zu tun haben, die auf Sie als den Angehörigen der Verlierernation Deutschland eine merkwürdige Faszination ausübte, sondern mit einem anderen Amerika. Dem Amerika der Südstaaten, das eine umheimliche Parallele zur deutschen Geschichte gewesen sein könnte.

Um noch einmal auf das Thema Schadenfreude zurückzukommen: Die Entdeckung, dass auch die amerikanische Erfolgsgeschichte ihre andere Seite hat, war für mich eine Art Genugtuung. Mir kommt bei solchen Gelegenheiten immer der Satz in den Sinn, den Heinrich Mann im November 1918 nach der Niederlage Deutschlands aussprach: «Der Besiegte erfährt etwas schneller, was das Schicksal vorhat.» In diesem Sinne hat der amerikanische Süden dem Norden etwas voraus. Und das haben europäische Besucher immer schon gespürt. Sosehr ihnen der amerikanische Daueroptimismus zuweilen auf die Nerven ging, so deutlich spürten sie, dass im Süden eine andere Mentalität herrschte. Daraus hat man die These abgeleitet, der auch ich anhänge: Der einzige Teil Amerikas, der weiß, was Pessimismus ist, ist der Süden.

Das klingt jetzt fast so, als sei die Geschichte des amerikanischen Südens ein «Sonderweg», ein Sonderweg im Unterschied zur Geschichte des Nordens. So wie die Geschichte Deutschlands im 19. und 20. Jahrhundert als «Sonderweg» im Unterschied zur Geschichte der westlichen Nationen bezeichnet worden ist.

Wer den Weg des anderen als Sonderweg bezeichnet, beansprucht für sich selber den Hauptweg. Das ist im Zeitalter der Nationen eine beliebte Propagandamethode. Sie ist umso erfolgreicher, wenn sie das nationale Selbstverständnis des Gegners in sein Gegenteil verkehren kann. Hier wird der Vergleich der Südstaaten und Deutschlands interessant. Beide hatten vor ihrer großen Niederlage – im Bürgerkrieg bzw. Ersten Weltkrieg – ein stolzes Sonderbewusstsein gegenüber der anderen Seite entwickelt. Der Süden sah sich als aristokratische Kultur gegenüber dem plebejischen Norden, Deutschland sich als Vertreter der eigentlichen, der hohen Kultur gegenüber der flachen Zivilisation des Westens. Dieses Selbstverständnis verkehrten die Sieger nach ihrem Triumph in das genaue Gegenteil. Durch einfaches Umkehren der Vorzeichen war der Gegner hilflos gemacht wie ein auf dem Rücken liegender Käfer.

Die Geschichte der Sonderwegspropaganda ist damit aber immer noch nicht zu Ende. Sie blüht und gedeiht in der Vorstellung des *American Exceptionalism*. Das ist die jüngste und zugleich die älteste Version der Überzeugung der Erwähltheit Amerikas. Die jüngste, weil die Erwähltheit soziologisch und historisch erklärt wird. Und die älteste, weil sie auf die puritanische Vorstellung der *City Upon the Hill* zurückgeht: Amerika, das neue Jerusalem. Und sie ist nach wie vor im Unbewussten des Durchschnittsamerikaners tief verankert, wie der Erfolg Trumps mit dem *America-First*-Slogan zeigte.

Pendeln zwischen New York und Berlin

Erst am Ende unserer Gespräche über Ihre 40 Jahre in Amerika kommen wir auf einen wichtigen, vielleicht den wichtigsten Aspekt dieses Lebensabschnitts: die Tatsache, dass dies kein Daueraufenthalt von 40 Jahren war, sondern eine Pendlerexistenz. Sie verbrachten jeweils ungefähr ein halbes Jahr in Berlin und New York. Die New Yorker Hälfte war etwas länger, die Berliner Hälfte kürzer. Entscheidend war, dass Sie nicht auswanderten. Es wäre ja eine Möglichkeit gewesen, gar nicht mehr nach Deutschland zurückzukehren. Haben Sie nie daran gedacht, nach Amerika auszuwandern?

Diese Option hatte ich, als ich irgendwann einmal die vielbegehrte Green Card erhielt, die ja in der Regel der erste Schritt zur Einbürgerung ist. Aber als es ernst wurde, schreckte ich davor zurück. Auswandern ist etwas anderes als besuchen, auch wenn das Besuchen wie bei mir zum Dauerstatus wurde. Ich könnte mein Hin und Her zwischen Berlin und New York auch als institutionalisierte halbjährliche Aus- bzw. Einwanderung bezeichnen. Das käme meinem Ideal vielleicht noch am nächsten. Das Ideal war, an zwei Orten zu leben. Auswandern kam nie in Frage, weil das nur ein einmaliger Ortswechsel wäre. Wer im neuen Land, wie es so schön heißt: «angekommen» ist, gehört nach einer mehr oder weniger langen oder kurzen Eingewöhnung so dazu wie jeder andere. Er ist dann integriert. Mich hat der Wunsch, integriert zu sein, nie zu dieser Konsequenz getrieben. Mir genügte es, mich für je eine Hälfte des Jahres dem je anderen Land auszusetzen, um seine Eigenheiten wohldosiert aufzunehmen und zu kultivieren. In Berlin war ich natürlich immer der, der hier geboren war und seine Universitätsausbildung erhalten hatte. Dem war nicht zu entgehen. In New York war die Sache spielerischer. Spielerisch nicht im Sinn der unernsten Leichtigkeit, wohl aber in dem Sinne, dass ich hier jedes Mal – mit jeder Ankunft und und jeder Abreise – mich neu einspielen musste in meine Rolle als Auswanderer auf Zeit. Um mit dem Titel dieses Buchs zu sprechen: Das Hin und Her zwischen New York und Berlin war die Grundlage, um beide Seiten gleichgewichtig zu erleben. Berlin war eben die «andere Seite» New Yorks. Und umgekehrt. Sie kennen das Mühlespiel und den Begriff der Zwickmühle? Der wird umgangssprachlich ja immer dann angewandt, wenn jemand sich in einer ausweglosen Situation befindet. Das ist eine Seite der Zwickmühle, die des Verlierers. Der Gewinner, der Herr der Zwickmühle, braucht dagegen seinen Spielstein nur hin und her zwischen den von ihm kontrollierten zwei Mühlen zu schieben, und er gewinnt mit jedem Zug. In diesem Sinne war die Achse New York–Berlin für mich eine Gewinner-Zwickmühle.

Nun gab es aber auch Unregelmäßigkeiten des Pendelschlags, außergewöhnliche Ereignisse. Vom 11. September 2001 haben wir gesprochen. Es gab aber auch den Mauerfall am 9. November 1989. Der war ein welthistorisches Ereignis wie der Angriff aufs World Trade Center. Sie waren am 9. No-

vember 1989 noch in Berlin, kurz vor Ende Ihres gewohnten Sommeraufenthalts. Kehrten Sie wie geplant nach New York zurück?

Ich blieb natürlich diesen Winter in Berlin, um das Geschehen vor Ort zu verfolgen. Als ich nach einigen Monaten dann doch meine Routine wiederaufnahm und nach NY zurückkehrte, war auch dort etwas Unvorhergesehenes passiert. Allerdings nur für mich persönlich. Wie stets hatte ich die Wohnung für den Sommer untervermietet. Das junge Paar, das einzog, machte einen gutbürgerlichen Eindruck. Der täuschte leider. Als ich zurückkam, war ein Teil der Möbel auf dem Balkon aufgestapelt und von Wind und Wetter unbrauchbar gemacht. Die Wände waren schwarz gestrichen. Der Teil des Hausrats, den das Pärchen offenbar für nützlich erachtet hatte, fehlte. Nur die Bücher waren vollzählig. Das Telefon war wegen Nichtzahlung der Rechnungen in Höhe von rund 2000 Dollar von der Gesellschaft abgestellt. Nach und nach entfaltete sich das ganze Ausmaß des Vandalismus, den die beiden angerichtet hatten. Eine illegale Unter-Untervermietung gehörte auch noch dazu. Es war eine Katastrophe für mich und die Bestätigung des Mythos, dass in der Großstadt alles passieren kann, ohne dass die Nachbarschaft Notiz davon nimmt.

Die mühselige und kostspielige Instandsetzung beschäftigte mich dann so, dass meine erste Reaktion auf den Mauerfall davon überdeckt wurde. Meine erste Reaktion nämlich war: dass Berlin nun wieder das werden könne, was es bis zum Jahre 1933 gewesen war. Eine Weltmetropole, imstande, den Vergleich mit New York auszuhalten. Das war eine schöne Phantasie, der ich für eine kurze Zeit anhing. Sehr viel später setzte sich in meinem Kopf eine zahlenmagische

Verbindung/Beziehung zwischen dem Fall der Mauer und dem des World Trade Centers fest. Ich meine die beiden Daten: 9.11. in Berlin und 11.9. in New York. Also das genaue Spiegelbild.

Übrigens kam mir aber noch ein anderer Vergleich in den Sinn. Die Sirenen-Episode in der Odyssee. Odysseus will den Sirenengesang hören, aber sich nicht der Gefahr aussetzen, diesen Ungeheuern zum Opfer zu fallen. Deshalb lässt er sich an den Mast binden, nachdem er seinen rudernden Gefährten die Ohren verstopft hat. Adorno und Horkheimer haben in der «Dialektik der Aufklärung» diese Episode wunderbar als die selbstauferlegte Trieb-Disziplinierung des bürgerlichen Menschen interpretiert. Für die rudernden Gefährten mit ihren verstopften Ohren interessierten sie sich nicht weiter. Mein Interesse und meine Sympathie hingegen gelten eher den Gefährten. Sie reichen dem Intellektuellen Odysseus nicht das Wasser. Was aber nicht heißt, dass sie nicht von ihren blauen Bergen tagträumen. Nur können sie es nicht mitteilen. Mein wechselndes Leben in Berlin und New York würde ich erklären als Methode, den Gesang der Sirenen und die Routine des Ruderns unter einen Hut zu bringen, durch den institutionalisierten Ortswechsel nach dem Pendlerprinzip.

Es ist das alte Wechselverhältnis von Hunger und Sättigung, nur mit dem Unterschied, es in eigener Regie auszuführen. Das hatte seinen Preis wie jede Unterbrechung einer vertrauten Regelmäßigkeit. Aber es war ja auch nicht einfach die persönliche Marotte, auf der ich eben vielleicht etwas ausgiebig herumgeritten bin. Neben der persönlichen Marotte, der drohenden Lebens- und Arbeitsroutine zu entfliehen, gab es den sehr praktischen Grund meiner Arbeit. Alle Bücher, die ich nach meiner Dissertation über das nachbrechtische Drama in der DDR schrieb, wären ohne das Nebeneinander von Amerika und Europa in meinem Kopf nicht möglich gewesen. Und das Nebeneinander in meinem Kopf wäre ohne das Hin und Her meiner physischen Person nicht erreichbar geworden. Das Vergleichen als die methodische Leitlinie in allen meinen Büchern haben wir ja im vorigen Gespräch schon behandelt.

Noch einmal zu Ihrer transatlantischen Pendlerexistenz. Nach dem, was Sie über das Vergleichen als Ihre eigentliche Arbeitsmethode sagten, würde ich jetzt vermuten, dass beides eng zusammenhängt. Zwischen zwei Orten pendeln heißt ja, beide Orte zur Kenntnis zu nehmen, und das impliziert automatisch, sie miteinander in Beziehung zu setzen, d. h. zu vergleichen.

Ich würde hinzufügen, dass jeder Pendelschlag die Kenntnis vertieft. Das kann jeder an sich ausprobieren. Man kommt an einen neuen Ort. Schaut sich um. Registriert die Situation. Geht weiter. Ist sich nicht ganz sicher über ein bestimmtes Detail. Kehrt zurück, um sich zu vergewissern. Entdeckt dabei weitere Einzelheiten, die man beim ersten Mal übersehen hatte, und stellt fest, dass man den eben verlassenen anderen Ort auch schon nicht mehr genau in Erinnerung hat und gut daran tut, noch einmal zurückzukehren und genau hinzuschauen. Das kennt, glaube ich, jeder. So jedenfalls ergeht es mir mit jedem Schritt in der Erforschung eines neuen Gegenstands. Es ist ein permanentes Vorwärts- und Rückwärtsgehen, aus dem das Kennenlernen und Vertrautwerden mit dem Neuen sich langsam Schritt für Schritt herausschälen. Oder mit dem häufig verwendeten Bild: ein Ansetzen von Erkenntnisschichten wie bei den Jahresringen der Bäume. Wenn ich mich in die Subway setzte und in die Public Library an der 42. Straße fuhr, um einen am Vortag entdeckten Sachverhalt noch einmal zu überprüfen, und wenn ich entdeckte, dass die Sache anders war, als ich sie erinnerte, dann war das *en miniature* wie das Hin und Her über den Atlantik zwischen Berlin und New York. Womit ich nicht sagen will, dass der erste Eindruck und der erste Gedanke notwendig täuschen. Sie sind die Grundlage, um nicht das große Wort Intuition zu benutzen, von der alles Weitere ausgeht. Deshalb lasse ich mich auch widerstandslos vom momentanen Eindruck mitreißen. Aus meiner Kindheit erinnere ich mich an ein Märchen, eigentlich nur ein Märchenfragment, das genau diesen Punkt trifft. Das Märchen von den Blauen Bergen erzählt von einem Jungen, der sich in die Blauen Berge der Ferne hineinträumt als in ein Paradies auf Erden. Er macht sich auf den Weg, dorthin zu gelangen. Aber er entdeckt natürlich, dass das paradiesische Blau in dem Maße verschwindet, in dem er ihm näher kommt. Jedes Mal stellen sich die Blauen Berge als genauso grauer Alltag heraus wie das Dorf, aus dem der Junge kommt. Die Absicht meiner Mutter, die mir diese Geschichte erzählte, war natürlich, mir das Tagträumen auf eine möglichst schonende Weise abzugewöhnen. Geblieben ist aber ebenso natürlich der Trieb, entgegen allem Realitätsprinzip die Blauen Berge für das Eigentliche im Leben zu halten. Wenn ich mein halbes Jahr in Berlin war, verwandelte sich das ferne New York in die Blauen Berge. Und zwar fast wörtlich: Die aus unzähligen Abbildungen jedem vertraute Wolkenkratzersilhouette von Downtown Manhattan baut sich aus der Ferne ja wie ein Hochgebirge auf. Umgekehrt nahm das entfernte Berlin romantische Züge an. Mit Adornos schönem Wort schmeckt im Exil jeder Rehbraten so, als wäre er im «Freischütz» geschossen.

Nach 40 Jahren wechselseitiger Blauer Berge haben Sie sich dann aber doch entschlossen, die transatlantische Doppelexistenz aufzugeben und nach Berlin, Deutschland, Europa zurückzukehren. Warum?

Zwei Worte: Sättigung und Ermüdung. Und vielleicht noch der dritte Begriff, der für meine Arbeit ähnlich wichtig war wie das Vergleichen: Ich meine das Phänomen der Gewöhnung. Gewöhnung ist das, was folgt, wenn etwas Neues für die Menschen zunächst als Schock in Erscheinung tritt.

Das war im 19. Jahrhundert mit der Eisenbahn der Fall. Sie war der Schock einer qualitativ neuen Geschwindigkeit, die auf die Menschheit losgelassen wurde. Eine technische Revolution, die die reale räumliche Weltordnung so durcheinanderbrachte wie die Französische Revolution die politische. In meiner «Geschichte der Eisenbahnreise» versuchte ich den Prozess der Gewöhnung an diese neue Wirklichkeit zu beschreiben. Also die Herausbildung neuer Schichten der Wahrnehmung und der Kultur, mit denen die Menschen die neue Realität in sich aufnahmen. Dasselbe machte ich mit den anderen Neuerungen, mit denen die Menschen ihre Welt veränderten und damit ihre eigene Existenz revolutionierten. Stichworte Kaffee und künstliche Beleuchtung. Schließlich die psychischen Schocks: Trauma der nationalen Niederlage. Zusammenbruch der Weltwirtschaft. Auch hier mein Versuch, zu beschreiben, wie die Menschen diese Einbrüche psychisch und kulturell verarbeiteten und sich an die neue Wirklichkeit als den neuen Alltag gewöhnten.

Es ist immer der gleiche Ablauf. Am Beginn der Paukenschlag des Neuen. Das Erschrecken und verdutzte Augen reiben der Zeitgenossen ob der neuen Wirklichkeit. Und dann das allmähliche Sich-daran-Gewöhnen und die Herausbildung einer neuen Wahrnehmungs- und Verhaltensschicht – Sättigung könnte man auch sagen. Hat sich das einmal schockierend Neue als die neue Normalität etabliert, ist ein historisch-technisch-kultureller Zyklus abgeschlossen. Eine weitere Drehung nach oben in der Spiralbewegung des Fortschritts.

Was ich anhand historischer Erfahrungen darstellte, machte ich in meinen 40 Jahren Amerika am eigenen Leib und der Seele durch. Zuerst der Kulturschock. Dann die allmähliche Gewöhnung, oder wie ich es plastischer ausdrücken möchte: die Hereinnahme, oder noch plastischer: die Assimilation der amerikanischen Kultur in meinen Organismus und meinen Geist. Und irgendwann war der Punkt der Sättigung für mich erreicht.

Im klassischen Bildungsroman ist der Punkt der Sättigung erreicht, wenn der jugendliche Held in eine gute oder gar ideale Gesellschaft aufgenommen wird, wie im «Wilhelm Meister», oder wenn er sich resignierend – und dies ist sein typisches Schicksal – mit der schlechten Realität abfindet, wie im «Grünen Heinrich» oder Balzacs «Verlorenen Illusionen».

Es gibt einen heute nur noch Literaturhistorikern bekannten deutsch-amerikanischen Bildungsroman mit dem Titel «Der Amerikamüde» von 1855. Sein Verfasser, ein gewisser Ferdinand Kürnberger, ist heute vergessen. Im 19. Jahrhundert war er populär. Einen Satz daraus benutzte Adorno für sein Buch «Minima moralia» als Motto: «Das Leben lebt nicht.» Die «Minima moralia» waren Adornos Verarbeitung seiner Erfahrung im amerikanischen Exil. Kürnberger war wie Karl May nie in Amerika. Seine Beschreibung der amerikanischen Verhältnisse erinnert in ihrer Scharfsichtigkeit zuweilen an Tocquevilles «Über die Demokratie in Amerika». Aber es ist ein Roman. Der fiktive Held kehrt nach dem Versuch, sich in Amerika eine neue Existenz aufzubauen, und nach zahlreichen Enttäuschungen desillusioniert nach Europa zurück.

Haben Sie im «Amerikamüden» etwas von Ihrer Amerika-Erfahrung wiedererkannt?

Ich habe das Buch sehr spät erst gelesen, ich hatte eine literaturhistorische Mumie erwartet. Aber als ich es nach meiner Rückkehr aus New York 2014 zum ersten Mal las, war ich überrascht, wie vertraut mir das alles vorkam. Bis hin zum damals modischen Begriff der «Europamüdigkeit», auf den der Titel des «Amerikamüden» ja anspielte. Die Ähnlichkeit zwischen dem *mindset* der Emigranten des Jahres 1848, die nach dem Scheitern der Revolution ihr Heil in Amerika suchten, und meiner Generation von 1968 frappierte mich. Mir war diese Verwandtschaft nie bewusst gewesen. Wenn es für uns einen Vergleich gab, dann war es der zeitlich nähere mit der deutschen Emigration aus dem Dritten Reich. Aber der war natürlich so wirklichkeitsfremd wie alle anderen 68er-Ideen.

Heute erscheint mir die Amerikasehnsucht der deutschen Intellektuellen nach 1848 mit der meiner Generation nach 1968 vergleichbar, weil sie beide die Sehnsucht heraus aus dem deutschen Biedermeier waren. Wenn ich meine 40 Jahre New York als meinen amerikanischen Bildungsroman verstehe, dann endete auch er mit einer Rückkehr wie im «Amerikamüden». Aber da ich nie das Ziel der Auswanderung und des Amerikaner-Werdens hatte, handelte es sich weniger um eine große Desillusionierung, sondern eher um die Beendigung einer teilnehmenden anthropologischen Expedition.

Wenn Sie die Ergebnisse dieser Expedition kurz zusammenfassen müssten, was würden Sie sagen?

Für mich hatte diese 40-jährige Expedition drei Etappen. Erst die aufsteigende Linie: das Aufnehmen und Akkumulieren der neuen Realität. Dann ein Plateau. Und schließlich eine Endphase.

Die aufsteigende Linie war das New York der 1970er Jahre. Es waren das New York und das Amerika nach dem Vietnamkrieg. Noch erkennbar das Amerika, das meine Generation aus Filmen und der Literatur kannte. Die reiche Siegermacht des Zweiten Weltkriegs. Die ganze physiognomische Bandbreite zwischen Humphrey Bogart und Doris Day. Als ich das erste Mal nach New York kam, funktionierte das noch, weil die Kulissen noch standen. Aber schon das nächste Um-sich-Schauen zeigte die Symptome von Abstieg bzw. Absterben. New York wurde in den 70er Jahren häufig mit Venedig verglichen. Historische Größe nur noch als Gehäuse, dennoch historische Größe. Das war vor allem für Intellektuelle und Künstler von großer Attraktivität, konnten sie sich doch hier als die eigentlichen Herren empfinden, nachdem die Stadt durch den Wegzug ihrer wirtschaftlichen Elite den Nimbus der Macht verloren hatte. Intellektuelle und Künstler waren wie die Hirten in der antiken Literatur, die ihre Ziegen zwischen den Ruinen der verlassenen Paläste und Tempel weideten.

Seinen Tiefpunkt als Weltstadt erlebte New York in den 70er Jahren, als der damalige Präsident Ford der zahlungsunfähig am Boden liegenden Stadt jede Hilfe verweigerte.

Ich erinnere mich noch an die Schlagzeile der *New York Post*: «President to City: Drop dead!» Auf Deutsch so viel wie «Verrecke!». Das war, als schließlich die Banken die Kontrolle mittels einer eigens zu diesem Zweck gegründeten Organisation übernahmen, der *Municipal Assistance Corporation*, umgangssprachlich Big MAC genannt.

Es ist wahrscheinlich eine unzulässige Romantisierung, wenn man den wirtschaftlichen Abstieg einer Gesellschaft für die beste Voraussetzung ihrer kulturellen Blüte hält. Trotzdem würde ich das krisengeschüttelte New York der 70er Jahre mit dem Berlin der Inflationszeit der Weimarer Republik vergleichen. Das hörte mit der Präsidentschaft Reagans auf. Und es begann der phönixhafte Aufstieg des Weltfinanzzentrums als Weltglitzerzentrum.

Leben der Dinge

Herr Schivelbusch, Sie sind ja vermutlich nicht das, was man ein Konsumschwein nennt, aber Sie haben von einer besonderen Art der Konsumtion erzählt, die Sie persönlich erlebt haben, nämlich das Aufnehmen einer enormen Fülle von Eindrücken in New York, als Sie feststellten, dass im Fernsehen stundenlang Filme der 30er, 40er, 50er Jahre liefen, gute und schlechte. Und dass Sie das alles in sich eingesogen haben wie der Bartenwal das Wasser, ein Bild, das Sie selbst verwendet haben. Konsumtion als elementare Erfahrung Ihrer intellektuellen Biographie?

Vor der intellektuellen Erfahrung kommt für mich die physisch-fleischliche, beides kann ich nur schwer trennen. Immer wenn der Intellekt sich auf seinen Schwingen erhebt, um durch seine eigenen oder andere Systeme zu schweben, wird mir unheimlich, realitäts- und bodenabgehoben, um nicht zu sagen: erdentfremdet. Deshalb will ich statt des Bildes vom Bartenwal das noch einfachere Bild des Schwamms vorschlagen. Der Bartenwal nimmt eine Menge auf und holt aus dieser Menge etwas für sich heraus. Der Schwamm meint die Gier des Ausgetrockneten nach dem Flüssigen. Der reine Durst. So ging es mir in und mit Amerika. Ich kam dorthin und hatte diese diffuse Gier auf die Gesamtkultur. Sie war einerseits vertraut, weil ich aus der amerikanisierten Bundesrepublik kam. Aber dann stellte sich schnell heraus, was für ein Riesenunterschied zwischen Import und Original besteht. Sich dem amerikanischen Original mit den erlernten europäischen Bildungsstandards zu nähern war so hoffnungslos unangemessen, dass ich von jetzt auf gleich darauf verzichtete. Ich öffnete alle Schleusen und flutete mich mit dem mir Unbekannten in der Hoffnung, es werde sich von allein in mir und mit mir arrangieren. So verbrachte ich Nächte vor dem Fernseher, vorzugsweise mit der Mischung aus alten Hollywoodfilmen und Werbeunterbrechungen – ich habe ja schon davon erzählt. Theoretisch war das für mich ein Ding der Unkultur. Praktisch war es die doppelte Wahrnehmungsebene von Geschichte und Gegenwart. Physiognomien der 40er Jahre – sagen wir Bette Davis oder Joan Crawford oder Gary Cooper und die dazugehörigen Autokarosserien. Und hineinmontiert die Gegenwart der *commercials*. In Deutschland wäre mir das eine unerträgliche Barbarei gewesen. Im Sommer 1970 in New York war es eine Totalität fast im Sinne Hegels.

Jedenfalls war es eine anstrengungslose Aneignung. Keine Anstrengung des Begriffs, keine Konzentration des Geistes war erforderlich. Das reine Konsumtionsvergnügen.

Aber es gibt ja dann eine Art von Verarbeitung. So kommen wir doch wieder vom Schwamm zum Wal. Der Wal trifft eine Unterscheidung. Er presst das Wasser aus dem Maul und hält das, was wertvoll ist, als nährende Substanz in seinen Barten zurück. So ähnlich muss das ja auch bei Ihnen funktioniert haben.

Selbsttätig. Ab und zu mit dem Bewusstwerden, dass ein Moment, ein Bild oder ein Text sich in mir festsetzte und nicht mehr wegging. Sehr viel später habe ich meine persönliche Aneignung Amerikas mit der amerikanischen Frontier verglichen. Die fraß sich ja auch in die Wildnis der Indianer hinein und verdaute sie zu dem, was Amerika heute ist. Es ist natürlich größenwahnsinnig, sich als kleines Individuum mit der historischen Bewegung Amerikas nach Westen zu identifizieren. In Europa wäre ich nie auf eine solche Idee gekommen. Aber Amerika lässt das zu, weil es ein Produkt Europas ist, ohne Teil Europas zu sein. Und weil der Größenwahnsinn des Individuellen dort fast ein Bestandteil der kollektiven Psyche ist.

Ein Größenwahnsinn ganz anderer Art, den ich an mir erlebte, war die übergroße deutsche Schuld des Holocausts. Ich glaube, das habe ich auch in unseren Gesprächen immer wieder erwähnt. Ich meinte immer wieder zu spüren, dass man in mir nicht nur den jungen Mann aus Deutschland, sondern den NS-Infizierten sehen könne. Zugleich aber auch den Repräsentanten des besseren Deutschland der Weimarer Klassik und des deutschen Idealismus. So oder so, ich sah mich als ein Stück Deutschland in Amerika. Das war keine künstliche Attitüde, sondern schon erlebter Größenwahn. Aber wenigstens nicht so pflichtgemäß abgeliefert, wie wir es von unseren Klassenlehrern vor Fahrten ins Ausland eingeschärft bekamen, sondern persönlich und existenziell betroffen. Dieser persönliche Nerv für die Geschichte hat mich mein Leben lang begleitet. Bei den materialgeschichtlichen Themen etwas weniger, bei den geistes- und kulturgeschichtlichen – Stichwort «Kultur der Niederlage» – etwas mehr.

Neben dem Mythos Frontier, oder als dessen Vorgeschichte, gibt es ja noch die Pilgerväter von der Mayflower. Die waren, wenn man der Legende glaubt, ziemlich friedlich. Sie feierten das erste Thanksgiving harmonisch mit den Indianern. Erst später kam es im Verlauf der Frontier zu der Ausrottung der Ureinwohner. Das Thema haben wir früher schon mal berührt, aber hier die Frage, was es für Sie persönlich bedeutet.

Es gab bei mir eine ähnliche Besessenheit von dem amerikanischen Völkermord wie vom deutschen Holocaust. Mit dem Unterschied, dass der deutsche Massenmord im 20. Jahrhundert ein Weltthema ist, der amerikanische im 19. nicht. Eine Weltmacht ist unangreifbar. Amerikas indianischer Völkermord findet im Weltbewusstsein nur nebenbei Erwähnung. Deutschland hingegen als der überführte Weltverbrecher steht seit 1945 als das Weltböse im Rampenlicht. Das hat sich inzwischen durch die biologische Generationenfolge abgeschwächt. Aber mit Brecht zu sprechen: Etwas bleibt. Was mich am deutsch-amerikanischen Verhältnis speziell interessiert, ist die Tatsache, dass das heftigste Erinnern an das deutsche Verbrechen nicht aus dem vor allem davon betroffenen Europa, sondern aus dem vom Nazismus unberührten Amerika kommt, man denke an die Bedeutung der *Holocaust Studies* an den amerikanischen Universitäten oder das Holocaust-Museum in Washington. Das hat sicher auch mit der Stärke der jüdischen Gemeinden in den USA zu tun. Aber manchmal scheint mir, dass Deutschland als ein moralischer Blitzableiter dient: die deutsche Schuld als ein Posten des amerikanischen Moral-Kontos. Das Konstrukt funktioniert so perfekt, weil die Deutschen mit ihrem schlechten Gewissen die ihnen zugedachte Rolle fast begeistert übernehmen. In Deutschland hätte ich nie derartige Überlegungen angestellt. In Amerika drängte sich dieser Gedankengang mir auf. Aus der Höhle des siegreichen Löwen heraus erscheint die Welt dem Verlierer anders als in den Ruinen der besiegten Heimat. Sie sehen, ich bin wieder bei meinem selbstquälerischen Hauptthema.

Noch ein letztes Mal zu Ihrer persönlichen Identifikation mit der Großen Geschichte: Die Puritaner waren die Ersten, die vor der europäischen Repression nach Amerika flüchteten. Würden Sie einen ähnlichen Beweggrund in Ihrer Übersiedlung nach New York in den 1970er Jahren wiedererkennen, den Wunsch, dem repressiven Klima der alten Heimat zu entfliehen?

Für mich war es weniger die politische Repression als die Disziplinierung, die Theoretisierung des Denkens in der Universität. Keine Spontaneität im Sinne des ungefilterten Aufnehmens war erlaubt. Kein Zugang zu den Dingen nach Lust und Laune. Alles war Kopf. Der Bauch hatte keinen Platz in diesem System. Das Konsumtionsbuch habe ich mit einem Blick auf die kindliche Ding-Erfahrung beendet. Die ist Ur-Konkretion. Für das Kind ist das Ding ein lebendiger Gesprächspartner. Und das ist ein Verhältnis, in dem ich mich wiedererkenne. Ich habe ja schon geschildert, wie Peter Szondi, dieser durch und durch zerebrale Gelehrte, in seinen Vorlesungen Texte so zelebrieren konnte, dass er den Hörsaal und die Studenten vergaß und sich in einen ekstatischen Zustand steigerte. Ein mir unvergessliches Beispiel dafür, dass diese Art Unmittelbarkeit sich offenbar durch alle intellektuellen Akkumulationen hindurch erhält wie das Freud'sche Unbewusste.

War Amerika in dieser Hinsicht das große Befreiungserlebnis, das Ihnen den Zugang zu den Dingen öffnete, den in Berlin die Universität verstellte?

Ja, aber mit der Einschränkung, dass die amerikanische Universität als Lehrbetrieb keinen Anteil daran hatte. Jeder Austauschstudent weiß, dass ihn ein Schulbetrieb erwartet, mit dem verglichen die deutsche Universität dem Humboldt-Ideal immer noch recht nahe ist. Aber da ich aus dem Studentenalter heraus war, berührte mich das nicht. Dagegen die materielle und organisatorische Infrastruktur vor allem der Bibliotheken! Das war etwas anderes. Aber das haben deutsche Amerikabesucher schon unzählige Male beschrieben und ich ja auch. Das waren Orte unbegrenzter Wirklichkeiten. In kindlicher Wahrnehmung waren die Bibliotheken Riesensandkästen. Sie erlaubten, den akademischen Betrieb zu vergessen und sich in einem der Lesesäle oder in einem verborgenen Winkel der Magazine niederzulassen und in das Büchermaterial zu versenken. Hier lernte ich das Verhältnis von Masse und Einzelstück aus nächster Nähe kennen. Und «kennenlernen» ist untertrieben. Am eigenen Leib erfahren trifft die Sache besser. Denn jedes Mal, wenn ich ein Buch, ein Einzelexemplar, aus der Regalmasse herausnahm, wurde es zum Individuum. Das klingt womöglich platt und phrasenhaft, aber so ist es nicht, wenn man es erlebt. Merkwürdigerweise empfand ich das nicht so stark, wenn ich es mit Büchern aus der vorindustriellen Produktion zu tun hatte, aus dem 18. Jahrhundert und früher. Die hatten allerdings als «Rara» ihren abgesonderten Aufbewahrungsort. Hier lag die Individualität klar auf der Hand. Hier konnte aber auch etwas ganz anderes geschehen. Die in großer Anzahl versammelten Rara waren mit einem Mal nicht mehr kostbar museal umhegte Einzelstücke, sondern das, was sie zu ihrer Zeit, beispielsweise dem 17. oder 18. Jahrhundert, gewesen waren: zur Gegenwart gehörige Gebrauchsgegenstände. Die Begegnung mit diesen Abgesandten aus der Vergangenheit machte mir unmittelbarer als jede Kultur- oder Wirtschaftsgeschichte klar, wie vergangenes Leben sich vom gegenwärtigen unterscheidet.

Ganz anders für mich war der Umgang mit den Büchern etwa seit der Mitte des 19. Jahrhunderts, also der voll entfalteten maschinellen Produktion. Denen merkte man an, dass sie unpersönlich hergestellt und auf den Massenmarkt geschickt worden waren, ihre absolute Gleichförmigkeit, d.h. Ersetzbarkeit. Schon bevor ich nach Amerika kam, hatte mich die Frage beschäftigt, was mit den masseninduströellen Dingen geschieht, wenn sie altern. Handwerkliche Gegenstände werden Antiquitäten. Aber was geschieht mit den maschinenhergestellten, sofern sie nicht als Müll entsorgt werden? Ein Modethema der 70er Jahre war die Nostalgie, und das berührte meine Interessen. Mir ging es jedoch um mehr. In dem Moment, in dem mir die Kurzlebigkeit der massenproduzierten Dinge klar wurde, wurden sie für mich zu den neuen Verdammten dieser Erde. Sie verdienten meine Empathie. Mehr noch, ich empfand einen ganz persönlichen Drang, sie von ihrem Schicksal der Anonymität und Kurzlebigkeit zu erlösen. Keine großartige religionsähnliche Erlösung, sondern eine privat-intime zwischen dem Ding und mir. Ich stellte und stelle mir vor, dass, wenn ich mich einem solchen Ding nähere, es anschaue und mich in sein Dasein versenke, sich etwas im Verhältnis zu ihm herstellt, das niemand sonst bemerkt. Marx hat das einmal so formuliert, dass in jedes von Menschenhand produzierte Ding etwas vom Leben dessen eingegangen ist, der es herstellte. Also ein Lebensstrom, der vom Körper des Menschen über seine Hände und über das Werkzeug als die Fortsetzung der Hände auf das Produkt über- und in das Produkt eingeht.

Wir haben das ja heute noch in der Hochschätzung bestimmter handwerklicher Produkte. Der Bäcker, der das Brot mit der schönen Kruste backt, und der Metzger, dessen Bratwürste so gut gewürzt sind. Da gibt es wirklich noch diese persönliche Beziehung beispielsweise zwischen dem Geschmack des Bäckers oder Metzgers und dem Produkt.

Ich meine noch etwas anderes. Nicht das persönlich-handwerklich hergestellte Ding, sondern das massenhafte Maschinenprodukt. Dem wird seit der industriellen Revolution ja jede Individualität, jede Würde, jede Aura abgesprochen. Daran hat sich in den letzten 150 Jahren nichts geändert. Oder besser, es hat sich in den Augen der Hochkultur nichts daran geändert. Ganz anders die Massenkultur. Die da unten haben ja eine andere Sensibilität als die da oben. Und sie sind denen da oben manchmal voraus. Nicht die Intellektuellen stürmten am 14. Juli die Bastille, sondern die Pariser Plebejer, die eben nicht mit dem Kopf, sondern mit dem Bauch dachten. Das würde ich auch für den oft gescholtenen heutigen Populismus gelten lassen. Jedenfalls merkte die Kulturindustrie mit ihrem Gespür für den Massengeschmack schneller als die Intellektuellen der Kritischen Theorie, dass auch die Massenprodukte ihre eigentümliche Art haben zu altern, zu sehen beispielsweise an der Wiederentdeckung und Wiederbelebung des Film noir. Massenprodukte altern nicht wie die Antiquitäten der feinen Leute, wo der Vorgang längere Zeiträume in Anspruch nimmt. Ein industrielles Massenprodukt wird nach etwa 25 bis 30 Jahren als nostalgisches Objekt erlebt. 30 Jahre sind eine Menschengeneration.

Und was passiert in diesen 25 bis 30 Jahren?

Zur Massenproduktion gehört, dass sie das Gesicht ihrer Epoche prägt. In der 30-Jahre-Periode gibt es eine aufsteigende und eine absteigende Linie. Der Aufstieg führt zur Allgegenwart des betreffenden Dings, zum Beispiel des Volkwagen-Käfers. Die Bundesrepublik der 50er und 60er Jahre war mit VW-Käfern gesättigt. Man müsste das menschliche Leben, das von diesen Blechgebilden millionenfach absorbiert und konsumiert wurde, messen können, und umgekehrt, wie die physischen Eigenschaften dieses Automodells hinüberwanderten in die Körper ihrer Benutzer. Dann hätte man einen annähernden Begriff davon, wie die wechselseitige Konsumtion von Ding und Mensch funktioniert. Für mich war der springende Punkt am Nostalgiephänomen die Frage, was passiert, wenn am Ende von den Millionen Exemplaren eines massenproduzierten Dinges nur ein paar übrig bleiben. Findet dann nicht eine starke Konzentration jener psychischen Besetzungsenergie statt, die vorher auf eine viel größere Masse von Objekten verteilt war? Und entsteht durch diese Konzentration vielleicht eine neuartige Aura?

Wenn ich Sie richtig verstehe, scheint es zwei Arten Nostalgie zu geben. Die generationell-biographische, wenn bestimmte aus Kindheit und Jugend vertraute Dinge, die von der Bildfläche verschwanden, wiederauftauchen und so die persönliche Vergangenheit vergegenwärtigen. Und die generationenunab-

hängige. Die autobiographisch motivierte Gruppe versteht man gleich. Aber was genau ist es, das Menschen an einer Vergangenheit fasziniert, die sie persönlich nie erlebt haben?

Auch das Goldene Zeitalter hat nie jemand erlebt. Trotzdem hält sich die Vorstellung, dass früher einmal alles besser war, auch heute noch zäh im Bewusstsein der Menschen.

Es gibt aber ein ganz objektives Kriterium dafür, dass ältere Gegenstände, und zwar nicht nur handwerkliche, sondern auch industrielle, den Nachgeborenen gewichtiger und, wenn ich so sagen darf, würdevoller – würdevoller im Sinn der Antiquität – erscheinen als die der aktuellen Produktion. Ein Beispiel dafür ist der Wechsel von der Schwarzweiß- zur Farbtechnik in der Fotografie und im Film. In meiner Jugend war Schwarzweiß das billige Massenprodukt, Farbe war die Aristokratie. Irgendwann kehrte sich das Verhältnis um. Schwarzweiß wurde Edelprodukt, Farbe wurde Alltag. Und schließlich verschwanden alle Unterschiede im Abgrund der digitalen Vereinheitlichung. Ähnlich muss der Wechsel vom Stummfilm zum Tonfilm um das Jahr 1930 herum verlaufen sein. Ich erkläre mir diese Umschwünge damit, dass die jeweils frühere Technik gegenüber der neueren die «primitivere» ist. «Primitiv», weil sie den Anfängen – die ja im unmittelbaren Wortsinn immer primitiv sind – näher ist als alles Darauffolgende. Wenn man das Phänomen des Fortschritts aus dieser Perspektive betrachtet, dann ist er der große Vernichter des Dinglebens und der Individualität. Und das erklärt, warum wir für die Dinge, die den Anschluss an den letzten Fortschritt verpasst haben, eine gewisse Sympathie empfinden. Die Sympathie für das noch nicht total Durchrationalisierte. Zum Beispiel, dass ein Ding – egal ob Spielzeug oder Autokarosserie – noch nicht ganz aus Plastik besteht, sondern aus Blech, auch wenn das Blech immer dünner und das Ding immer leichter wird. Ich habe mir angewöhnt, die Dinge unserer Gegenwart nach ihrem spezifischen Gewicht zu beurteilen. Je leichter sie wiegen, umso gnadenloser wurden sie der Rationalisierung unterzogen. Gewicht und Qualität, das scheint in der menschlichen Psyche immer noch miteinander verbunden zu werden: Wichtig ist, was Gewicht hat. Vor Jahren erzählte mir jemand in einem Café im West Village, dass irgendein Handy-Hersteller sein Produkt, das an sich federleicht war, durch einen künstlich implantierten Bleiballast gewichtig erscheinen ließ. Mein persönliches Erlebnis dieser Art hatte ich in einer Bar mit einem Glas Bier. Es war ein *mug*, also sehr stabil und mit einem Henkel versehen wie deutsche Bierkrüge. Als ich es mit dem gewohnten Kraftaufwand zum Mund führte, schoss ich über das Ziel hinaus. Der Grund war, dass ich es nicht mit dem gewohnten gläsernen Krug zu tun hatte, sondern mit einem fast gewichtlosen Imitat aus Plastik. Mit der Gewöhnung an diese neue Gewichtlosigkeit kehrte sich das Verhältnis um: Künftig wurde jedes Bierglas ein Schwergewicht, das nur mit bewusster Anstrengung zu stemmen war.

Versuchen wir zusammenzufassen. Für den kritischen Zeitgenossen ist alles, was die Industrie produziert, gesichtslose Massenproduktion. Aber 30 Jahre später, angereichert durch den Strom der Kultur und des Lebens, in dem es mitschwamm, wird es wieder eine Art von Individuum. Vielleicht könnte man es ein Zwischen-Individuum nennen, geprägt von der Kultur, die zwischen seiner Entstehung und der Jetztzeit liegt?

Ja, Zwischenindividuum. Statt geprägt von der Kultur vielleicht besser: geprägt vom Zeitgeist oder, genauer, den verschiedenen Zeitgeistern, die den Zeitraum zwischen dem Damals und dem Jetzt erfüllen. Rationalisierung ist für mich der Schlüsselbegriff. Ohne Rationalisierung keine Massenproduktion. Anders ausgedrückt ist Rationalisierung die Ausmerzung alles Nicht-Rationalen. Wir müssen jetzt nicht darüber reden, dass Freud neben seiner Wertschätzung der Vernunft auch von ihrer grundsätzlichen Sterilität überzeugt war. Die eigentlich schöpferische Kraft lag für ihn im Unbewussten. Und damit verstehen wir besser, was die Rationalisierung der Ding-Produktion für die Menschen bedeutet. Diese Rationalisierung vollzog sich ja nicht mit einem Schlag. Ich selber habe noch in den 70er Jahren eine mechanische Olympia-Schreibmaschine aus den 50er Jahren benutzt. Also die ganze Entwicklung bis zum Notebook am Körper der Apparate und am eigenen Körper erlebt. Wenn es ein Gerät gäbe, eine Art Geigerzähler, das die Spuren ermittelt, die diese technische Generationenfolge in meinem Organismus hinterlassen hat, könnte ich mir eine naturwissenschaftlich fundierte Kulturanthropologie vorstellen.

Kommen wir zum großen Perspektivwechsel in Ihrem Autorenleben. Es gab die dinggeschichtlichen Bücher, dann haben Sie sich um einzelne Phänomene der Geistesgeschichte gekümmert, die Berliner Situation nach 1945 oder die Frankfurter Intellektuellen der Zwischenkriegszeit. Jetzt überlegen Sie im «Verzehrenden Leben der Dinge», was Konsumtion ausmacht. Ist es ein Versuch, sich Rechenschaft über das eigene Leben abzulegen, das ja in hohem Maße geistige Konsumtion bedeutete? Jedenfalls scheint das Buch ein autobiographisches Moment zu haben.

Ja, merkwürdig. Die Theorie, vor der ich zurückgeschreckt bin wie der Teufel vor dem Weihwasser, ist irgendwie zurückgekommen. Eines Tages war das Bedürfnis da, mir selber Klarheit zu verschaffen darüber, was mein privater Dialog mit den Dingen eigentlich war. Da ergab sich dann die Verbindung zum frühen Denken oder der frühen Theorie. Bevor die Philosophie anfing, ihr Denkvermögen auf die Selbstreflexion zu konzentrieren, hatte sie ein mir sehr sympathisches konkret materielles Verhältnis zur Welt. Ich sah die Vorsokratiker und die Atomisten als im wörtlichen Sinn die Welt Ertastende. Ihr Denken war noch weitgehend körperlich. Es bewegte sich in einem Raum, in dem Körper und Geist sich noch nicht getrennt hatten.

Wie sind Sie dazu gekommen? Die Vorsokratiker, die in Ihrem Buch eine Rolle spielen, die Atomisten und Lukrez, der ja auch dazugehört, liegen nicht gerade am Weg der Konsumtion. Wie kamen Sie darauf?

Durch einen Zufall, meinen Nachbarn Harold, der mit zwei alten Katzen das Apartment gegenüber dem meinen im 25. Stock bewohnte. Er war Altphilologe, Spezialist für die frühe römische Kaiserzeit und lebte bescheiden von einem Lehrauftrag an einem New Yorker Community College. Er war ein Mann von viel Mutterwitz, den er wohl seiner irisch-jüdischen Herkunft verdankte. *No good deed goes unpunished*, war einer seiner Lieblingssprüche. Wir tranken öfter Tee und unterhielten uns dabei über Gott und die Welt. Als ich einmal von meinem Verhältnis zur Welt der Dinge sprach, sagte er: Das ist doch Atomismus.

Das Wort kannte ich zwar, aber es war mir wie alle Theorie abstrakt geblieben. Als ich mich in die atomistische Literatur hineinlas, begriff ich schnell, dass hier meine Sache verhandelt wurde. Das war ein Denken und Wahrnehmen, das die Dinge physisch beim Wort nahm. Zum Beispiel eine Treppe, deren Stufen durch vielfaches Begehen ausgetreten werden. Das wurde mein erstes Beispiel von Ge-brauch, der in Ver-brauch übergeht. Ganz naiv fragte ich mich, wohin die abgetretene Substanz denn ginge. Vielleicht in die Sohle der Sandale des Treppensteigers? Solche Fragen stellte ja auch Lukrez im 1. Jahrhundert v. Chr., von dem das Treppenbeispiel stammt. Den Geist, der die Wirklichkeit mit solchen Fragen zu erklären suchte, empfand ich als meiner Wirklichkeitswahrnehmung verwandt. Haben wir noch Zeit oder Platz für ein anderes Beispiel aus dem atomistischen Arsenal des Lukrez?

Unbedingt!

Wir sitzen also mit Lukrez im Theater und fragen, wie eigentlich die Worte, die der Schauspieler auf der Bühne bzw. in der Orchestra spricht, in die Ohren des ja doch ziemlich weit entfernten Zuschauers gelangen. Da Lukrez keine Schallwellentheorie kennt, erklärt er die Sache anders: Er nimmt an, dass die Dinge von hauchdünnen Häutchen umschlossen sind. Diese Häutchen – Lukrez nennt sie *simulacra*, die Lukrez-Forschung bezeichnet sie als «Filme» – sind merkwürdige Zwischenzustände des Materiellen und Immateriellen, gewissermaßen eine Verdünnung der Materialität. Sie lösen sich von den Dingen und gelangen in die Sinnesorgane Auge und Ohr. Kurz, Filme nicht als Projektion, wie wir sie auf der Leinwand sehen, sondern als eine hauchdünne Schicht, die sich über die Dinge legt und auf diese Weise die Kommunikation mit der Außenwelt vermittelt. Die Haut ist ja auch eine Art Film, und über die Haut stehen wir mit der Außenwelt in Verbindung und nehmen sie in uns auf.

Balzac hatte eine ähnliche Vorstellung von der Fotografie. Die betrachtete er als eine ganz dünne Haut, die mit Hilfe der Kamera von dem Fotografierten abgelöst und auf die Platte gebannt wird.

Es gab in der Frühzeit der Fotografie zwei Ansätze, das neue Medium zu verstehen. Den naturwissenschaftlich-rationalen, vertreten durch François Arago in seiner berühmten Rede in der Académie Française. Und den imaginativ-subjektiven vom Typ Balzac. Ich brauche jetzt wohl nicht zu sagen, welcher mir sympathischer ist. Es läuft für mich immer wieder auf die gleiche Dichotomie hinaus: Kopfdenken vs. Körperdenken.

Womit wir bei dem Thema sind, das Sie im Konsumtionsbuch offenbar besonders interessiert hat: die Physiokraten. Da sagt es ja schon deren Selbstbezeichnung, dass sie es mit der Natur haben, genauer: der Biologie, nicht etwa der Mechanik oder Astronomie. Die biologische Natur ist die Natur des Lebens und der Fortpflanzung. Und da setzen die Physiokraten an. Von heute aus betrachtet, sind sie nur ein kleines Kapitel in der Vorgeschichte der Volkswirtschaftslehre im 18. Jahrhundert, aber Sie haben diesem Denken viel abgewinnen können. Man ahnt, was Sie zu diesem Interesse für die Natur des Lebendigen brachte, aber vielleicht wollen Sie dazu etwas mehr sagen?

Ein Wort: Massenproduktion. Was die Physiokraten an der Natur interessierte, war nicht einfach, dass Leben sich reproduziert. Etwa, dass eine Kuh ein Kalb wirft. Sondern die massenhafte Reproduktion bei Pflanzen und Insekten. Eine solche Unendlichkeit von Samen oder im Fall der Insekten von Eiern, dass es nicht auf das einzelne Exemplar ankommt. Die Mehrzahl mag sogar verdorren, es bleiben immer noch genügend, um die Gattung zu erhalten. Die menschliche Produktionsökonomie nach diesem Modell zu verstehen und zu organisieren, das schien mir einen direkteren Weg zur industriellen Massenproduktion zu eröffnen als der von Adam Smith vorgeschlagene über die Industrialisierung des Handwerks. Ein Zeitgenosse des 18. Jahrhunderts, der die Physiokraten ungeheuer beeinflusst haben muss, war der Naturforscher Buffon, der nebenbei ein glänzender Schriftsteller war. (Der Satz *Le style c'est l'homme* wird ihm zugeschrieben.) Ich sehe ihn als eine Art Karl Marx des 18. Jahrhunderts für die Biologie. Für ihn bestand die ganze Welt aus vergangenem Leben. Zum Beispiel seien die Gebirge, die man für von Gott geschaffene Felsmassive hielt, in Wirklichkeit die Überbleibsel unzähliger winziger Meerestierchen.

Am tiefsten beeindruckte mich sein Beispiel der Vermehrung eines einzigen Ulmensamens. Das war ein Denkexperiment und eine Produktivitätsphantasie, wie sie die Physiokraten selber nicht gewagt haben würden, aber doch ganz in ihrem Sinn. Wenn man, so Buffon, einen Ulmensamen sich hundert Jahre lang ungehemmt vermehren lässt, wachsen nicht nur ganze Ulmenwälder heran, sondern eine solche Unendlichkeit von Ulmen-Nutzholz, dass sie sich auch in Zillionen von Kubikmetern nicht mehr darstellen lässt. Am Ende geht aus dieser Rechnung ein zweiter aus Ulmenholz bestehender Erdball hervor.

Wie erklaren Sie es denn, dass die Theorie und Wirtschaftsgeschichte der industriellen Revolution die einsetzende Massenproduktion nicht mit dem physiokratischen Modell erklärten, sondern mit den Überlegungen zur Arbeitsteilung nach Adam Smith?

Es fehlte wohl die Fähigkeit, das biologische Modell der Pflanzen-und Insekten-Produktivität auf die Mechanik zu übertragen. Oder besser noch: Es lag vollkommen außerhalb der damaligen Vorstellungskraft, eine Steigerung der Produktivität anders als durch eine Optimierung der handwerklichen Techniken für möglich zu halten. Selbst ein Genie wie Adam Smith dachte nur in den Dimensionen des Handwerks. Produktivitätssteigerung durch Arbeitsteilung, das konnte er sich vorstellen. Die Übertragung der Gesetze der Biologie und der Landwirtschaft auf die produzierende Industrie, das lag außerhalb seines Horizonts. Dazu konnte es erst kommen, als die Industrie voll automatisiert und die menschliche Arbeit weitgehend überflüssig geworden war. So wie Marx es in den «Grundrissen» prophetisch beschrieben hat. Von da an war die Industrie tatsächlich eine zweite Natur, eine Plantage der Großtechnik, auf der aus Stahl, Kohle und anderen Rohstoffen ein nie zuvor für möglich gehaltener Warenreichtum produziert wurde.

Die enorme Dynamik der industriellen Revolution wäre demnach nicht zu erklären als Folge des großen Sprungs heraus aus dem Handwerk durch die Arbeitsteilung, sondern als Übertragung des Naturprinzips der Massenproduktion auf die menschliche Produktion?

So sehe ich es, nachdem ich lange Zeit die Linie Adam Smith-Karl Marx für den letzten Schluss hielt. Mich wunderte allerdings schon immer, warum in dieser Traditionslinie die Landwirtschaft nur nebenbei vorkam. Heute erkläre ich mir das damit, dass Aufklärung und städtische Intelligenz zusammengingen wie auf der anderen Seite Reaktion und Landwirtschaft. Das liegt wohl daran, dass das Land für die städtische Intelligenz immer etwas Idyllisch-Romantisches, im Zweifelsfall Reaktionäres war. Das Bild, das die Intellektuellen sich vom Land machten, hinkte weit hinter der Realität her. Die war ja schon seit den Zeiten der späten römischen Republik nicht idyllisch, wie es sich der Leser bukolischer Dichtungen vorstellen könnte, sondern großagrarisch organisiert mit Arbeitsheeren von Sklaven. Wie unausrottbar diese Romantisierung ist, erfahre ich am eigenen Leib, seitdem ich ein Wochenendhaus auf dem Land habe. Wenn ich in den letzten beiden Jahren von der immer bedrohlicheren Gefahr der Versteppung sprach, reagierten meine Freunde in der Stadt verständnislos. Das sei doch ein Traumwetter, ganz wunderbar.

Jetzt wäre die Frage, was an den Fabriken des 19. Jahrhunderts – Fabriken, die Drähte ziehen oder Lokomotiven bauen – den Vergleich mit dem Feld und der explosiven Fruchtbarkeit der Natur erlaubt?

Die Unerschöpflichkeit/ Unendlichkeit der in den Produktionsprozess eingehenden Materialien und Kräfte. Für die Landwirtschaft beantwortet sich die Frage von selber: Sie ist Natur und damit *per definitionem* von fast grenzenloser Produktivität. In der Fabrik erscheint die Unendlichkeit der Natur als Unerschöpflichkeit der aus der Erde herausgeholten Energie. Wenigstens galt das für den Kapitalismus im 19. Jahrhundert und bis weit ins 20. Jahrhundert hinein, als es die Begriffe Ökologie und Nachhaltigkeit noch nicht gab, weil eben die Natur in dieser Zeit noch unendlich ausbeutbar schien.

Zu dieser materiellen und energetischen Entgrenzung kam die geistige. Fortschrittsglaube und Profitmaximierung sprengten alle Gewohnheiten, alle moralischen und religiösen Grenzen, die bis dahin gegolten hatten. Das Ergebnis war erst der große Aufschwung und jetzt der postindustrielle Katzenjammer.

Eine der theoretischen Säulen Ihres Buches ist die Doppelbedeutung von Konsumtion bei Marx. Wenn Marx von Konsumtion spricht, meint er zunächst die Konsumtion durch die Verbraucher. Also das, was der alltägliche Sprachgebrauch darunter versteht. Die Ware tritt heraus aus der Sphäre des wirtschaftlichen Kreislaufs und hört auf, Teil der Ökonomie zu sein.

Marx meint die Endkonsumtion. Ein verbrauchtes Ding ist ökonomisch ein Unding, ein Ding außerhalb der Ökonomie. Es hat keinen Gebrauchswert mehr und auch keinen Tauschwert. (In Klammern gebe ich aber zu, dass Marx offenbar keinen Blick für die Wiederverwertung des schon einmal Verwerteten hatte.) Neben der Endkonsumtion, die das Dasein der Dinge beendet, kennt Marx aber noch eine andere und für ihn wichtigere. Das ist die von ihm so genannte «produktive Konsumtion». Manchmal spricht er aber auch von der «konsumtiven Produktion». Wer nicht mit der Hegel-Marx'schen Vorliebe für Wortspielereien mit der Dialektik vertraut ist, kann das leicht penetrant finden. Aber es trifft die Sache doch ziemlich gut. Ich würde sagen, ähnlich gut wie die vorsokratische Erkenntnis, dass es in dieser Welt kein Nichts geben kann. Stellte man die Preisfrage, ob es eine Produktion gibt, bei der *nicht* ein vorhandenes Material verarbeitet, d. h. *konsumiert* wird, könnte man sicher sein, keine befriedigende Antwort zu erhalten. Es sei denn, man brächte Gott als Urproduzenten ins Spiel.

Wie war denn Ihr Verhältnis zu Marx? Einerseits haben Ihre Jahrgänge Marx als Erleuchtung erlebt. Aber teilweise doch auch als eine ziemlich trockene Begriffsarbeit, dieses ewige Rumturnen am Tauschwert. Aber es gibt ja auch noch ein anderes Marx-Bild. Welche Rolle hat Marx für Sie gespielt, als Sie über das Leben der Dinge nachdachten?

Entscheidend war für mich der «Kapital»-Kreis der Jahre 1968/69. Aber das hatten wir ja schon. Für mich spielte der schon damals von den Theoriegläubigen strapazierte Tauschwert keine sonderliche Rolle. Wenn schon Wert, dann war für mich eindeutig der Gebrauchswert der Favorit. Aber auch der musste warten, bis ich nach Amerika fuhr. Es klingt wahrscheinlich merkwürdig, wenn ich sage, dass ich für mich den Gebrauchswert ausgerechnet in dem Land entdeckte, in dem er so systematisch vom Tauschwert überdeckt und überschrien wird. Aber Amerika hat ebendiese zwei Seiten: eine unendliche Materialität, die von den Menschen ja auch benutzt und eingesetzt wird. Und darüber unendlicher Reklame-Überbau. Letzterer so unendlich und auf seine Weise gewichtig, dass er sich schon wieder zu einer Materialität, einer Basis eigener Art verfestigt. In Europa hat Reklame immer ein etwas schlechtes Gewissen. In Amerika hat sie sich ihren eigenen Stil und ihre eigene materielle Realität geschaffen. Ich empfehle sehr das Buch von Robert Venturi und Denise Scott Brown, das inzwischen ein Klassiker ist: «Learning from Las Vegas».

Es fällt auf, dass Sie in ziemlich regelmäßigen Abständen von manchmal drei, manchmal auch vier, fünf Jahren immer wieder ein neues Buch vorgelegt und jedes Mal eine neue Lebenswelt damit betreten haben. Aber zwischen der «Entfernten Verwandtschaft» und dem «Verzehrenden Leben der Dinge» lagen zehn Jahre. Wir haben ja schon festgestellt, dass Sie in dem Buch eigentlich über Ihr Leben nachgedacht haben. Das war offenbar eine schwierige Operation. Was hat Sie zehn Jahre an diesem Thema festgehalten? Und was hat es Ihnen schwergemacht, Ihre Forschungen in ein Buch von rund 150 Seiten zu packen?

Kleine Korrektur. Nicht über mein Leben habe ich im «Konsumtions»-Buch nachgedacht, sondern darüber, wie ich die Themen der früheren Bücher in eine andere, eine allgemeinere Perspektive stellen kann. Sogar das Wort Theorie würde ich nicht mehr zurückweisen wie früher. Mit «Idiotheorie» könnte ich mich anfreunden, wenn man es in der Urbedeutung des griechischen *idios* («eigen, abseits liegend») und *idiotes* («Privatperson, gewöhnlicher, niedriger Mann») versteht. Also eine Privattheorie meines privaten Umgangs mit historischen Gegenständen von der Eisenbahn zur Konsumtion und zum Rückzug.

Zu dem Missverhältnis von 150 Textseiten und zehn Jahren Arbeit daran: Das verdankte ich einer Schreibblockade, wie ich sie nie zuvor hatte. Das 150-Seiten-Buch hätte, wenn es mit rechten Dingen zugegangen wäre, ein 1000-Seiten-Buch werden müssen. Das Material dazu hatte ich bei mehreren Sommeraufenthalten im Berliner Max-Planck-Institut für Wissenschaftsgeschichte gesammelt. Es war das erste Mal, dass ich fast ausschließlich in einer Spezialbibliothek arbeitete. Und das wurde wohl auch der Grund für meine Schreibblockade. Denn in dieser Bibliothek lernte ich durch das Eintauchen in die Geschichte, vor allem in die Frühgeschichte des wissenschaftlichen Denkens, dass dies alles andere war als die Abstraktion, die mich immer abgestoßen hatte. Hier holte ich an den älteren Formen des Denkens nach, was ich in meinen früheren Büchern über die älteren Formen der Technik gelernt hatte. Es war ein langandauerndes Aha-Erlebnis. Die Begegnung mit einem mir völlig neuen Kosmos, den in mich aufzunehmen ein ähnlicher Vorgang der quantitativen Konsumtion war wie das Aufsaugen der alten Filme im Fernsehen bei meinem ersten Amerika-Aufenthalt. Ich hatte schon früher Gaston Bachelards «Bildung des wissenschaftlichen Geistes» mit großer Faszination gelesen. Ähnlich wie noch früher die Mentalitätsgeschichten von Foucault. Aber die betrachteten ihren Gegenstand natürlich aus der Perspektive der vollendeten Vernunft. Jetzt war es so, als tauchte ich selber in die von Bachelard und Foucault benutzten Quellen ein, um in vollen Zügen aus ihnen zu trinken. Man muss Paracelsus lesen, wie er vom Wachstum der Metalle in der Erde spricht, oder jeden x-beliebigen Alchimisten, für den die Vernichtung der Materie durch Feuer und Fäulnis ihre Befreiung von der Verworfenheit und Unreinheit des Irdischen darstellt.

Dass Zerstörung, schöpferische Zerstörung ein großes Thema der Religionen ist, darauf haben Sie wiederholt hingewiesen. Die Sintflut ist eine große Zerstörung und natürlich der große Weltbrand, aus dem eine neue und bessere Welt hervorgeht. Welche Rolle hat das Denken in religiösen, religionsgeschichtlichen und mythischen Zusammenhängen gespielt?

Diese großen Bedeutungen kommen bei mir meist durch die Hintertür, wenn sie irgendwann so mächtig im Raum stehen, dass ich sie nicht mehr ignorieren kann. Ich beginne mit den dummen kleinen Dingen und lasse mich von der gleichen Strömung tragen, die auch sie trägt. Erst wenn diese Strömung sich als das Wesentliche herausstellt, an dem die kleinen Dinge nur teilhaben, schalte ich um und betrachte den großen Strom. Also noch einmal: Für die kleinen Dinge fühle ich mich zuständig und kompetent, weil niemand sonst sich dafür interessiert. Vor den großen Dingen habe ich eine Scheu, weil sie gewöhnlich von den großen Geistern behandelt werden. Zum ersten Mal machte ich diese Erfahrung mit dem «Niederlagen»-Buch, davon sprach ich ja schon. Da waren es nicht mehr die mehr oder weniger anonymen Autoren, mit denen ich es bis dahin zu tun hatte, sondern die prominentesten, brillantesten Köpfe ihrer Nationen, die als unmittelbar Betroffene das Trauma der nationalen Niederlage verarbeiteten. In der Gesellschaft dieser Olympier wurde mir doch etwas mulmig zumute.

Zu den von Ihnen mobilisierten Autoren gehört auch Lorenz von Stein mit seiner Idee des Güterlebens. Er spricht ausdrücklich von einem sozusagen lebendigen Verhältnis des verbrauchenden Menschen und des verbrauchten Gegenstands. Das ist eine Art wechselseitiger Gebrauch und Verbrauch, den Mensch und Objekt voneinander machen. Wenn Sie dazu etwas sagen könnten?

Das habe ich durch die Auswahl des Mottos für das Buch ausdrücken wollen. Es stammt aus einem der vielen Manifeste des Futurismus und lautet: Wir werden die Sofas, auf denen wir sitzen, und die Sofas werden wir. Das ist die wechselseitige Modellierung und meint nichts anderes, als dass die Dinge etwas abgeben und wir, indem wir es aufnehmen, etwas von den Dingen übernehmen. Das neue Paar Schuhe, das durch unseren Gebrauch Spuren von uns aufnimmt, so wie wir im Austausch die Qualität «neue Schuhe» in uns aufnehmen und uns von ihr modellieren lassen.

Wobei ja Lorenz von Stein und später ja auch Bachelard die Sache als eine Art von Kampf begreifen, aber als einen lustvollen Kampf.

Da sind wir beim Thema Widerstand. Widerstand ist das, was in geistigen Gebilden fehlt, während der ganz simple Widerstand, den die Materie leistet, geradezu die Natur der Materie definiert. Wenn wir nicht aufpassen und ausweichen, verpasst jeder physische Widerstand uns eine Beule am Kopf.

Aber von Stein zielt mehr noch darauf, die Auseinandersetzung zwischen Mensch und Konsumgegenstand, ob nun Nahrung, Schuhe oder Möbelstück, als eine Art von lustvollem Kampf zu sehen. Sie haben ja mal angedeutet, dass darin sogar ein erotisches Moment liegt, ein Kampf, der in einer Art seelischer Erschöpfung, seliger Erschöpfung endet.

Die Psychoanalytiker Melanie Klein und Donald Winnicott haben versucht, das offenkundige Vergnügen von Kleinkindern an der Zerstörung ihres Spielzeugs zu erklären. Das Zerstören und nicht etwa das Spielen sei es, was ihnen Spaß mache, weil die Zerstörung sie in ihrem Dasein bestätige: Der Teddybär ist geköpft, ich bin noch da. Auf die Erwachsenenwelt angewandt, könnte das ein dezenter Hinweis sein, wie man den Frieden erhalten kann.

Am Schluss Ihres Buches haben Sie das, was Sie jetzt über Konsumtion, Aggression und Frieden sagten, noch einmal zugespitzt. Der seit dem Zweiten Weltkrieg zur westlichen Leitkultur gewordene Konsumismus sei vielleicht zum Grund geworden für den langen Frieden in Europa: die gelungene Ableitung/Abreaktion des menschlichen Aggressionspotenzials. Ist das so richtig?

Ja. Und über Melanie Klein und Donald Winnicott hinaus – d.h. rückwärts hinein in die Vergangenheit – möchte ich gern noch auf den Mann zu sprechen kommen, der das Verhältnis von Mensch und Ding auf eine Weise als Verhältnis der Ebenbürtigkeit geschildert hat, die mich jedes Mal, wenn ich ihn lese, wieder neu packt. Das ist der romantische Ökonom Adam Müller. Für ihn sind die Dinge und die Menschen nicht wesentlich unterschieden. Sie gehören der gleichen Sphäre des Lebens an, auch Dinge können einen personalen Zug haben.

Müller spricht von der «erhabenen Verschmelzung der Sachen und der Menschen». Ein Produkt, vom Menschen hergestellt, ist dessen Ebenbild in Sachform; so kommt es zu dem «wechselseitigen Besitzen und Besessen-Werden zwischen den Menschen und den Sachen». Besonders schön: «Der «kleinste Hausrat dient an seinem Orte als Sache dem Ganzen oder der Person, dem Hausherrn; aber es (sic!) herrscht auch wieder an seinem Orte als kleine Person; seine Eigenheit will respektiert und geschont sein.» Allerdings schränkt Müller wieder ein, dass diese Vorzüge nicht den Dingen an sich zukommen, sondern in deren «Beziehung auf das menschliche, das bürgerliche Leben».

Manche Sätze Müllers klingen wie beim jungen Marx. Zum Beispiel, dass der Arbeiter sein Leben in den Gegenstand hineinarbeitet und es ihm daher im Gegenstand gegenübertritt. Das romantische Motiv des Doppelgängers könnte man in diesem Kontext neu sehen. Denn inzwischen habe ich gelernt, dass die ursprüngliche linke Kritik am Kapitalismus ziemlich viel vom romantisch-konservativen Antikapitalismus à la Adam Müller übernommen hat.

Zurück 2014

Ihr vorläufig letztes Buch handelt vom «Rückzug». Spielte dabei eine Rolle, dass Sie nach 40 Jahren New York Ihr Leben in Amerika beendet hatten und nach Berlin zurückgekehrt waren? Gibt es einen Zusammenhang zwischen dem Thema des Buchs und Ihrer Biographie?

Die Erfahrung des Alters. In der Jugend geht es bekanntlich vorwärts. Das Vorwärts ist, mit meinem Lieblingsthema zu sprechen, die Konsumtion. Die Welt aufnehmen, verdauen und assimilieren. Das hatten wir im letzten Gespräch. Das «Rückzugs»-Buch von 2019 ging unmittelbar hervor aus dem «Niederlagen»-Buch von 2001, es war dessen Fortsetzung. Beide handeln vom Verbrauch, um nun dieses einfache deutsche Wort für die Konsumtion zu benutzen. Es gefiel mir immer schon besser als das Wort Konsumtion, weil das Ver-brauchen eine Steigerung des Ge-brauchens ist. Wenn aus dem Ge-brauchen das Ver-brauchen wird, kommt die Sache über kurz oder lang zu ihrem Ende. Übersetze ich das ins Militärische, so findet im Ge-brauch der Kampf zwischen dem Ding und dem Menschen statt. Im Ver-brauch endet dieser Kampf, mit dem Menschen als Sieger. Er hat sich das Ding unterworfen, zu eigen gemacht, es ausgeschöpft und vernichtet – aber dabei selber Federn gelassen. Denn das Ding hat ihm ja einen Widerstand entgegengesetzt, den zu überwinden der Mensch seinerseits Energie verbrauchte.

Wir wollen jetzt aber nicht von Konsumtion und Verbrauch sprechen, sondern vom Rückzug. War Ihre Rückkehr nach 40 Jahren in Amerika ein «Rückzug» oder nur eine Rückkehr?

Der Rückzug steht an, wenn die Kraft nicht ausreicht, das gesetzte Ziel zu erreichen. Militärisch gesprochen: wenn durch einen überlegenen Gegner die Niederlage droht. Dann ist der Rückzug so etwas wie die Alternative zur Flucht. In beiden Fällen aber sucht der Schwächere diesen Offenbarungseid zu vermeiden. Seine Schreckensvorstellung ist, den Kampfplatz mit hängendem Kopf zu verlassen, das Gesicht zu verlieren. Die Griechen sind nach ihrem Sieg über Troja in die Heimat zurückgekehrt. Hätten sie die Belagerung erfolglos abgebrochen, dann müsste man von einem Rückzug sprechen.

Ich fände es aber reizvoll, einmal über die Möglichkeit nachzudenken, dass die Griechen das Trojanische Pferd zunächst vielleicht gar nicht als die Kriegslist bauten, als die es in die Mythologie einging, sondern um die Schmach ihres Abzugs zu verschleiern. Dann wäre das Pferd ein Propagandatrick gewesen, so wie heute die nachträgliche Deklaration militärischer Misserfolge und Rückzüge als «Mission Accomplished». Weil die Amerikaner das im Irakkrieg voreilig machten, ging es nach hinten los. Inzwischen haben sie ihre Lektion gelernt und beginnen ihre militärischen Einsätze mit einer ausdrücklich so genannten «Exit Strategy».

Der militärische Rückzug hatte bis zur Französischen Revolution keinen bitteren Beigeschmack. Sich vor einem überlegenen Gegner zurückzuziehen war keine Schande, es gehörte zum Manövrieren, zur Ermattungsstrategie. Das Militär war im Ancien Régime Sache des Königs und seiner Generäle. Verlorene Schlachten und Kriege gingen das Volk nichts an. Ruhe war die erste Bürgerpflicht. Das änderte sich mit der Revolution. Plötzlich war jeder Misserfolg, jeder Rückzug, jede Niederlage eine nationale Schmach. Und die galt es mit allen Mitteln der Rhetorik und der Propaganda zu verhindern bzw. zu verschleiern. Statt vom Militär können wir auch von der Politik sprechen. Im Zusammenbruch des real existierenden Sozialismus sehen wir die gleiche Dynamik am Werk.

War das Rückzugsbuch davon beeinflusst?

Jeder Rückzug ist die Vermeidung einer expliziten Niederlage. Das gilt für jedes kleine Gefecht, für die riesigen Armeen des 20. Jahrhunderts und für die großen politischen Systeme. Den Zusammenbruch des Real-Sozialismus sah ich wie die meisten als seine krachende Niederlage. Enzensberger prägte damals das schöne Wort von den Helden des Rückzugs. Das bezog sich auf Gorbatschow und seine Politik von Glasnost und Perestroika. Diese Politik war klassische Rückzugspolitik, aber sie kam zu spät, wie wir heute wissen. Die Greise im Moskauer Politbüro hatten so lange an ihren ideologischen Fetischen festgehalten, bis das Kind im Brunnen lag und mit ihm der sowjetische Sozialismus. Auch die Gorbatschow'schen Reformversuche halfen jetzt nicht mehr.

«Klassische Rückzugspolitik» – Sie meinen damit wahrscheinlich gelungene Rückzüge, Rückzugserfolge. Einen erfolgreichen Rückzug erwähnen Sie in Ihrem Buch, den des britischen Expeditionskorps vor den siegreichen Deutschen bei Dünkirchen 1940.

Die Leistung Churchills war eine doppelte. Die Rettung der Expeditionsstreitkräfte vor Vernichtung und/oder Gefangenschaft. Und die Umdeutung der Niederlage, die dieser Rückzug war, in einen Triumph. In einen Triumph, der allerdings erst im Mai 45 Realität wurde. So wie de Gaulle auch erst mit dem Sieg der Alliierten im Zweiten Weltkrieg zur Heldengestalt werden konnte. Ich habe mir während des Quellenstudiums zum Thema Dünkirchen immer wieder vorgestellt, was geschehen wäre, wenn Großbritannien auf das Friedensangebot Hitlers im Jahre 1940 eingegangen wäre. Dann wäre Marschall Pétain das legitime Staatsoberhaupt Frankreichs geblieben und hätte von den Briten die Auslieferung de Gaulles als Hochverräter verlangen können. Das ist natürlich hypothetische Geschichte, reine Gedankenspielerei. Die mich aber immer wieder reizt. Wenn man sich klarmacht, wie gering oft das Gewicht ist, das die Waagschale auf der einen oder der anderen Seite sinken lässt, dann verlieren die großen historischen Entscheidungen ihre Eindeutigkeit. Dasselbe gilt für die von der Geschichte Benachteiligten, die Verlierer. Die andere Seite des englischen Heldenepos waren die in Dünkirchen zurückgelassenen Franzosen. Für sie war Dünkirchen ein feiges Rette-sich-wer-kann des Verbündeten. Ja, eigentlich ein Verrat, der das alte französische Ressentiment von England als dem «perfiden Albion» bestätigte.

Nach dem Zweiten Weltkrieg kam es dann zu der großen Rückzugsbewegung Englands und Frankreichs aus dem Kolonialismus. Auch hier zwei sehr unterschiedliche Weisen, damit umzugehen. Einerseits Frankreichs langer, verlustreicher und erfolgloser Kampf in Indochina und Algerien. Andererseits Englands mehr oder weniger friedlicher Abzug aus Indien und den übrigen Kolonien. Haben Sie eine Erklärung für diese Unterschiede?

Zum englischen Erfolgsrezept gehört natürlich die Lektion, die das Land im amerikanischen Unabhängigkeitskrieg gelernt hatte: nie wieder auf einer aussichtslosen Position zu beharren. Das führte in Dünkirchen zum Erfolg, weil damit Zeit gewonnen war, die Amerikaner auf die alliierte Seite zu ziehen und so den Krieg zu gewinnen. Zugleich aber zahlte England dafür den Preis, seine Weltmachtstellung an Amerika abzugeben.

Zu Frankreichs Rückzug aus dem Kolonialismus fällt mir der Vergleich mit Deutschland im Zweiten Weltkrieg ein. Da gibt es eine erstaunliche Analogie. Dien Bien Phu, die Schlacht, die 1954 die Niederlage Frankreichs im Indochinakrieg besiegelte, war ein französisches Stalingrad: Beide Male waren die Armeen tief ins feindliche Gebiet eingedrungen. Es kam zur Einkesselung und schließlich zur Kapitulation. Im Falle Dien Bien Phus war diese Einkesselung von den Franzosen einkalkuliert, ja bezweckt: Die Viet Minh sollten an dieser Stelle, einer vermeintlich uneinnehmbaren Festung, zur verlustreichen Entscheidungsschlacht verlockt werden. Dien Bien Phu, das war elf Jahre nach Stalingrad. Mich faszinierte dieses Wiedergängertum so, dass ich begann, die Kommentare in den deutschen Tageszeitungen des Jahres 1954 nachzulesen. Ich fragte mich, ob und wie die Kommentatoren das Geschehen von 1954 in Bezug zum Geschehen des Jahres 1943 setzten. Die Sache wurde besonders heikel, weil 1954 der erste Anlauf zu einer europäischen Einheit auf militärischem Gebiet, die Europäische Verteidigungsgemeinschaft, durch Frankreich gestoppt wurde. Ich erinnere mich noch an meinen Besuch vor einigen Jahren im Archiv der *Welt*. Deren Chefredakteur war im Herbst 1953 Hans Zehrer geworden. Und der hatte die Zeit von 1918 bis in die 50er Jahre nicht nur bewusst miterlebt, sondern als historisch gebildeter Kommentator begleitet. Nun hatte ich seine gesammelten Kommentare zu Dien Bien Phu vor mir auf dem Archivtisch liegen. Es wurde eine meiner größeren Enttäuschungen. Denn es gab nicht die leiseste Anspielung auf die Geschichte, das nur elf Jahre zurückliegende Stalingrad. Das Einzige, wovon Zehrer sprach, war die gegenwärtige Lage: der Ost-West-Konflikt. Washington. Moskau. Bonn. Paris. Das Schicksal der Europäischen Verteidigungsgemeinschaft. Es war, als hätte es Stalingrad als den Wendepunkt des Zweiten Weltkriegs nicht gegeben.

Jetzt haben wir uns ziemlich weit von unserer Anfangsfrage entfernt. Kommen wir noch einmal auf den möglichen Zusammenhang zwischen dem Thema Ihres «Rückzugs»-Buchs und Ihrer Rückkehr aus Amerika nach Berlin zu sprechen. Zweimal zurück, das fällt doch auf.

Meine Frage im «Rückzugs»-Buch hieß: Was passiert, wenn der Vormarsch, der Angriff stockt? Und da hat mir als militärphilosophischer Gewahrsmann Carl von Clausewitz den entscheidenden Begriff geliefert. Er spricht vom Kulminationspunkt des Angriffs. Das ist der Punkt, an dem die anfängliche Energie, vor der der Angegriffene zurückwich – sich zurückzog – erschöpft ist. Während dieses Rückzugs hat der Angegriffene neue Kräfte gesammelt und kann nun seinerseits zum Angriff übergehen und den ursprünglichen Angreifer zum Rückzug zwingen. Das ist eine Wendung, die an Hegels Herr-Knecht-Dialektik erinnert: Am Anfang steht die Begegnung zweier Kämpfer. Der Sieger wird Herr, der Verlierer Knecht. Ein klares Herrschaftsverhältnis. Aber dann beginnt die dialektische Bewegung. Der Herr lässt den Knecht für sich arbeiten, während er selber sich auf die faule Haut legt. Die Folge ist, dass der Knecht aktiv, das heißt produktiv wird, der Herr verfault, im doppelten Sinn des Wortes. Am Ende kehrt sich das Verhältnis um. Der Knecht hat mit seiner Arbeit reale Macht akkumuliert und kann den Herrn jederzeit zum Knecht machen. Was bei Clausewitz der Kulminationspunkt ist, wird bei Marx zum Punkt des revolutionären Umsturzes.

Wenn Sie das auf Ihre Rückkehr bzw. Ihren Rückzug aus Amerika beziehen, gab es da einen Kulminationspunkt, und wenn ja, wo lag er?

Vielleicht spreche ich besser von einem Akkumulationspunkt. Meine letzten Jahre in New York waren Jahre der Sättigung, der Erschöpfung und des Überdrusses. Es waren vermutlich ein ähnlicher Überdruss und eine ähnliche Ziellosigkeit wie in meinen letzten Berliner Jahren, also der Zeit vor meiner ersten Amerikareise. Oder noch früher in Frankfurt, als ich nach dem Abitur zuerst ins Zeitungsvolontariat und dann nach Berlin flüchtete. Heute würde ich mein damaliges Arbeitsprojekt, die «Geschichte der Eisenbahnreise», in militärischer Terminologie als meine Offensive bezeichnen. Oder politisch gesprochen als meine Ersatzrevolution. Ersatzrevolution für die in Berlin im Sande verlaufene Studentenbewegung. Irgendwann wurde mir klar, warum die großen technisch-materiellen Umwälzungen mich so viel mehr faszinierten als die Literaturgeschichte. Sie waren für mich der Ersatz für die große Revolution, an die wir um 1968 alle geglaubt hatten und von der wir erwarteten, dass sie das Alte wegfegen und etwas großartig Neues hervorbringen würde. Nachdem dieser Karneval vorüber war, fand meine persönlich phantasierte Revolution im Studierstübchen bzw. im Lesesaal der New York Public Library statt, und ihr Träger waren die von mir ausgewählten weltverändernden Techniken. Mein persönlicher Triumph war, dass niemand sonst sich für diese Techniken interessierte. Ich war der Einzige, der mit ihnen auf vertrautem Fuß stand, während meine ehemaligen Kommilitonen weiter in der Literatur lebten und offenbar keine Ahnung von den wirklichen weltumstürzenden Kräften hatten. Das verschaffte mir dreimal, in der Arbeit an den materialgeschichtlichen Büchern, die Befriedigung meiner destruktiv-revolutionären Instinkte.

War dann die Verlagerung Ihres Interesses heraus aus der Material- und Technikgeschichte zurück in die Geistes- und Kulturgeschichte – Stichwort «Intellektuellendämmerung» – das Ergebnis eines Kulminationspunkts im Sinn von Clausewitz? War die «Friktion» so groß, dass Sie sich auf das vertraute Gebiet der Geistesgeschichte zurückzogen?

Eher umgekehrt. Die Materialgeschichte hatte mich gelehrt zu relativieren, was in der Geistesgeschichte mir stets unheimlich-übermächtig erschienen war – die Theorie.

Wahrscheinlich kehrte ich aus der Material- und Technikgeschichte zurück in die Geistesgeschichte mit einem solideren Selbstbewusstsein. Die Marx'sche Lektion der Abhängigkeit des Bewusstseins vom Sein ist so grundstürzend, dass man sie nicht bloß einmal, sondern immer wieder neu durchmacht. Und so wandte ich die material- oder technikgeschichtliche Frage auf die Ideengeschichte an.

Sie sprachen von dem persönlichen Triumphgefühl, das Sie hatten, als Sie die Siege der Technik über die Kultur beschrieben. Das klingt nach Identifikation mit dem Stärkeren. In unseren Gesprächen tauchte dieses Motiv schon einmal auf: Ihre Identifikation mit der Supermacht Amerika, die Ihnen behilflich war, sich von der Verliererkultur – vielleicht sollte ich sagen: der Schamkultur – Deutschlands zu distanzieren.

Identifikation und Distanzierung im Wechsel, so würde ich mein Verhältnis zum Sieger und zum Verlierer bezeichnen, so wie ich jedes Jahr meinen Aufenthaltsort zwischen Berlin und New York wechselte. Dem Mächtigen gegenüber identifiziert man sich mit dem Geist. Und als Zwerg hält man sich an den Riesen. So einfach-widersprüchlich ist das. Sich mit dem jeweils anderen zu identifizieren, ist ein Freiheits- und Machtgefühl eigener Art, das einem niemand nehmen kann. Deshalb auch der Titel unserer Gespräche: die andere Seite. Aber mit der Rückkehr aus der Neuen in die Alte Welt habe ich noch einen weiteren Seitenwechsel vollzogen, und das war der vorläufig endgültige Abschied von meinem fortschrittsgläubigen Lebensabschnitt. Es war ein Abschied, der sich lange angebahnt hatte. Im Grunde schon während der

Arbeit am Eisenbahn-Buch. Da fiel mir auf, dass die interessantesten Beschreibungen der neuen Technik nicht von liberal-fortschrittlichen Zeitgenossen kamen, sondern von konservativen; davon war ja schon die Rede. Meine damalige Reaktion hatte etwas von dem, was man heute politisch korrekt nennt. Sosehr mir diese Textpassagen aus der Seele sprachen, ich unterließ nie den sauertöpfischen Hinweis, dass es sich bei diesem Autor um einen Konservativen handelte.

Diese Gewohnheit schwächte sich mit der Zeit Gott sei Dank ab. Es kam der Punkt, der Kulminationspunkt, an dem mein Fortschrittsglaubensbekenntnis die Kehrtwende vollzog. Nicht mehr das Auftreten und das Vorwärtsstürmen des Neuen beeindruckten mich, sondern sein Altern und Verschwinden. Ein Bild, das sich mir über viele Jahre beim Besuch der New York Public Library bot, hat sich mir ins Gedächtnis eingeprägt: der Anblick einer Reihe von Telefonzellen im Erdgeschoss, an denen ich 40 Jahre lang auf dem Weg zum Aufzug in den Hauptlesesaal vorbeiging. Irgendwann wurde mir bewusst, dass hier nicht mehr der gewohnte Andrang herrschte. Sie standen da wie immer, aber in gespenstischer Ruhe und Einsamkeit. Von niemandem mehr benutzt und beachtet, menschen- und gottverlassen. Die technische Entwicklung zum Mobiltelefon hatte sie überholt und hinter sich zurückgelassen. Sie gehörten nun auf ihre Weise zur Welt des Vergangenen wie die Straßen von Pompeij. Den Status offiziell anerkannter und dem Touristenstrom geöffneter Ruinen hatten sie noch nicht erreicht, und sie werden ihn wahrscheinlich auch nie erreichen. Inzwischen sind sie wahrscheinlich auf irgendeiner Müllhalde im Niemandsland außerhalb der Stadt gelandet. Das Beste, was ihnen noch geschehen könnte, wäre, wenn ein ausgewähltes Exemplar stellvertretend in ein Museum der Alltags- oder Technikgeschichte überführt würde.

Kommen wir noch mal zurück auf das Ende Ihrer New Yorker Existenz 2014. Zu Beginn des Sommers nach Berlin zurückzukehren waren Sie gewohnt, das war ja eine Übung seit 40 Jahren.

Aber es macht einen Unterschied, ob man abreist in dem Bewusstsein und mit der jahrzehntelangen Erfahrung, nach einem halben Jahr zurückzukehren. Oder im Bewusstsein einer Endgültigkeit. Mir wurde nun klar, was das Wort «Lebensmittelpunkt» bedeutet. Vorher kannte ich es nur aus der Terminologie des Finanzamts: Lebensmittelpunkt ist der Ort, an dem man mindestens einen Tag länger als die Hälfte des Jahres lebt. Das war für mich immer eine abstrakte bürokratische Bestimmung. Nun aber wurde es ernst. Mit dem Umzug von New York nach Berlin im Juni 2014 würde es keine Rückkehr mehr in die Wohnung in der Greenwich Street geben. Meine Rechnung mit der persönlichen Unabhängigkeit ging jetzt nicht mehr auf. New York und Berlin bildeten, wie ich nach der Rückkehr feststellen musste, eben kein präzises Gleichgewicht in meiner persönlichen Erfahrung. New York war klar und eindeutig der Lebensmittelpunkt für mich. Über die Identifikation mit dem Stärkeren haben wir ja immer wieder gesprochen. Und diese Identifikation wog eindeutig mehr als der Faktor Berlin. In Berlin anzukommen war ein Schock wie das Erwachen Rip van Winkles in Washington Irvings Erzählung.

Aber Rip van Winkle geht in den Wald und kehrt nach 20 Jahren ununterbrochenen Schlafs in sein Dorf zurück. Und Sie hatten Jahr für Jahr die Sommermonate in Berlin verbracht, waren also regelmäßig in Berlin aufgewacht.

Ja, ich wachte in den 40 Jahren 40-mal auf. Die jährliche Veränderung in meinem Heimatdorf Berlin war aber so schwach dosiert, dass sie im steten Hin und Her unterging. Erst das Endergebnis, die Summe von 40 Jahren, machte mir klar, was in dieser Zeit geschehen war.

Eric Rohmers Film «Vollmondnächte» bedient sich des schönen (allerdings erfundenen) Sprichworts «Wer zwei Frauen hat, verliert seine Seele. Wer zwei Häuser hat, verliert den Verstand.»

Jedenfalls erlebte ich, als ich im Sommer 2014 zurückkehrte, einen Kulturschock wie 1970 in Amerika, aber nun in der umgekehrten Richtung und mit einem Jahr Verzögerung. Beide Male war es nicht einfach der übliche Schock, mit den Alltagsphänomenen der anderen Kultur konfrontiert zu sein, sondern die spezielle Überraschung eines Ereignisses, das auch für das Gastgeberland traumatisch war. 1970 waren es die Kambodscha-Invasion, mit der die Regierung Nixon den Vietnamkrieg auf eine neue Stufe hob, und das sogenannte Kent-State-Massaker, als erstmals demonstrierende weiße Studenten von Ordnungskräften auf ihrem Campus erschossen wurden. Das war selbst für das Gewalt gewohnte Amerika ein Schock. Die deutsche Entsprechung für mich war im Jahr nach meiner Rückkehr der Flüchtlingsstrom aus dem Nahen Osten. Die Menschenmenge, die sich über die ungarische Autobahn in Richtung

Deutschland bewegte, hatte etwas Archaisches. Ich vermute, dass ich nicht der Einzige war, dem die Assoziation «Völkerwanderung» in den Sinn kam. Aber das war, wie ich bald merkte, politisch höchst unkorrekt. Ich merkte das, als ich einem Bekannten gegenüber den Ausbruch der deutschen Willkommenskultur halb ernst als Wiederholung des Augusterlebnisses 1914 bezeichnete. Seine todernste Miene belehrte mich, dass meine Annahme, wir befänden uns noch im bisherigen Einverständnis, alles und jedes zu ironisieren, offenbar falsch war. Inzwischen spiele ich damit, das Wort Talleyrands über die Süße des Lebens vor der Revolution auf unsere Gegenwart zu beziehen: Wer die alte Bundesrepublik vor der Flüchtlingskrise nicht erlebt hat, weiß nichts von der damals möglichen Leichtigkeit des Geistes, zum Beispiel einer Schaubühnen-Inszenierung eines Botho-Strauß-Stücks oder eben der Filme von Eric Rohmer. Wenn ich an bestimmte Ungetüme der politisch korrekten Sprache heute denke, kommt mir die Ermahnung in den Sinn, die normalerweise in ganz anderem Zusammenhang ausgesprochen wird: Wehret den Anfängen.

Vorhin sprachen Sie davon, dass der jugendliche Fortschrittsglaube, mit dem Sie an die Geschichte der Eisenbahnreise herangingen, sich in eine gewisse Sympathie für konservative Autoren gewandelt habe. Würden Sie sich inzwischen selber als konservativ bezeichnen?

Bevor wir auf dieses Thema kommen, möchte ich noch etwas bei der politischen Korrektheit bleiben. Wenn ich heute die Nase darüber rümpfe, dann heißt das nicht, dass ich immer über solche Strenge erhaben war. Im Gegenteil, als überzeugter Neulinker rümpfte ich 1968 die Nase über die Kommilitonen, an denen die Linkspolitisierung spurlos vorübergegangen war. Müsste ich mir heute anhören, was ich damals so alles von mir gab, würde ich vor Scham im Boden versinken. Die eben erwähnte Süße der altbundesrepublikanischen Ironie war ein Produkt der politischen Desillusionierung nach 1969.

Nun aber zum Konservatismus. 1968 hatten wir keine Ahnung davon, was Konservatismus ursprünglich bedeutete. Als konservativ bezeichneten wir solche Politiker und Meinungsmacher, die den bestehenden kapitalistischen Verhältnissen das Wort redeten und diese Verhältnisse gegen jeden Versuch einer sozialistischen oder auch nur sozialdemokratischen Veränderung verteidigten. Was wir damals konservativ nannten, würde man heute neoliberal nennen. Hätten wir eine Ahnung davon gehabt, dass der ursprüngliche Konservatismus ebenso antikapitalistisch war wie wir selber – nur eben antikapitalistisch von rechts statt von links –, dann hätten wir in ihm vielleicht nicht den Hauptfeind gesehen, sondern einen potenziellen Verbündeten.

Aber kann man sich vorstellen, dass die 68er bei gründlicherer Kenntnis des Konservatismus und seiner Geschichte in ihm einen Verbündeten erkannt hätten? War das Fortschrittsmodell von Marx und Engels nicht so tief verankert, dass man selbst im schlechten Fortschritt den Vorschein des Besseren sah? Denken Sie an Brecht: besser das schlechte Neue als das gute Alte. Die 68er hätten sich vom Marxismus lösen müssen.

1968 war das sicher undenkbar. Vielleicht aber später, als sich die Grünen aus der Studentenbewegung herauswickelten. Wenn ich mich recht erinnere, gab es damals die Fraktion der sogenannten Loden-Grünen. (Zur Erinnerung: Loden ist ein bevorzugt von Naturfreunden getragener Wollstoff.) Die wurden aber sofort von links als zu rechts ausgegrenzt. Genauso wie der Marxismus alles ausgrenzte, was nicht genügend industriell und proletarisch war. Man kann das nachlesen in dem Buch von Patrick Eiden-Offe, erschienen vor einigen Jahren unter dem schönen Titel «Die Poesie der Klasse. Romantischer Antikapitalismus und die Erfindung des Proletariats».

Die marxistische Engstirnigkeit teilte ich damals voll und ganz. Uns fehlten das Wissen und die Kombinationsgabe oder Voraussicht, zu erkennen, dass diejenigen, die im 19. Jahrhundert vom Laisser-faire-Kapitalismus abgehängt wurden, eine ähnliche Erfahrung machten wie später die von der globalisierten und digitalisierten Ökonomie abgehängten Industriearbeiter und Kleinbürger. Der Grund für unsere Blindheit war, dass die im 19. Jahrhundert Abgehängten nicht Arbeiter waren, sondern Bauern und Handwerker, also Vertreter der Rückständigkeit und mithin nicht für unsere Visionen vom Klassenkampf geeignet.

Ein Missverständnis, das die bürgerliche Seite damals teilte. Erinnern Sie sich an die Bemerkung von Franz Josef Strauß (auf dem CSU-Parteitag von – selbstverständlich – 1968), konservativ zu sein, heiße, an der Spitze des Fortschritts zu marschieren?

Das ist ein schöner Beleg, wie ein herrschender Zeitgeist sich in den unterschiedlichen politischen Lagern einnistet, ohne dass die, die ihm anhängen, sich dessen bewusst sind. Für die Verlierer von gestern gab es in der Studentenbewegung keinerlei Empathie. Die Arbeiter, die wir mit Flugblattaktionen zu beglücken versuchten, ignorierten uns genauso wie wir die in unserer Sicht «rückständigen» Opfer des Fortschritts im 19. Jahrhundert. Es dauerte eine ganze Weile, bis bei mir der konservative Groschen fiel, wenn ich das mal so salopp ausdrücken darf. Noch mal: der konservative Groschen nicht im heute üblichen Sinn des Wirtschaftsliberalismus oder, wie man das in Amerika nennt, des Handelskammer-Konservatismus, sondern in der Bedeutung des ursprünglichen Antikapitalismus. In dem Sinn, in dem auch Heinrich Heine konservativ war, wenn er bedauerte, dass die Marktfrauen das Papier, auf dem seine Gedichte standen, zum Einwickeln ihrer Ware verwendeten. Dazu noch eine andere Episode, die ich liebe: Chateaubriand, der vor der Französischen Revolution nach Amerika geflüchtete Aristokrat. Statt als Weißer sich von den Indianern abzugrenzen und den weißen Amerikanern zugehörig zu fühlen, sah er sich als Leidens- und eigentlich Klassengenossen der enteigneten Urbevölkerung. Dass er Aristokrat war und die Indianer Eingeborene, spielte für ihn keine Rolle.

Wer sich vom Fortschritt getragen fühlt – und das ist ja nun das Gefühl, das die Avantgarde beseelt –, dem muss es schwerfallen, auf die Verluste der auf dem Felde des Fortschritts Gefallenen zu schauen. Aber aus der Kunstgeschichte kennt man die Anhänglichkeit, die Kirchengemeinden den alten Altarbildern bewahrten, und den Unwillen, wenn die Obrigkeit, die Bildungselite, sie gegen zeitgemäßere Kunst austauschte.

Das gilt nicht nur für Kirchengemeinden, sondern für jedes Publikum, das mit einer Neuerung konfrontiert wird. Da bilden sich spontan zwei Parteien: begeisterte Zustimmung und befremdete Ablehnung. Dazwischen alle möglichen Schattierungen. Jedenfalls ist es die generelle und, wie ich meine, anthropologisch verankerte Polarität von fortschrittlich und konservativ.

Es dauerte einige Zeit, bis ich entdeckte, dass mein Verständnis des nostalgischen Syndroms nur eine Unterabteilung der allgemeinen Vergangenheitsverklärung betraf. Die Verklärung der Vergangenheit aber ist eine anthropologische Konstante, die sich in den ältesten Mythen und Religionen der Menschheit findet. Sie läuft dort unter den Namen Goldenes Zeitalter, Garten Eden oder Paradies. Alles Zustände der Unschuld und der Glückseligkeit, die durch einen Sündenfall beendet wurden, von denen die Mythen und Glaubenslehren aber verkünden, dass sie dereinst wiederkehren werden. Der jüdische Messianismus wird gewöhnlich als Beginn einer glorreichen Zukunft geschildert. Aber auch diese Erwartungshaltung richtet sich nicht auf etwas völlig Neues, unbekannt Zukünftiges, sondern ist nichts anderes als die Überzeugung, dass das Paradies, die früher schon einmal bestehende Einheit von Himmel und Erde zurückkehren wird. Gershom Scholem hat das «restaurativen Messianismus» genannt.

Also noch mal: Die Vorstellung von der Rückkehr einer glücklicheren Vergangenheit ist eine anthropologische Konstante. Rousseau ist nur der bekannteste Name. Die Renaissance gibt sich schon vom Namen her zu erkennen als Wiedergeburt. Natürlich ist es die Wiedergeburt von etwas Vorzüglichem. Ebenso die Reformation. Sie strebte nichts anderes an als die Rückkehr zu den Quellen des Glaubens, zur Heiligen Schrift. Und schließlich die Revolution: Sie verspricht die Rückkehr in einen frühen, von Unrecht und Tyrannei freien Zustand der Menschen. Ich erinnere noch mal an die berühmte Stelle in der «Deutschen Ideologie» von Marx und Engels, die den kommunistischen Endzustand der Welt als vorgeschichtliche Idylle ausmalt, in der der Mensch morgens jagt, mittags fischt, abends Vieh züchtet und nach Tisch kritisiert.

Viel tierisches Eiweiß. – Und die Französische Revolution sah sich als Wiederkehr der römischen Republik.

Als die Revolution anstatt zurück ins Goldene Zeitalter zur Schreckensherrschaft Robespierres und zur Despotie Napoleons führte, wurden andere Vergangenheiten zur Verklärung entdeckt. Die erste war das Mittelalter. Für die Aufklärung war das Mittelalter das Zeitalter des finstersten Aberglaubens, Priestertrugs und Hexenwahns gewesen.

Nach der Revolution bot die Romantik ein ganz anderes Mittelalterbild: ein vom Geist des Christentums erfülltes Reich der Liebe, eine Art christlichen Pantheismus, in dem sich Religion und Natur, Kunst und Geist verbanden. Das lässt sich an den Biographien vieler Intellektueller der Zeit zwischen 1789 und 1830 zeigen. Sie begannen mit großem Revolutionsenthusiasmus, gingen durch das Fegefeuer des Schreckens und der Enttäuschung und kamen im sicheren Hafen der katholischen Kirche an. Das war ein Weg, wie ihn 100 Jahre später unter anderem Vorzeichen zahlreiche europäische Intellektuelle nachvollzogen. Sie begannen als Enthusiasten der Russischen Revolution, erlebten Terror und Totalitarismus und endeten nach 1945 im restaurierten Liberalismus.

Noch einmal zu Ihrem persönlichen Pendeln zwischen Alter und Neuer Welt beziehungsweise Ihrer endgültigen Rückkehr nach Deutschland: Aber Sie kehrten ja nicht wie Rip van Winkle in sein vollkommen verändertes Dorf zurück, sondern in die Stadt, die Sie von Ihren langen alljährlichen Sommeraufenthalten kannten.

Es war eben doch ein völlig verändertes Dorf. Nur hatte ich die Veränderungen einfach nicht richtig wahrgenommen. Ich war offenbar auf dem Stand meiner Wahrnehmung der frühen 70er Jahre stehengeblieben. Was mir nach der Rückkehr wie Schuppen von den Augen fiel, war die Umkehrung dessen, was man den Mainstream nennt. Diese Umkehrung scheine ich trotz der jährlichen Sommeraufenthalte nicht mitbekommen zu haben. Bis in die späten 70er Jahre war der Mainstream noch ein Nachhall der Adenauerzeit. Vor einiger Zeit schaute ich mir auf YouTube «Deutschland im Herbst» an, den Film über den Deutschen Herbst des Jahres 1977. Darin eine gespenstische Szenerie, die ich damals nicht miterlebt hatte: die Trauerfeier für den von der RAF ermordeten Hanns Martin Schleyer in einer Montagehalle von Daimler-Benz. Unter den Trauergästen Physiognomien wie von George Grosz gezeichnet oder von Luis Buñuel gefilmt. Die Fabrikhalle mit ihren zyklopischen Maschinen und einer Masse von Arbeitern, die es so inzwischen nicht mehr gibt. Das war näher am 19. Jahrhundert als an den heutigen vollautomatisch gesteuerten und mehr oder weniger menschenleeren Anlagen. Vor den Toren dieser Veranstaltung sah man Grüppchen protestierender Studenten. Mir fehlte, als ich das auf YouTube sah, die Vorstellungskraft, nachzuvollziehen, wie diese Welt in wenigen Jahrzehnten verschwand und in die neue Spaßkultur überging. Dabei ist es nur die alte und ewig sich wiederholende Geschichte des Generationenwechsels. Ich bin immer wieder überrascht, dass solche Ur-Gesetzmäßigkeiten, die man in- und auswendig zu kennen meint, uns, persönlich und aus der Nähe erlebt, in der Tiefe aufwühlen.

Der allesbeherrschende Eindruck, den ich nach meiner Rückkehr hatte, war, dass meine Generation, also die 68er, die Sieger sind. 1968 waren sie die vom Establishment ausgegrenzte radikale Minderheit. Dann traten sie den langen Marsch durch die Institutionen an. Mit dem offenkundigen Erfolg, die Bundesrepublik der alten Autoritäten in das neue tolerante, weltoffene, fremdenfreundliche, bunte usw. Deutschland verwandelt zu haben.

Vielleicht bin ich ja auf etwas fixiert, das ich in meinem «Niederlagen»-Buch als Sieger-Triumphalismus bezeichnete und das ich jetzt ungerechterweise auf die 68er und ihre Nachfolger projiziere. Trotzdem sehe ich in dem Erfolg meiner Generation die Verwirklichung einer Reihe von Ironien.

Ironien, die sich gegen die ursprünglichen Ideale der 68er richteten?

Zum Beispiel der sozialistische Internationalismus der Neuen Linken. Er verband sich rasch und harmonisch mit dem Internationalismus des Neuen Kapitalismus. Dass dabei die klassenkämpferische Zielsetzung verlorenging, ist oft festgestellt worden. Ebenso wie die neuen Zielsetzungen und Zielgruppen, denen nun die Fürsorglichkeit der linksliberalen Elite gilt. Nicht mehr die Arbeiter, sondern die *queeren* Randgruppen und ihre Subkultur. Der alleingelassenen Arbeiterklasse nimmt sich nun bekanntlich die Neue Rechte an.

Oder nehmen wir die Sprachkultur. Ihre Entwicklung ist

abenteuerlich. «Schwul» war bis in die 70er Jahre ein Wort aus dem Untergrund. Niemand verwendete es in der Öffentlichkeit. Lediglich eine Minderheit militanter Homosexueller machte es sich zu eigen und zum Kampfbegriff. Heute ist schwul die offizielle Bezeichnung in den Medien und in der Politik. Vermutlich benutzen es auch Erzbischöfe und Kardinäle.

Aber das war doch politisch ausgesprochen klug und erfolgreich. Andere Minderheiten könnten davon lernen.

Sicher war es erfolgreich. Ich frage mich allerdings, ob der frühe Rosa von Praunheim diesen Siegeszug nicht als eine Art von Enteignung empfunden haben könnte.

Für diese Art der Umwertung durch Aneignung gibt es übrigens noch ein ganz anderes Beispiel aus der jüngeren Vergangenheit. Ich meine den Anglizismus «queer». Im viktorianischen Zeitalter und noch bis in die 50er Jahre hinein wurde queer von der sexuell verklemmten Mittelklasse in England und Amerika für das schlichtweg Unaussprechliche der Homosexualität benutzt. Wunderbare Beispiele gibt es in den Technicolor-Filmen aus dem Hollywood der 50er Jahre. Da war queer ein gewissermaßen hochparfümiertes Schlüsselwort. Wie es nach dieser Vorgeschichte zur jetzigen Renaissance kam, ist mir ein Rätsel.

Die Blüten, die die politische Korrektheit in der Sprache treibt, benehmen mir gelegentlich den Atem. Der neuartige Konformismus scheint unaufhaltsam. Tröstlich ist nur die historische Erfahrung, dass er wie alle derartigen Wellen einmal seinen Kulminationspunkt erreichen und sein Ende finden wird.

Wie der Terror der Französischen Revolution, auf den das Regime Napoleons, und wie die imperiale Überdehnung Napoleons, auf die die Friedhofsruhe der Restauration folgte? Um jetzt nicht das Beispiel der späten Sowjetunion und ihrer Implosion zu erwähnen.

Das mit dem Ende ist mir nur so rausgerutscht. Denn es endet ja nie wirklich, sondern geht immer weiter. Nur anders als geplant und erwartet. Herausbilden wird sich eine neue Schicht, unter der die alte verschwindet. Das ist die neue Kultur, in der die alte aufgeht. Dann wird es wieder eine Zeitlang spannend. Denn dann belebt sich der alte menschliche Spieltrieb wieder, der ja nichts anderes ist als das Vergnügen des Geistes an der Abwechslung. Mit den Autoritäten von gestern spielen, das ist vielleicht die wirkungsvollste Alternative zum ernsten revolutionären Umsturz. Mir hat immer schon das alte Bild für den Niedergang der Kultur gefallen: die in den Ruinen der Tempel und der Paläste grasenden Ziegen. Ziegen und Satyrn sind ja Verwandte. Und ich vermute, dass beide ähnlich meckernd lachen. Jedenfalls würde mir ein solches Gelächter als Begleitmusik für einen irgendwann ja einmal eintretenden Zeitgeistwechsel sehr gut gefallen.

Wir haben jetzt wiederholt vom Konservatismus gesprochen und wie Sie sich im Lauf Ihres Lebens vom Fortschrittsanhänger zum Konservativen gewandelt haben. Aber ist das die korrekte Bezeichnung? Ist konservativ nicht der Wunsch, das Bestehende zu bewahren? Während Sie Rettung doch eher in der Vergangenheit suchen? Was würden Sie sagen, wenn man Sie als Reaktionär bezeichnet?

Ich würde es fast als Ehrentitel akzeptieren: Reaktionär honoris causa. Man muss das Wort nur von dem politischen Ballast befreien, der ihm im 19. Jahrhundert aufgebürdet wurde.

Reaktion hat eine verlorengegangene tiefere Bedeutung. Das hat Jean Starobinski in seinem großartigen Buch «Aktion und Reaktion» dargestellt. Einmal ganz allgemein und fast physikalisch: Reaktion als die Gegenbewegung zur Aktion. Und dann die politische Bedeutung: Reaktion als Rückwendung aus der Gegenwart in die Vergangenheit.

Im heutigen Sprachgebrauch ist die Reaktion noch übler beleumdet als der Konservatismus. Sie ist für das Fortschrittsdenken das Böse schlechthin. Und wenn nicht das Böse, dann zumindest das Unmögliche. Für das Fortschrittsdenken heißt Reaktion Rückkehr zum Vergangenen. Und das ist offenkundig ein Widerspruch in sich. Eine solche Rückkehr ist wie die Überwindung der Schwerkraft ein Ding der Unmöglichkeit. Zumindest in der Wirklichkeit. Aber um die Wirklichkeit geht es dem reaktionären Denken vielleicht gar nicht. Hier liegt der Hase der Reaktion im Pfeffer der Romantik. Oder umgekehrt. Denn die Begriffe sind so eng miteinander verbunden / verwandt, dass man fast von Austauschbarkeit sprechen kann. Entscheidend ist, dass hier keine Wirklichkeit beansprucht wird, sondern nur ein Raum für den Spieltrieb des Geistes und der Phantasie.

Damit aber ist das reaktionäre Denken ein für die Politik ungeeignetes Instrument. Wird es politisch, verkennt es seine Natur. Hannah Arendt hat die «Verspieltheit» der deutschen Romantiker betont und Carl Schmitt zitiert, «das romantische Welt- und Lebensgefühl» könne sich mit den «verschiedensten politischen Zuständen und entgegengesetzten philosophischen Theorien» verbinden. Es ist politisch unernst.

Das ist für mich kein Argument. Reaktionäre wie Edmund Burke in England, de Maistre und Bonald in Frankreich, Friedrich Schlegel und Adam Müller in Deutschland trauern dem Untergang der alten Welt zwar nach. Aber sie halten ihre Rückkehr oder Rekonstruktion nicht für möglich. Wichtig ist ihnen allein, ein Bewusstsein von der im Vergleich zur Gegenwart größeren Schönheit, Authentizität und Würde des Vergangenen zu bewahren. Freud hat einmal von den «Naturschutzgebieten» und «Schonungen» gesprochen, die eine sich modernisierende Gesellschaft zur Bewahrung der alten Lebensqualitäten schafft. Zonen, die aus der Realität des Konkurrenz- und Existenzkampfes herausgenommen sind und in denen sich die Einbildungskraft und Phantasie freier als in der Alltagsrealität entfalten können.

«Rip van Winkle», eine Erzählung, die in den USA jeder kennt, kann als Muster einer reaktionären Geschichte gelten: Die Welt, in die der Titelheld nach 20-jährigem Schlaf zurückkehrt, ist revolutionär verwandelt. Er zog als Untertan des englischen Königs aus und kehrt zurück als Bürger der Vereinigten Staaten. Aber die republikanischen Verhältnisse machen einen unfrohen Eindruck. Ein «hektischer, geschäftiger und streitsüchtiger Ton» hat um sich gegriffen. Die alte Welt, in der ein Taugenichts wie Rip van Winkle, ein Kinderfreund und selbst eine kindlich-träumerische Natur, noch so durchrutschen konnte, die holländische Behaglichkeit wie auf den Genrebildern des 17. Jahrhunderts, sie ist vorbei.

Denn dem Fortschrittsdenken sind solche Zonen der Ruhe und des Müßiggangs naturgemäß fremd; es soll ja vorangehen. Es ist entgegen der herrschenden Ansicht durchaus nicht so tolerant, wie es sich gegenüber den finsteren Kräften der Reaktion darstellt. Und der Grund dafür ist, was ich seine Humorlosigkeit nennen möchte. Fortschrittsdenken ist an die Realität gebunden, die es mit Hilfe der Technik zu optimieren sich anschickt. Und ohne den Schonraum, den Humor und Müßiggang bedeuten, fehlen dem fortschrittsgeneigten Siegertriumphalismus auch Wille und Spielraum, sich selbst gelegentlich aus der Distanz zu betrachten. Francis Fukuyamas «Ende der Geschichte» zum Beispiel setzte ja voraus, dass die jetzt Lebenden imstande seien, alle potenziellen Machtfaktoren der Gegenwart und (näheren) Zukunft einschätzen zu können. Und schon zeigte sich mit dem religiösen Fanatismus ein Faktor, den Fukuyama (und die meisten Zeitgenossen) nicht auf der Rechnung hatten. Diese Einsicht hätte er – und mit ihm der gesamte westliche Zeitgeist – schon früher gewinnen können, nämlich anlässlich der iranischen Revolution und der Rückkehr des Ajatollah Chomeini 1979. Ich erinnere mich noch genau, wie auch ich damals in den liberalen Einheitschor einstimmte, eine *nicht* nach dem Muster des westlichen Modells verlaufende Revolution sei unvorstellbar. Damals lag die Reformation des 16. Jahrhunderts offenbar zu weit zurück, um von den Intellektuellen des 20. Jahrhunderts als die Umwälzung wahrgenommen zu werden, die sie war.

Man kann über Amerika und die Reaktion nicht sprechen, ohne wenigstens kurz auf Trump zu kommen. Seine Parole 2016 «Make America great again» verhieß die Anknüpfung an vergangene goldene Zeiten; dass er sich den größten Präsidenten seit Lincoln nannte, geht in die gleiche Richtung. Donald Trump war eine gewaltige Überraschung. Man hat ihn lange nicht ernst genommen, und als er dann doch gewählt wurde, tröstete man sich damit, der Apparat und die über 200 Jahre alte Verfassung würden ihn bändigen. Wie ist es Ihnen ergangen? Haben Sie ein Phänomen dieser Art und Energie für möglich gehalten?

Nein, ich war auch überrascht. Und am Anfang stimmte ich vollkommen mit dem Einheitschor der Verdammung überein. Aber dann regte sich in mir der Widerstand, den ich immer spüre, wenn alle in die gleiche Richtung rennen. Das ist ein fast physiologischer Mechanismus. Weshalb mir übrigens auch der Untertitel einer Zeitschrift gefällt, die gemeinhin als Organ der Neuen Rechten gilt. Er lautet: «Zeitschrift für Konsensstörung». Für mich ist angesichts der heutigen Konsensgesellschaft und ihrer immer neu beschworenen Alternativlosigkeit jede Störung ein willkommenes Gegengift.

Aber zu Trump und zum Thema Populismus. Auf die Gefahr hin, pedantisch zu erscheinen, möchte ich daran erinnern, dass Populismus ursprünglich etwas ganz anderes war als das, was heute als populistisch an die Wand gemalt wird. In den 1890er Jahren war es die politische Bewegung der Farmer im amerikanischen Westen, die sich vom Finanzkapital in ihrer Existenz bedroht fühlten. Ihre Partei, die People's oder Populist Party, drohte eine Zeitlang das Zweiparteiensystem aus den Angeln zu heben. Man könnte versucht sein, diese Bewegung mit dem Sozialismus in Europa zu vergleichen. Aber solche Vergleiche führen in die Irre. Das einzig Vergleichbare wäre die absolut kompromisslose Gegnerschaft des Großkapitals. Dabei waren die Farmer kein organisiertes Proletariat, sondern kleinbäuerlicher Mittelstand, Familienunternehmen mit ausgeprägtem Individualismus und eher patriotisch als internationalistisch. Im Hollywoodwestern sind sie die von den großen Ranchern herumgeschobene Masse – bis der Held, aus dem Nichts kommend und wieder im Nichts verschwindend, sie vorübergehend befreit.

Mir ist es ein Rätsel, wie aus diesem eher mitleidheischenden Populismus das heutige Zerrbild entstehen konnte. Nein, eigentlich ist mir das überhaupt kein Rätsel, seitdem ich ein kurz vor der Wahl im vergangenen Jahr erschienenes Buch gelesen habe. Der Titel ist «The People, No». Der Verfasser, Thomas Frank, ein bekannter Journalist, hatte sich schon früher mit dem Phänomen beschäftigt, dass die Arbeiter nicht mehr ihre traditionelle Partei, die Demokraten, wählen, sondern die Rechtspartei der Republikaner. In «The People, No» beschreibt Frank, was diesen Pendelschwung auslöste. Nämlich der vorangegangene Pendelschwung der linksliberalen Intelligenz, weg von der Solidarität mit den Arbeitern und hin zur politischen Korrektheit, zum Gendern zum Beispiel. Dinge, die den Arbeitern Hekuba sind. Es ist die gleiche Geschichte, die der französische Philosoph und Soziologe Didier Eribon in seinem Bestseller «Rückkehr nach Reims» für Frankreich erzählte.

Wieder ein Pendelschwung und ein Seitenwechsel. Diesmal allerdings außerhalb Ihrer autobiographischen Erfahrung. Aber vielleicht wollen Sie doch etwas aus Ihrer persönlichen Sicht dazu sagen?

Wenn die Populismus-Geschichte, die ich eben erwähnt habe, mir ein altes Vorurteil bestätigt hat, dann ist es das Bild, das sich das Justemilieu vom sogenannten Volk macht. Es gibt demnach ein gutes Volk, den Demos, und ein ungutes, den Populus. Gut ist das Volk, solange es seinen aufgeklärten Repräsentanten folgt. Tut es das nicht, ist es ungut. Dann ist es der Pöbel, oder wie Heinrich Heine mit seinem lockeren Mundwerk einmal sagte: «der große Lümmel». Wenn das Volk sich für die gute Sache erhebt, erhält es zur Anerkennung einen Nationalfeiertag, wie den 14. Juli, an dem es die Bastille stürmte und die Französische Revolution eröffnete. Haben die Verhältnisse sich wieder beruhigt, bedeutet man dem Volk, es habe seine Schuldigkeit getan und könne nun gehen. Tut es das nicht, werden andere Töne angeschlagen wie von Bertolt Brecht nach dem Aufstand vom 17. Juni 1953 verspottet. Das Volk habe das Vertrauen der Regierung verloren, wäre es da nicht doch einfacher, die Regierung löste das Volk auf und wählte ein anderes?

Die Frage zielte auf Trump, und Sie sprechen vom Volk. Und vermutlich ist das Interessanteste an Trump die Resonanz im Volk. Aber was macht Trump so attraktiv für die Bevölkerung? Oder jedenfalls für einen großen Teil des Volkes, die knappe Hälfte? Was sind das für Leute, die ihm folgen? Wer stürmte am 6. Januar 2021 das Kapitol in Washington?

Offensichtlich ein entfesselter Pöbel. Aber ein Pöbel, mit dem die Hälfte der amerikanischen Wähler sich nach wie vor identifiziert, jedenfalls wenn man den Umfragen traut. Sie kennen die Redewendung «den Tiger reiten». Das ist ein treffendes Bild für das Verhältnis von Elite und Volk bzw. Pöbel. Nicht in normalen Zeiten, wohl aber, wenn dieses Verhältnis in die Krise gerät. Dann melden sich die Interessen und die Instinkte, die in der Ruheperiode eingehegt werden konnten, machtvoll zu Wort. Dann wird es so laut und gewalttätig wie am 6. Januar beim Sturm auf das Kapitol.

Ich könnte mir vorstellen, dass vielen, die das Geschehen live auf CNN verfolgten, unwillkürlich das Wort «Karneval» in den Sinn gekommen sein wird. Nicht nur wegen der wilden Kostümierung, sondern vor allem wegen der Regelbrüche. Vom Zerschlagen der Fensterscheiben bis zur Zweckentfremdung und Zerstörung des Mobiliars. Was wir Karneval nennen und ein paar Tage im Jahr feiern, ist die gesittete Spätform archaischer Ausbrüche aus der Disziplin der Zivilisation, eine Sublimation. Karneval im Mittelalter war etwas anderes. Da wurde kein Prinz Karneval inthronisiert, unter dessen Herrschaft drei Tage lang gelacht, getanzt, getrunken und gegrapscht werden durfte, sondern es war die Entfesselung archaischer Energien. Karneval war das, was die Römer als Saturnalien feierten: eine mehrtägige Verkehrung der Herrschafts- und Ordnungsverhältnisse in ihr Gegenteil. Der Austausch von Oben und Unten. Von der kirchlichen und der weltlichen Gewalt kanalisiert, aber manchmal auch aus dem Ruder laufend. Ich habe mir nach dem Kapitolsturm noch einmal das Buch des französischen Historikers Le Roy Ladurie über einen solchen in Gewalt umschlagenden Karneval angeschaut: «Karneval in Romans» ist ein Produkt der 70er Jahre und schildert, wie das geregelte Fest plötzlich in eine Gewaltorgie gegen die Herren mit zahlreichen Toten umschlug. Etwas von dieser vormodernen Anarchie habe ich in den Szenen der Kapitol-Besetzung gesehen: der Mann mit den Büffelhörnern, der in keinem Medienbericht fehlte. Der sich im Sessel der Parlamentspräsidentin räkelnde Rüpel. Das war für mich der «große Lümmel» Heinrich Heines in Reinform. Das Volk ohne die Feierlichkeit, die ihm in den Sonntagsreden der Politiker aufgebunden wird. Wenn es von den Politikern und ihrer Rhetorik genug hat, dann sucht das Volk jemanden, der unverblümt zu ihm spricht, und vor allem: der die etablierten Repräsentanten mit anstößiger Sprache provoziert. In diesem Sinne war die Ära Trump ein vier Jahre dauernder Karneval. Und in diesem Sinne waren die Ankündigungen der Wiederkehr des Goldenen Zeitalters der Vereinigten Staaten der direkteste Weg in die Seele der sogenannten Abgehängten.

Aber Sie haben ja selbst betont, dass auch Saturnalien und der Karneval der alten Zeiten eingehegt waren, schon durch die Befristungen. Der Anspruch Trumps hat aber etwas Grenzenloses.

Das Archaisch-Vormoderne, das im Karneval ausbricht, lässt sich nicht so einfach ordnen. Zum Archaischen, das meist auch ein Anarchisches ist, gehört ja, dass die Seele noch nicht so säuberlich in die Schubfächer aufgeteilt ist, die die moderne Ratio dazu zur Verfügung stellt. Und deshalb habe ich auch das etwas altertümliche Wort Seele benutzt.

Aber ich möchte auf etwas zu sprechen kommen, das für mich ein Schlüssel für die amerikanische Seele ist. Nicht für die Seele des liberalen Bürgertums an Ost- und Westküste, wohl aber für den Seelenzustand im Innern des Landes: die vom globalisierten Finanzkapitalismus Zurückgelassenen, die jetzt nur noch vom Goldenen Zeitalter des Amerikanischen Jahrhunderts träumen können.

Mein Schlüssel heißt nicht Donald Trump, sondern Michael Kohlhaas, die Figur aus Kleists Novelle. Ein Mann, dem ein flagrantes Unrecht geschieht und der daraufhin sein Recht suchend sich an die zuständigen Stellen wendet. Sein Glaube an die Gerechtigkeit nimmt mit jeder Zurückweisung durch die korrupten Vertreter eines korrupten Systems ab. Bis ihm der Kragen platzt und er das Recht in die eigenen Hände nimmt. Das Ganze endet in einer Rache- und Zerstörungsorgie, in der Kohlhaas nicht mehr zwischen Schuldigen und Unbeteiligten zu unterscheiden weiß.

Kohlhaas ist für mich die Schlüsselfigur für das Amerika der Verlierer nach Vietnam, Afghanistan und dem Irak. Zum ersten Mal begegnete mir dieser Typus in dem Roman «Ragtime» von E.L. Doctorow. «Ragtime» erschien 1975, unmittelbar nach dem Ende des Vietnamkriegs, und wurde ein paar Jahre später kongenial von Milos Forman verfilmt. Einer der Protagonisten, ein schwarzer Musiker, heißt Coalhouse Walker. Und wirklich widerfährt ihm schreiendes Unrecht wie seinem Kleist'schen Namensvetter. Wie dieser bemüht er sich um Gerechtigkeit und scheitert dabei, bis er seinen Rachefeldzug antritt und sich schließlich der Justiz stellt.

Mein zweiter amerikanischer Kohlhaas heißt Rambo. Rambo gilt allgemein als Produkt der übelsten imperialistisch-rassistischen Sorte. So hatte ich auch nie das Bedürfnis, diesen Film anzuschauen. Irgendwann, lange nachdem er aus den Kinos verschwunden war, sah ich ihn mir dann doch an, auf Video. Und traute meinen Augen nicht. Statt des rassistischen Machwerks sah ich eine reine Kohlhaas-Geschichte. Rambo (Sylvester Stallone) ist nicht der blutrünstige Rächer der amerikanischen Niederlage, der nach dem Krieg nun reihenweise Vietkong und Nordvietnamesen umlegt, sondern der friedlich in die Heimat zurückkehrende Veteran, den ein sadistischer Sheriff wie einen Aussätzigen behandelt und misshandelt, bis ihm nichts anderes übrigbleibt als der Rückzug in die Wildnis. Von dort beginnt er dann seinen Rachefeldzug, indem er das in Vietnam erlernte Zerstörungswerk nunmehr gegen die Heimat entfesselt. Das Finale ist ein Flammenmeer, in das er seinen Heimatort verwandelt, genau wie der Kleist'sche Kohlhaas die Stadt Wittenberg. So weit der erste Rambo-Film. Die Fortsetzungen, die in Vietnam spielen und die ich mir nicht angetan habe, entsprechen wohl eher dem Klischee. Ich frage mich nach wie vor, wie es zu dieser Kehrtwende der Story kam.

Und natürlich steckt der Western voller Gestalten, die das Recht in die eigenen Hände nehmen. Rache, also Gerechtigkeit auf Privatinitiative, wo der Staat nicht hilft oder helfen kann, ist ja ein Hauptmotiv des Genres.

Was mich angeht, so würde ich aber gerne noch einmal meine Methode des Dreiervergleichs anwenden. Über den Vorteil, nicht nur zwei, sondern drei Dinge miteinander in Bezug zu setzen, haben wir ja schon einmal gesprochen. Ich schlage vor, die beiden amerikanischen Michael Kohlhaas-Nachfolger, von denen ich gerade gesprochen habe – Coalhouse in Doctorows Roman und Rambo –, durch einen dritten zu ergänzen: Timothy McVeigh. Er wurde bekannt durch den Bombenanschlag auf ein Regierungsgebäude in Oklahoma City 1995, bei dem 188 Menschen ums Leben kamen. Keine fiktive, sondern eine reale Figur. Aber eine Figur, die durch ihre Tat zur Legende wurde. Dass McVeigh für viele Amerikaner kein gewöhnlicher Mörder war, wurde in seinem Prozess klar. Er verstand sich als Rächer für eine vorangegangene Untat: den Angriff des FBI auf eine Sektengemeinde in Waco (Texas), bei dem über 60 Menschen, darunter Frauen und Kinder, umgekommen waren.

McVeigh war kein Michael Kohlhaas, der ein ihm angetanes Unrecht rächte und der auch nicht, bevor er seinen Rachefeldzug begann, alle rechtlichen Möglichkeiten ausgeschöpft hatte. Er gehört in die Gruppe der Outlaws vom Typ Robin Hood und Karl Mohr. Der edle Räuber, der die bösen Reichen bestraft und den Armen hilft, hat schon immer die Sympathie des Publikums besessen; in den 70er Jahren stattete Sartre den Terroristen der Baader-Meinhof-Gruppe im Gefängnis einen demonstrativen Besuch ab. Und in den 1990ern veröffentlichte Gore Vidal einen langen Essay über Timothy McVeigh, in dem er dessen Tatmotiv nachzuvollziehen versuchte. Als McVeigh ihm aus der Todeszelle schrieb, antwortete Vidal, und es entspann sich ein Briefwechsel zwischen den beiden. Heute ist McVeigh eine wichtige Bezugsfigur für die radikal-anarchistische Rechte. Ich hätte mich nicht gewundert, wenn sein Konterfei beim Kapitolsturm als Feldzeichen mitgeführt worden wäre.

Trump ist erst mal abgewählt. Aber die Kommentatoren sind sich weitgehend einig, dass er wiederkommen könnte. Angesichts seiner Popularität in fast der Hälfte der Wählerschaft wäre das keine Überraschung.

Ich sehe zwei Möglichkeiten. Die eine ist, dass sich die gegenwärtige populistische Erregung legt und das Phänomen Trump sich von allein erledigt. Also die Rückkehr des Normalzustands. Des Zustands, den wir hätten, wenn im Jahre 2016 nicht Trump, sondern Hillary Clinton die Wahl gewonnen hätte. Aber Normalzustände sind nicht für die Ewigkeit, in Krisenzeiten entnormalisieren sie sich. Dann stellt sich heraus, dass der Normalzustand für die verschiedenen Bevölkerungen sehr verschieden aussieht. Der Normalzustand vor der Wahl Trumps gefiel den Linksliberalen, aber er missfiel den Populisten. Das kehrte sich durch die Wahl um. Man kann annehmen, dass beide Lager die Wiederherstellung der für sie günstigen Verhältnisse anstreben. Wiederherstellung, das ist Restauration. Das Wort hat in fortschrittsgläubigen Ohren keinen guten Klang. Es klingt wie Reaktion, und beide sind ja auch enge Verwandte.

Wenn nun also die von Trump frustrierten Liberalen vier Jahre lang die Wiederherstellung der Vor-Trump-Verhältnisse anstreben: Tun sie dann nicht dasselbe wie Trump – nämlich eine bessere Vergangenheit wiederherstellen zu wollen? Und wäre das nicht eine Reaktion oder Restauration – nur eben nicht von rechts, sondern von links, und damit ein Widerspruch in sich?

Gehört zu den Begriffen von Konservatismus, Reaktion, Restauration nicht notwendig der des Fortschritts? Und bleiben deshalb nicht alle, Linke wie Rechte, in der Bredouille stecken, wenn es keine Vorstellung vom Fortschritt mehr gibt? Ohne diese Vorstellung sind auch «Reaktion» oder «Restauration» Worte, die nur noch rein formal gebraucht werden können. Der Führerstaat 1933ff. wäre dann ein Fortschritt (hat es zuvor nie gegeben), die Gründung der Bundesrepublik dagegen reaktionär (Demokratie hatten wir schon 1919–1933).

Sie sagen es: Alle diese Begriffe können nur noch rein formal gebraucht werden. Das hatten wir in unserem Gespräch ja auch schon. Wobei ich statt des stehkragensteifen Wortes «formal» ein etwas leichteres wie zum Beispiel «spielerisch» vorziehe. Der Fortschritt büßte mit der Romantik seinen aufklärerischen Optimismus und seine alte, gewissermaßen Diderot'sche Sinnlichkeit ein. Er wurde ein reines Spießerwort. Der Reaktion erging es etwas besser, weil – auch darüber sprachen wir – die Vergangenheit immer etwas Geheimnisvolles, die Phantasie Anregendes hat. Der Preis, den die Reaktion dafür zu zahlen hatte, war allerdings ihre politische Verfluchung.

Aber noch mal zurück zu Trump. Da möchte zur Abwechslung einmal ich die Frage stellen:

Wie wäre es, wenn man die Bedrohung der Demokratie durch den Trump'schen Populismus mit der durch die Sowjetunion im Kalten Krieg vergleicht? Beide wurden ja als das systembedrohende ganz Andere gefürchtet, um nicht zu sagen: dämonisiert.

Ich denke an die These, dass der Wohlfahrtsstaat, der sich nach dem Zweiten Weltkrieg im Westen herausbildete, ohne die kommunistische Bedrohung nicht möglich gewesen wäre. Wäre es nicht vorstellbar, dass ein fortdauerndes *Trump ante portas* das neoliberale Selbstbewusstsein auf ähnliche Weise in seine Schranken weisen könnte?

Werksverzeichnis

Rückzug. Geschichten eines Tabus, München 2019

Das verzehrende Leben der Dinge. Versuch über die Konsumtion, München 2015

Entfernte Verwandtschaft. Faschismus, Nationalsozialismus, New Deal 1933–1939, München 2005 / Three New Deals: Reflections on Roosevelt's America, Mussolini's Italy, and Hitler's Germany, 1933–1939, New York 2006

Die Kultur der Niederlage: Der amerikanische Süden 1865. Frankreich 1871. Deutschland 1918, Berlin 2001 / The Culture of Defeat: On National Trauma, Mourning, and Recovery, New York 2003

Vor dem Vorhang. Das geistige Berlin 1945–1948, München 1995 / In a Cold Crater: Cultural and Intellectual Life in Berlin, 1945–1948, Berkeley 1998

Licht, Schein und Wahn. Auftritte der elektrischen Beleuchtung im 20. Jahrhundert, Berlin 1992

Die Bibliothek von Löwen. Eine Episode aus der Zeit der Weltkriege, München 1988

Lichtblicke. Zur Geschichte der künstlichen Helligkeit im 19. Jahrhundert, München 1983 / Disenchanted Night: The Industrialization of Light in the Nineteenth Century, Berkeley 1988

Intellektuellendämmerung. Zur Lage der Frankfurter Intelligenz in den zwanziger Jahren, Frankfurt a. M. 1982

Das Paradies, der Geschmack und die Vernunft. Eine Geschichte der Genussmittel, München 1980 / Tastes of Paradise: A Social History of Spices, Stimulants, and Intoxicants, New York 1992

Geschichte der Eisenbahnreise. Zur Industrialisierung von Raum und Zeit im 19. Jahrhundert, München 1977 / The Railway Journey: Trains & Travel in the Nineteenth Century, New York 1979

Sozialistisches Drama nach Brecht. 3 Modelle, Peter Hacks, Heiner Müller, Hartmut Lange, Darmstadt 1974

Register